品詞と活用の記号 | Symbols for Parts of Speech and Conjugations

動詞 verb
辞書形	dictionary form	Vる	行く
ます形	masu-form	Vます	行きます
ます形語幹	stem of masu-form	Vます	行き
ない形	nai-form	Vない	行かない
ない形語幹	stem of nai-form	Vない	行か
て形	te-form	Vて	行って
た形	ta-form	Vた	行った
意向形	volitional form	V(よ)う	行こう
条件形	conditional form	Vば	行けば

い形容詞 i-adjective
		いAい	おいしい
い形容詞語幹	stem of i-adjective	いA	おいし
て形	te-form	いAくて	おいしくて

な形容詞 na-adjective
		なAな	有名な
な形容詞語幹	stem of na-adjective	なA	有名
な形容詞語幹＋だ	stem of na-adjective + だ	なAだ	有名だ

名詞 noun
		N	学生
名詞＋な	noun + な	Nな	学生な
名詞＋だ	noun + だ	Nだ	学生だ

普通形 plain form 普

動詞	verb	行く	行かない	行った	行かなかった
い形容詞	i-adjective	おいしい	おいしくない	おいしかった	おいしくなかった
な形容詞	na-adjective	有名だ	有名じゃない／有名ではない	有名だった	有名じゃなかった／有名ではなかった
名詞	noun	学生だ	学生じゃない／学生ではない	学生だった	学生じゃなかった／学生ではなかった

※な形容詞と名詞の現在形の例外は＊で示しています。

例 普
*なAな
*Nの

疑問詞 interrogative 疑 例 何／いつ／どこ／どんな

文法からひろげる
日本語トレーニング

文法 Buddy
バディ

JLPT | N1
日本語能力試験

Grammar Buddy for the Japanese-Language Proficiency Test N1

著

五十嵐香子 Kyoko Igarashi
金澤美香子 Mikako Kanazawa
杉山 舞 Mai Sugiyama

文法 Buddy JLPT 日本語能力試験 N1 — 文法からひろげる日本語トレーニング
Grammar Buddy for the Japanese-Language Proficiency Test N1 — Grammar-driven Japanese Training
2025年5月5日　　初版発行

著　者：五十嵐香子・金澤美香子・杉山舞
発行者：伊藤秀樹
発行所：株式会社 ジャパンタイムズ出版
　　　　〒102-0082 東京都千代田区一番町2-2
　　　　　　一番町第二TGビル 2F
ISBN978-4-7890-1880-7

Copyright © 2025 by Kyoko Igarashi, Mikako Kanazawa and Mai Sugiyama

All rights reserved. No part of this publication may be reproduced, stored in a retrieval system,
or transmitted in any form or by any means, electronic, mechanical, photocopying, recording,
or otherwise, without the prior written permission of the publisher.

First edition: May 2025

Narrators: Erika Umeda, Mai Kanade and Shogo Nakamura
Recordings: The English Language Education Council
English translations: Jon McGovern
Chinese translations: Sun Zhengzheng
Vietnamese translations: Nguyen Do An Nhien
Illustrations: Yuko Ikari
Layout design and typesetting: DEP, Inc.
Cover design: Masakazu Yamanokuchi (OKIKATA)
Printing: Nikkei Printing Inc.

Published by The Japan Times Publishing, Ltd.
2F Ichibancho Daini TG Bldg., 2-2 Ichibancho, Chiyoda-ku, Tokyo 102-0082, Japan
Website: https://jtpublishing.co.jp

ISBN978-4-7890-1880-7

Printed in Japan

はじめに

●

Preface

　本書『文法Buddy JLPT日本語能力試験N1 ―文法からひろげる日本語トレーニング―』は、N1レベルの文法を確実にマスターすることを目指すテキストです。日本語の学習において、中級から上級にかけて多くの文法項目を学ぶことになります。その１つ１つをしっかりと定着させるためには、単に文法の意味を理解するだけでなく、その文法を使って読んだり書いたりできるようになるための総合的な練習を積むことが必要です。このテキストは、１冊でそのトレーニングを完成させることを目指して作りました。

　本書は、N1レベルに必要な112の文法項目を厳選し、その１つずつに対して練習を多く積めるように構成されています。そして、１つの課で文法項目を８つ学ぶごとに、その課のまとめとしてJLPT形式の問題を実施することで、文法項目の復習と同時にJLPT対策ができるようになっています。さらに、小テストや宿題として使える確認問題もダウンロードして使用することができます。

　また、問題を作成するにあたっては、学習者にとって親しみやすい教材になるように心がけました。例えば、読解文や聴解のスクリプトには、日本で生活する留学生とその仲間たちがキャラクターとして登場します。キャラクター同士のやりとりを楽しみながら学習を進めることができるでしょう。

　本書を出版するにあたり、企画段階から支え続けてくださったジャパンタイムズ出版日本語出版編集部の皆さんをはじめ、本書の作成のためにご協力くださったお一人お一人に心から感謝いたします。

　本書がN1合格を目指す学習者の方々やN1レベルの日本語を教える先生方の良き「Buddy」となれば幸いです。

2025年４月　　五十嵐　香子

金澤　美香子

杉山　舞

もくじ

はじめに ……………………………………………………………………………………………… 3

本書の特長と使い方 ………………………………………………………………………………… 6

登場人物 ……………………………………………………………………………………………… 14

文法さくいん ………………………………………………………………………………………… 211

第1課	
単語	15
文法の練習 1 とて	16
2 を皮切りに	17
3 てからというもの	18
4 〜といい…といい	19
5 のをいいことに	20
6 が早いか	21
7 ともあろう	22
8 ものと思われる	23
まとめの練習	24

第2課	
単語	29
文法の練習 9 〜であれ…であれ	30
10 始末だ	31
11 なり	32
12 ものを	33
13 にもまして	34
14 すら	35
15 限りでは	36
16 とでもいうべき	37
まとめの練習	38

第3課	
単語	43
文法の練習 17 と思いきや	44
18 がてら	45
19 といったところだ	46
20 たが最後	47
21 〜といわず…といわず	48
22 にひきかえ	49
23 ならいざしらず	50
24 まみれ	51
まとめの練習	52

第4課	
単語	57
文法の練習 25 とあって	58
26 にかまけて	59
27 〜なり…なり	60
28 ては	61
29 べくして	62
30 てはかなわない	63
31 をふまえて	64
32 とは	65
まとめの練習	66

第5課	
単語	71
文法の練習 33 に至るまで	72
34 てはいられない	73
35 手前	74
36 ともなく	75
37 なしに	76
38 そばから	77
39 ずくめ	78
40 ないものでもない	79
まとめの練習	80

第6課	
単語	85
文法の練習 41 といったらない	86
42 に即して／に則して	87
43 いかん	88
44 ないではすまない	89
45 〜ようか〜まいか	90
46 にかたくない	91
47 ばこそ	92
48 にしたって	93
まとめの練習	94

■写真提供　PIXTA　(p.165, p.193)

第7課

単語		99
文法の練習	49 にとどまらず	100
	50 べく	101
	51 ないまでも	102
	52 に限る	103
	53 に足る	104
	54 限りだ	105
	55 ともなると	106
	56 にまつわる	107
まとめの練習		108

第8課

単語		113
文法の練習	57 なりに	114
	58 もさることながら	115
	59 んばかり	116
	60 たりとも	117
	61 には当たらない	118
	62 てなるものか	119
	63 〜ことはあっても…ことはない	120
	64 をきっかけに	121
まとめの練習		122

第9課

単語		127
文法の練習	65 〜とも…とも	128
	66 に則って	129
	67 かたがた	130
	68 ならまだしも	131
	69 〜に限って…ない	132
	70 んがために	133
	71 と相まって	134
	72 ときたら	135
まとめの練習		136

第10課

単語		141
文法の練習	73 にあって	142
	74 を禁じ得ない	143
	75 といえども	144
	76 かたわら	145
	77 にたえる／にたえない	146
	78 てはばからない	147
	79 っこない	148
	80 極まる／極まりない	149
まとめの練習		150

第11課

単語		155
文法の練習	81 を余儀なくさせる	156
	82 めく	157
	83 からある	158
	84 ではあるまいし	159
	85 に至っては	160
	86 たるもの	161
	87 べからず	162
	88 はおろか	163
まとめの練習		164

第12課

単語		169
文法の練習	89 をものともせずに	170
	90 ならでは	171
	91 べくもない	172
	92 を限りに	173
	93 っぱなし	174
	94 ずにはおかない	175
	95 でなくてなんだろう	176
	96 だに	177
まとめの練習		178

第13課

単語		183
文法の練習	97 ところを	184
	98 〜をおいて…ない	185
	99 〜たら〜たで	186
	100 まじき	187
	101 あっての	188
	102 の至り	189
	103 てやまない	190
	104 をよそに	191
まとめの練習		192

第14課

単語		197
文法の練習	105 きらいがある	198
	106 たなり	199
	107 にかこつけて	200
	108 にもほどがある	201
	109 ながらに	202
	110 に至って	203
	111 限り	204
	112 〜つ…つ	205
まとめの練習		206

本書の特長と使い方

本書は、①本冊、②別冊、③音声、④補助リソース（PDFダウンロード）の4つで構成されています。

1 本冊

本冊は全部で14課あり、1つの課で8つの文法項目を学習します。各課は「単語」「文法の練習」「まとめの練習」の3つのセクションで構成されています。

単語

その課の「文法の練習」に出てくる難しい語彙に、英語、中国語、ベトナム語の翻訳をつけたリストです。主にN1以上の語彙を取り上げています。「文法の練習」に取り組む前に確認しておきましょう。

文法の練習

「文法の練習」では、1ページごとに1つの文法項目について、意味と使い方を学習していきます。

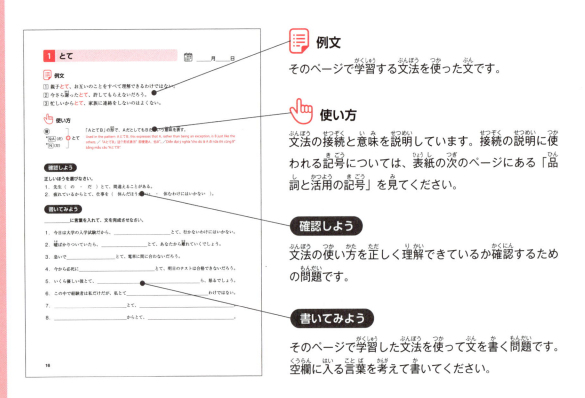

例文
そのページで学習する文法を使った文です。

使い方
文法の接続と意味を説明しています。接続の説明に使われる記号については、表紙の次のページにある「品詞と活用の記号」を見てください。

確認しよう
文法の使い方を正しく理解できているか確認するための問題です。

書いてみよう
そのページで学習した文法を使って文を書く問題です。空欄に入る言葉を考えて書いてください。

まとめの練習

「文法の練習」で学んだ8つの文法項目を使った練習問題です。問題1から問題5まであり、1は読解、2と3は文法、4と5は聴解で、すべてJLPTと同じ形式になっています。問題1と問題4は課によって問題形式が異なるので、解く前に必ずどの形式かを確認しておきましょう。

問題1	内容理解 短文：200字程度の文章を読み、内容についての質問に答える問題。
	内容理解 中文：500字程度の文章を読み、内容についての質問に答える問題。
	内容理解 長文：1000字程度の文章を読み、内容についての質問に答える問題。
	主張理解 長文：1000字程度の文章を読み、筆者の主張や意見についての質問に答える問題。
	統合理解：複数の文章を読み、比較・統合しながら内容についての質問に答える問題。
問題4	課題理解：話を聞いて、話の後にしなければならないことを選ぶ問題。
	ポイント理解：話を聞く前に20秒程度で選択肢を読み、聞き取るポイントを理解してから話を聞いて、正しい答えを選ぶ問題。
	概要理解：話を聞いて、テーマは何か答える問題。選択肢は印刷されていない。
	統合理解：話を聞いて、複数の情報を比較・統合しながら、内容についての質問に答える問題。

2 別冊

文法の練習の「確認しよう」とまとめの練習の解答と聴解問題のスクリプトが収録されています。

3 音声

・スマートフォン、タブレットの場合
右のコードを読み取ってジャパンタイムズ出版の音声アプリ「OTO Navi」をインストールし、音声をダウンロードしてください。

・パソコンの場合
以下のURLからジャパンタイムズBOOK CLUBにアクセスして、音声をダウンロードしてください。

https://bookclub.japantimes.co.jp/jp/book/b659023.html

4 補助リソース（PDFダウンロード）

単語リストと確認テストが以下のサイトからダウンロードできます。

https://bookclub.japantimes.co.jp/jp/book/b659023.html

1. 単語リスト
「文法の練習」の単語リストに、「まとめの練習」に出てくる難しい単語を追加したリストです。英語、中国語、ベトナム語の翻訳がついています。

2. 確認テスト
各課の文法を理解できているか確認する問題です。各課が終わった後に小テストとして実施してもいいですし、宿題として配布してもいいでしょう。

3.「書いてみよう」の解答例
「文法の練習」の「書いてみよう」の解答例です。

Feature and Usage of This Book

This title consists of four elements: (1) Main volume, (2) Supplementary volume, (3) Audio material, and (4) Additional resources (downloadable PDF files).

1 Main volume

The main volume has 14 units. Each unit presents eight grammar items to learn, and is divided into three sections: 単語, 文法の練習, and まとめの練習.

単語

This is a list of challenging expressions found in 文法の練習, along with translations in English, Chinese, and Vietnamese. The entries are mainly at the N1 level or higher. Be sure to go over them before doing 文法の練習.

文法の練習

This section presents one grammar item per page, covering their meaning and usage.

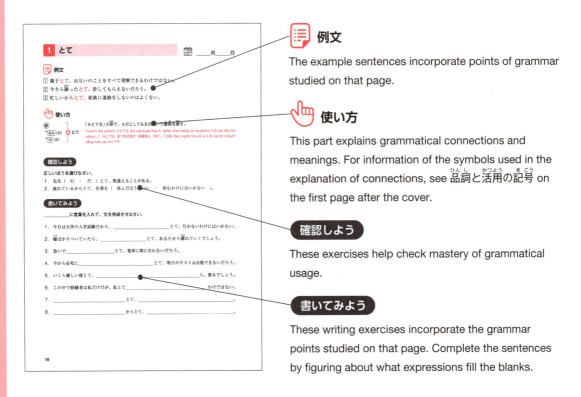

例文
The example sentences incorporate points of grammar studied on that page.

使い方
This part explains grammatical connections and meanings. For information of the symbols used in the explanation of connections, see 品詞と活用の記号 on the first page after the cover.

確認しよう
These exercises help check mastery of grammatical usage.

書いてみよう
These writing exercises incorporate the grammar points studied on that page. Complete the sentences by figuring about what expressions fill the blanks.

まとめの練習

These exercises provide practice in the eight grammar items studied in 文法の練習. All five problems are modeled after the Japanese-Language Proficiency Test. Problem 1 covers Reading, 2 and 3 focus on Grammar, and 4 and 5 are Listening exercises. The formats of problems 1 and 4 vary by unit, so familiarize yourself with their format before tackling them.

Comprehension (Short passages): Read passages of approx. 200 characters and answer questions about them.

Comprehension (Mid-size passages): Read passages of approx. 500 characters and answer questions about them.

Comprehension (Long passages): Read passages of approx. 1000 characters and answer questions about them.

Thematic comprehension (Long passages): Read passages of approx. 1000 characters and answer questions about the writer's argument or opinion.

Integrated comprehension: Read multiple passages and answer questions about their content that require comparison and integration of the material.

 Task-based comprehension: Listen to a conversation and select the action that needs to be performed afterwards.

Point comprehension: Read the answer choices in the roughly 20 seconds before the conversation plays in order to grasp what to listen for. Next, listen to the recording and choose the correct answer.

Summary comprehension: Listen to the recording and identify the theme. The answer choices are not printed.

Integrated comprehension: Listen to conversations and answer questions about their content that require comparison and integration of multiple pieces of information.

2 Supplementary volume

This volume contains answer keys to the 確認しよう part of 文法の練習 and to the まとめの練習 section, as well as scripts of the Listening problems.

3 Audio material

Downloading to smartphone or tablet

Scan the code on the right and install The Japan Times Publishing's "OTO Navi" app. Next, use the app to download the audio material.

Downloading to computer

Use the following link to access The Japan Times Book Club website. Download the audio files from that site.

https://bookclub.japantimes.co.jp/jp/book/b660292.html

4 Additional resources (downloadable PDF files)

A vocabulary list and mastery tests can be downloaded from the website linked below.

https://bookclub.japantimes.co.jp/jp/book/b660292.html

1. Vocabulary lists

These lists include the entries of the vocabulary lists of the main volume's 文法の練習, plus challenging expressions found in まとめの練習. Translations are provided in English, Chinese, and Vietnamese.

2. Mastery tests

These tests check mastery of the grammar points of each unit. They can be used as quizzes at the end of each unit, or be handed out as homework.

3. Sample answers to 書いてみよう

This resource provides sample answers to the 書いてみよう part of 文法の練習.

本书的特点及使用方法

本书由①本册，②别册，③语音，④辅助资源（PDF文件下载）这4部分构成。

1 本册

本册里一共有14课，每一课学习8个语法项目。每课都是由「単語」「文法の練習」「まとめの練習」这三个模块构成。

単語

在每一课的「文法の練習」这个模块里出现的一些比较难的词汇都汇总在单词表里，并附有英语、汉语、越南语的翻译。这里的词汇大多是N1词汇范围之外的单词。在进入「文法の練習」这个模块前，需要提前把这里的单词掌握好。

文法の練習

在「文法の練習」这个模块，每一页都有一个语法项目，我们在这里学习该语法的意思以及用法。

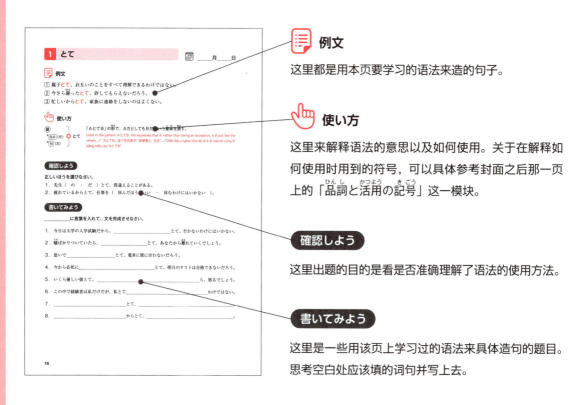

例文
这里都是用本页要学习的语法来造的句子。

使い方
这里来解释语法的意思以及如何使用。关于在解释如何使用时用到的符号，可以具体参考封面之后那一页上的「品詞と活用の記号」这一模块。

確認しよう
这里出题的目的是看是否准确理解了语法的使用方法。

書いてみよう
这里是一些用该页上学习过的语法来具体造句的题目。思考空白处应该填的词句并写上去。

まとめの練習

这里是利用「文法の練習」模块里学过的8个语法项目来完成的一些练习题。从第1题到第5题，共有5个题。第1题是阅读题，第2、3题是语法题，第4、5题是听力题，所有的题目的题型都与JLPT（日语能力考试）题型相同。第1题跟第4题，由于不同章节出的题型不同，在答题之前一定要先确认好是哪种题型再答。

| 問題1 | 阅读理解（短篇）：读一篇200字左右的文章，根据文章内容来回答问题。
| | 阅读理解（中篇）：读一篇500字左右的文章，根据文章内容来回答问题。
| | 阅读理解（长篇）：读一篇1000字左右的文章，根据文章内容来回答问题。
| | 论点理解（长篇）：读一篇1000字左右的文章，回答问题。问题一般与作者的主张跟意见相关。
| | 综合理解：读多篇文章，通过比较与总结，回答与文章内容相关的问题。
| 問題4 | 问题理解题：这里的问题需要先听对话，然后选择对话结束后必须要做的事情。
| | 重点理解题：在听对话前用20秒左右的时间先把选项读一遍，找出在听的时候需要注意听的关键点，然后再去听对话，之后选择正确的答案。
| | 概要理解题：这里的问题需要先听对话，然后选择对话的主题。选项没有印出来，需要自己去听。
| | 综合理解：听对话，通过比较总结对话中出现的多个信息，来回答与对话内容相关的问题。

2 别册

这里收录了语法练习「確認しよう」模块跟「まとめの練習」模块的练习题的参考答案以及听力题的原文。

3 语音

用手机或平板电脑下载的情况

请扫描右边的二维码，下载Japan Times推出的语音APP"OTO Navi"并安装之后，即可下载本书的语音文件。

用电脑下载的情况

点击下面的链接进入Japan Times的BOOK CLUB来下载语音文件。

https://bookclub.japantimes.co.jp/jp/book/b660292.html

4 辅助资源（PDF文件下载）

生词表跟"查缺补漏"小测试可以点击下面的网页地址来下载。

https://bookclub.japantimes.co.jp/jp/book/b660292.html

1．生词表

这里的生词表是在「文法の練習」模块的生词表的基础上，加入了「まとめの練習」模块里面出现的一些比较难的单词，并附有英语、汉语、越南语的翻译。

2．"查缺补漏"小测试

这里的题目是来考察每一课的语法是否得到了正确的理解。这里的题既可以在每一课结束之后作为小测试来用，也可以当作作业布置给学生。

3．「書いてみよう」模块的参考答案

语法练习「書いてみよう」这个模块的参考答案。

11

Đặc trưng và cách sử dụng quyển sách này

Quyển sách này được chia thành 4 phần gồm ① Bản chính, ② Phụ lục, ③ Âm thanh, ④ Nguồn bổ trợ (tải PDF).

1 Bản chính

Bản chính có tất cả 14 bài, 1 bài có 8 mục ngữ pháp để học. Các bài được chia thành 3 phần chính gồm "単語 (Từ vựng)", "文法の練習 (Luyện tập ngữ pháp)" và "まとめの練習 (Luyện tập tổng kết)".

単語

Là danh sách từ vựng khó, xuất hiện trong phần "文法の練習 (Luyện tập ngữ pháp)" của bài đó, có phần dịch tiếng Anh, tiếng Trung và tiếng Việt. Chủ yếu là từ vựng trình độ N1 trở lên. Các bạn hãy kiểm tra trước khi bắt tay vào "文法の練習 (Luyện tập ngữ pháp)" nhé.

文法の練習

Trong "文法の練習 (Luyện tập ngữ pháp)", các bạn sẽ học ý nghĩa và cách sử dụng của 1 mục ngữ pháp trong từng trang một.

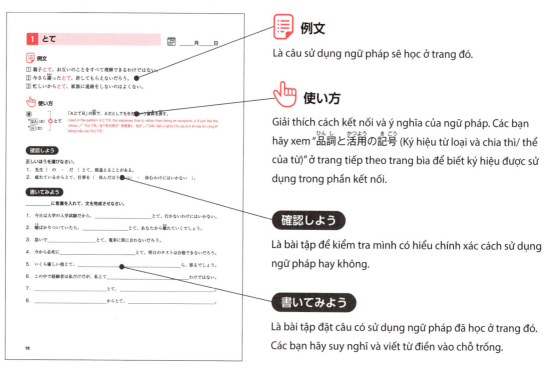

例文
Là câu sử dụng ngữ pháp sẽ học ở trang đó.

使い方
Giải thích cách kết nối và ý nghĩa của ngữ pháp. Các bạn hãy xem "品詞と活用の記号 (Ký hiệu từ loại và chia thì/ thể của từ)" ở trang tiếp theo trang bìa để biết ký hiệu được sử dụng trong phần kết nối.

確認しよう
Là bài tập để kiểm tra mình có hiểu chính xác cách sử dụng ngữ pháp hay không.

書いてみよう
Là bài tập đặt câu có sử dụng ngữ pháp đã học ở trang đó. Các bạn hãy suy nghĩ và viết từ điển vào chỗ trống.

まとめの練習

Đây là bài tập sử dụng 8 mục ngữ pháp đã học trong "文法の練習 (Luyện tập ngữ pháp)". Có từ câu 1 đến câu 5, câu 1 là đọc hiểu, câu 2 và 3 là ngữ pháp, câu 4 và 5 là nghe hiểu, tất cả đều có hình thức giống với JLPT. Câu 1 và câu 4 khác nhau về hình thức câu hỏi tùy vào đoạn văn nên các bạn nhất định hãy kiểm tra đó là hình thức nào trước khi trả lời.

Hiểu nội dung (đoạn văn ngắn): Là câu hỏi yêu cầu đọc và trả lời về nội dung của đoạn văn dài khoảng 200 chữ.
Hiểu nội dung (đoạn văn vừa): Là câu yêu cầu đọc và trả lời về nội dung của đoạn văn dài khoảng 500 chữ.
Hiểu nội dung (đoạn văn dài): La cau yeu cầu đọc va trả lời về nội dung của đoạn văn dai khoảng 1000 chữ.
Hiểu quan điểm (đoạn văn dài): Là câu hỏi yêu cầu đọc và trả lời câu hỏi về quan điểm, ý kiến của tác giả đoạn văn dài khoảng 1000 chữ.
Hiểu tổng hợp: Là câu hỏi yêu cầu đọc so sánh nhiều đoạn văn để vừa so sánh, tổng hợp vừa trả lời câu hỏi về nội dung của chúng.

 Hiểu vấn đề: Là câu hỏi nghe nói chuyện và chọn việc phải làm sau khi nói chuyện.
Hiểu điểm quan trọng: Là câu hỏi yêu cầu đọc các chọn lựa trong khoảng 20 giây trước khi nghe nói chuyện, hiểu các điểm quan trọng để nghe rồi nghe, sau đó chọn câu trả lời đúng.
Hiểu khái quát: Là câu hỏi yêu cầu nghe nói chuyện và trả lời đề tài là gì. Các chọn lựa không được in ra.
Hiểu tổng hợp: Là câu hỏi yêu cầu nghe nói chuyện để vừa so sánh, tổng hợp nhiều thông tin vừa trả lời câu hỏi về nội dung của chúng.

2 Phụ lục

Phần giải đáp của "確認しよう" trong phần Luyện tập ngữ pháp và Luyện tập tổng kết cũng như nội dung của bài nghe có trong phụ lục.

3 Âm thanh

Nếu dùng điện thoại thông minh, máy tính bảng

Các bạn hãy quét mã bên phải và cài đặt "OTO Navi" là ứng dụng âm thanh của NXB Japan Times để tải phần âm thanh của sách bản chính.

Nếu dùng máy tính

Các bạn hãy truy cập Japan Times BOOK CLUB từ đường dẫn dưới đây để tải tệp âm thanh.

https://bookclub.japantimes.co.jp/jp/book/b660292.html

4 Nguồn bổ trợ (tải PDF)

Các bạn có thể tải danh sách từ vựng và bài kiểm tra từ trang web dưới đây.
https://bookclub.japantimes.co.jp/jp/book/b660292.html

1. Danh sách từ vựng

Đây là danh sách từ vựng của phần 文法の練習 (Luyện tập ngữ pháp)" và bổ sung từ vựng khó, xuất hiện trong "まとめの練習 (Luyện tập tổng kết)" trong sách bản chính. Có phần dịch tiếng Anh, tiếng Trung và tiếng Việt.

2. Bài kiểm tra

Đây là bài tập để kiểm tra xem các bạn có hiểu ngữ pháp của từng bài không. Các bạn có thể làm như một bài kiểm tra nhỏ sau khi học xong các bài hoặc làm như bài tập cũng được.

3. Câu trả lời mẫu của phần "書いてみよう".

Đây là câu trả lời mẫu của phần "書いてみよう" trong phần "文法の練習 (Luyện tập ngữ pháp)".

13

登場人物(とうじょうじんぶつ)

ケン
アメリカ人(じん)
将来(しょうらい)の夢(ゆめ)は建築家(けんちくか)

さくら
日本人(にほんじん)
明(あか)るく元気(げんき)な
大学生(だいがくせい)

ルイ
フランス人(じん)
日本のアニメが
大好(だいす)き

セイセイ
中国人(ちゅうごくじん)
勉強熱心(べんきょうねっしん)で
とてもまじめ

ゴック
ベトナム人(じん)
しっかり者(もの)で
頼(たよ)れるお姉(ねえ)さん

スレス
ネパール人(じん)
ケンの近所(きんじょ)に住(す)んでいる面倒見(めんどうみ)のいい青年(せいねん)

山下先生(やましたせんせい)
ケンが通(かよ)っていた
日本語学校(にほんごがっこう)の先生(せんせい)

店長(てんちょう)
ケンがアルバイト
をしているコンビ
ニの店長(てんちょう)

第 1 課

単語

文法の練習に出てくる難しい単語の意味を確認しましょう。

名詞

□ いじめ	bullying	霸凌	sự bắt nạt
□ ジェットコースター	roller coaster	过山车	tàu lượn siêu tốc
□ 自家製	homemade	自家制作	(sản phẩm) gia đình tự làm
□ 大黒柱	breadwinner	顶梁柱	trụ cột chính, chỗ dựa chính
□ 人柄	personality	人品，性格	tính cách
□ 不始末	carelessness	没好好处理	sự bất cẩn, sự không chú ý
□ 魅力	appeal	魅力	sức hấp dẫn
□ 無実	innocence	无事实根据	sự vô tội
□ 容姿	looks	外貌	dung mạo, dáng vẻ bên ngoài
□ 世も末	end of the world	无药可救	sự hết thời

い形容詞

| □ 情けない | shameful | 遗憾 | đáng buồn, đáng xấu hổ |
| □ 申し分ない | perfect | 无可挑剔的 | không có gì để chê |

な形容詞

| □ 明白な | obvious | 明白的 | rõ ràng, minh bạch |
| □ 理想的な | ideal | 理想的 | lý tưởng |

動詞

□ あきれる	be fed up	无语	sốc, ngạc nhiên
□ 加担（する）	complicity; be complicit	支持，袒护	sự đồng lõa, hỗ trợ, tham gia
□ 鑑定（する）	appraisal; appraise	鉴定	sự giám định, giám định
□ 再検討（する）	reconsideration; reconsider	再三考虑	sự cân nhắc lại, xem xét lại
□ 出演（する）	appearance; appear (on TV, etc.)	出演	sự trình diễn, diễn, lên sóng
□ 滞納（する）	failure to pay; fail to pay	滞纳	sự nộp muộn, chậm thanh toán
□ 戸締り（する）	locking up; lock up (doors, windows, etc.)	门窗的关闭；关窗门	việc đóng cửa, khóa cửa
□ 放棄（する）	abandoning; abandon	放弃	sự từ bỏ, bỏ đi
□ ねだる	beg, demand	要	kì kèo, xin xỏ

1 とて

 ＿＿＿月＿＿＿日

例文

1. 親子とて、お互いのことをすべて理解できるわけではない。
2. 今さら謝ったとて、許してもらえないだろう。
3. 忙しいからとて、家族に連絡をしないのはよくない。

使い方

「AとてB」の形で、AだとしてもBだという意味を表す。

Used in the pattern AとてB, this expresses that A, rather than being an exception, is B just like the others. ／「AとてB」这个形式表示" 即便是A，也B"。／Diễn đạt ý nghĩa "cho dù là A đi nữa thì cũng B" bằng mẫu câu "AとてB".

確認しよう

正しいほうを選びなさい。

1. 先生（ の ・ だ ）とて、間違えることがある。
2. 疲れているからとて、仕事を（ 休んだほうがいい ・ 休むわけにはいかない ）。

書いてみよう

＿＿＿＿に言葉を入れて、文を完成させなさい。

1. 今日は大学の入学試験だから、＿＿＿＿＿＿＿＿＿＿とて、行かないわけにはいかない。
2. 嘘ばかりついていたら、＿＿＿＿＿＿＿＿＿とて、あなたから離れていくでしょう。
3. 急いで＿＿＿＿＿＿＿＿とて、電車に間に合わないだろう。
4. 今から必死に＿＿＿＿＿＿＿＿＿＿＿とて、明日のテストは合格できないだろう。
5. いくら優しい彼とて、＿＿＿＿＿＿＿＿＿＿＿＿＿＿ら、怒るでしょう。
6. この中で経験者は私だけだが、私とて＿＿＿＿＿＿＿＿＿＿＿わけではない。
7. ＿＿＿＿＿＿＿＿＿＿とて、＿＿＿＿＿＿＿＿＿＿＿＿＿＿。
8. ＿＿＿＿＿＿＿＿＿＿からとて、＿＿＿＿＿＿＿＿＿＿＿＿＿。

16

2 を皮切りに

＿＿月＿＿日

例文

1. 彼は映画のヒット**を皮切りに**、次々とドラマに出演するようになった。
2. その歌手は東京**を皮切りに**、全国でコンサートを開催する。
3. ケンさんが発言したの**を皮切りにして**、学生たちは次々と発言を始めた。

使い方

| Vたの / N | ＋ | を皮切りに
を皮切りにして
を皮切りとして |

「Aを皮切りにB」の形で、Aを始まりとして次々にBが起こるという意味を表す。AとBには関連のある事柄が入る。自然現象には使わない。

Used in the pattern A を皮切りに B, this means that B occurs in succession starting with A. Both A and B are related happenings. This pattern cannot be used for natural phenomena.／「A を皮切りに B」这个形式表示A这件事情发生后，接二连三地发生事情B。A跟B是相关的事情。不能用来表达自然现象。／Diễn đạt ý nghĩa bắt đầu từ A rồi lần lượt B xảy ra bằng mẫu câu "A を皮切りに B". Trong A và B có sự việc có liên quan. Không sử dụng cho hiện tượng tự nhiên.

確認しよう

「を皮切りに」の使い方が正しいものには〇、間違っているものには×を書きなさい。

1. (　　　) その街は駅ができたのを皮切りに、次々と店が開店した。
2. (　　　) 地震を皮切りに、津波や火災が発生した。

書いてみよう

＿＿＿＿に言葉を入れて、文を完成させなさい。

1. その美術展は＿＿＿＿＿＿＿＿＿＿＿＿を皮切りに、日本全国で行われる。
2. 先輩が仕事の＿＿＿＿＿＿＿＿＿＿＿を言ったのを皮切りに、みんな不満を口にし始めた。
3. その店は＿＿＿＿＿＿＿＿＿＿＿＿を皮切りに、テレビや雑誌でも紹介されるようになった。
4. この漫画は日本を皮切りにして、世界で＿＿＿＿＿＿＿＿＿＿＿＿＿＿＿＿＿＿。
5. 日本代表チームは大谷選手のホームランを皮切りに、次々と＿＿＿＿＿＿＿＿＿＿＿＿＿＿＿＿。
6. 彼は国内で優勝したのを皮切りとして、＿＿＿＿＿＿＿＿＿＿＿＿優勝した。
7. ある政治家が＿＿＿＿＿＿＿＿＿＿＿＿＿を皮切りにして、関係者が次々と逮捕された。
8. 彼は＿＿＿＿＿＿＿＿＿＿を皮切りに、＿＿＿＿＿＿＿＿＿＿＿＿＿＿＿＿＿＿＿。

17

3 てからというもの

 ＿＿＿月＿＿＿日

例文

1. 明るかった兄は、失恋してからというもの、無口になってしまった。
2. 親友だと思っていた人にだまされてからというもの、人が信じられなくなった。
3. 彼は憧れの人にアドバイスされてからというもの、真面目に頑張るようになった。

使い方

Vて ＋ からというもの

「AてからというものB」の形で、Aが起きた後にBという以前とは全く違う状態になり、それが続いていることを表す。

Used in the pattern A てからというもの B, this expresses that after A occurred, the subject changed to a completely different state and has remained that way. ／「AてからというものB」表示A这件事情发生后就变成了B这种跟以前完全不同的状态，并且这种状态在持续。／ Diễn đạt việc sau khi A xảy ra thì tình trạng hoàn toàn khác là B xảy ra và điều đó cứ kéo dài bằng mẫu câu "AてからというものB".

確認しよう

「てからというもの」の使い方が正しいものには〇、間違っているものには×を書きなさい。

1. （　　）日本に来てからというもの、まったく外食をしなくなった。
2. （　　）日本に来てからというもの、東京ディズニーランドへ行った。

書いてみよう

＿＿＿＿＿に言葉を入れて、文を完成させなさい。

1. 彼は恋人が＿＿＿＿＿＿＿＿＿＿＿＿＿＿からというもの、明るくなった。
2. 彼女は＿＿＿＿＿＿＿＿＿＿＿＿＿＿＿からというもの、学校に来なくなってしまった。
3. アルバイトを始めてからというもの、＿＿＿＿＿＿＿＿＿＿＿＿＿＿＿＿＿＿＿ようになった。
4. 姉は就職してからというもの、＿＿＿＿＿＿＿＿＿＿＿＿＿＿＿＿＿＿＿＿＿＿＿＿＿。
5. 祖父は病気になってからというもの、＿＿＿＿＿＿＿＿＿＿＿＿＿＿＿＿＿＿＿＿＿＿。
6. ＿＿＿＿＿＿＿＿＿＿＿＿＿＿＿からというもの、何度も戸締りを確認するようになった。
7. 刺身を食べて＿＿＿＿＿＿＿＿＿＿＿からというもの、魚や貝などを生で食べなくなった。
8. ＿＿＿＿＿＿＿＿＿＿＿＿＿＿＿＿＿＿からというもの、＿＿＿＿＿＿＿＿＿＿＿＿＿＿＿。

4 〜といい…といい

____月____日

例文

1. このレストランは味といい、サービスといい、申し分ない。
2. 彼女はホテルで長く働いているだけあって、話し方といい、マナーといい、きちんとしている。
3. この商品は品質といい、値段といい、再検討する必要がある。

使い方

N ➕ といい

「AといいBといい」の形で、「Aの面でもBの面でも」という意味を表す。話し手の評価を述べる文が後ろに続く。話し手の希望や意志を表す文には使えない。

Used in the pattern AといいBといい, this expresses that the speaker's assessment (stated in the part of the sentence that follows) applies to both A and B. It is not used in sentences that convey the speaker's hope or intention.／「AといいBといい」表示不论是A这个方面还是B这个方面都…。在表达说话人对某件事情的评价时使用。不能用于说话人的愿望或者意志。／Diễn đạt ý nghĩa cả phương diện A lẫn phương diện B đều như vậy bằng mẫu câu "AといいBといい". Tiếp theo sau là câu thể hiện đánh giá của người nói. Không thể sử dụng trong câu diễn đạt nguyện vọng hay ý chí của người nói.

確認しよう

「〜といい…といい」の使い方が正しいものには○、間違っているものには×を書きなさい。

1. (　　) このカメラは、安いといい、軽いといい、若者に人気がある。
2. (　　) 社長は、人柄といい、行動力といい、部下に尊敬されている。

書いてみよう

_____に言葉を入れて、文を完成させなさい。

1. ここは気候といい、_____といい、素晴らしいので、毎年多くの観光客が来る。
2. この服は_____といい、色といい、私の好みではありません。
3. 彼は容姿といい、_____といい、文句のつけどころがない。
4. この店の料理は_____といい、_____といい、お金がない学生にはありがたい。
5. あの歌手は_____といい、_____といい、人を引き付ける魅力がある。
6. 学生は_____といい、_____といい、忙しくて大変だ。
7. この部屋は_____といい、_____といい、理想的だ。
8. _____は_____といい、_____といい、_____。

19

5 のをいいことに   ＿＿月＿＿日

例文
1. 授業中、先生が教室を出て行ったのをいいことに、学生たちはお菓子を食べ始めた。
2. 彼は社長の息子であるのをいいことに、社員に対して偉そうな態度をとる。
3. 弟は親が寝ているのをいいことに、朝までゲームをしていた。

使い方

普 ／ *なAな ／ *Nな／である ＋ のをいいことに

「AのをいいことにB」で、Aという状況を利用してBをすると言いたい時に使う。よくないことをする場面で使うことが多い。

Used in the pattern AのをいいことにB, this expresses that someone takes advantage of situation A to perform action B. It is often used in cases where the action is disagreeable. ／「AのをいいことにB」表示利用A这个情况来做B这件事情。往往用在一些不好的事情上。／"AのをいいことにB" là cách diễn đạt sử dụng khi muốn nói lợi dụng tình trạng A để làm B. Thường sử dụng trong các tình huống làm điều không tốt.

確認しよう
「のをいいことに」の使い方が正しいものには〇、間違っているものには×を書きなさい。
1. （　　）弟はテストで満点をとったのをいいことに、親に小遣いをねだった。
2. （　　）息子は私が留守なのをいいことに、家事をすべてしておいてくれた。

書いてみよう
＿＿＿＿に言葉を入れて、文を完成させなさい。

1. 子どもたちは台風で学校が＿＿＿＿＿＿＿＿＿のをいいことに、まだ寝ている。

2. 彼はパソコンが＿＿＿＿＿のをいいことに、レポートの締め切りを延ばしてもらおうとした。

3. 彼女は自分が＿＿＿＿＿＿＿＿のをいいことに、先輩に仕事を代わってもらった。

4. 友人は私が＿＿＿＿＿＿のをいいことに、休みのたびにドライブに行こうと言ってくる。

5. 妹は夫が出張中なのをいいことに、＿＿＿＿＿＿＿＿＿＿＿＿＿＿＿＿。

6. 誰も見ていないのをいいことに、彼は＿＿＿＿＿＿＿＿＿＿＿＿＿＿＿＿＿。

7. 彼は食べ放題なのをいいことに、＿＿＿＿＿＿＿＿＿＿＿＿＿＿＿＿＿＿。

8. ＿＿＿＿は＿＿＿＿のをいいことに、＿＿＿＿＿＿＿＿＿＿＿＿＿＿。

20

6 が早いか

📅 ＿＿＿月＿＿＿日

第1課 文法の練習

📝 例文

① 彼はいすに座るが早いか、いびきをかいて寝てしまった。

② 妹は私の顔を見るが早いか、泣き始めた。

③ そのニュースを聞いたが早いか、父は急いで出て行った。

👆 使い方

Vる ／ Vた ➕ が早いか	「Aが早いかB」の形で、Aとほとんど同時にBが起こるという意味を表す。Bには話し手が意外だと思っていることが入ることが多く、希望や意志を表す言葉は使えない。

Used in the pattern A が早いか B, this means that B occurs almost as soon as A. B often represents something that the speaker did not expect, and cannot take expressions of hope or intention. ／「Aが早いかB」这个形式表示B几乎与A同时发生。B这里往往是说话人意想不到的一些事情，在表达愿望或意志的时候不能用。／Diễn đạt ý nghĩa B xảy ra gần như đồng thời với A bằng mẫu câu "Aが早いかB". Ở vế B thường là việc mà người nói cho là bất ngờ, không thể sử dụng từ diễn tả nguyện vọng hay ý chí.

確認しよう

「が早いか」の使い方が正しいものには〇、間違っているものには×を書きなさい。

1.（　　　）　私は本を読んだが早いか、レポートを書き始めよう。
2.（　　　）　兄は家に着くが早いか、玄関で倒れてしまった。

書いてみよう

＿＿＿＿＿＿＿＿に言葉を入れて、文を完成させなさい。

1. 店員は客が店の外へ＿＿＿＿＿＿＿＿＿＿が早いか、店内でたばこを吸い始めた。

2. 店員が値引きのシールを＿＿＿＿＿＿＿＿＿＿が早いか、客は商品を取っていった。

3. 弟はジェットコースターが＿＿＿＿＿＿＿＿＿＿が早いか、大きな声で叫んだ。

4. 先生が教室に入るが早いか、学生たちは＿＿＿＿＿＿＿＿＿＿＿＿＿＿＿＿＿＿。

5. 授業終わりのチャイムが鳴ったが早いか、学生たちは＿＿＿＿＿＿＿＿＿＿＿＿＿＿＿。

6. その犬は飼い主を見つけるが早いか、＿＿＿＿＿＿＿＿＿＿＿＿＿＿＿＿＿＿＿＿＿。

7. 先生が学生の名前を呼ぶが早いか、＿＿＿＿＿＿＿＿＿＿＿＿＿＿＿＿＿＿＿＿＿＿。

8. 彼女は＿＿＿＿＿＿＿＿＿が早いか、＿＿＿＿＿＿＿＿＿＿＿＿＿＿＿＿＿＿＿＿。

21

7 ともあろう

 ____月____日

例文
1. 大企業の会長ともあろう方が、万引きをするなんて、信じられない。
2. 政治家ともあろう者が、税金を滞納していたというニュースを聞き、あきれてしまった。
3. 母親ともあろう人が、子育てを放棄するなんて、とんでもないことだ。

使い方

N ➕ ともあろう N　「AともあろうBが」の形で、「Aという素晴らしい立場のBが」という意味を表す。Bの行為に対する驚き、不満、失望、非難などの気持ちを表す。

Used in the pattern AともあろうBが, this highlights that B has the respectable status of A, and expresses surprise, dissatisfaction, disappointment, or criticism regarding B's actions. ／「AともあろうBが」表示拥有A这个地位的B做了接下来这件事。表示对B的行为感到惊讶、不满、失望或责备等。／Diễn đạt ý nghĩa "B ở vị trí tuyệt vời là A" bằng mẫu câu "AともあろうBが". Thể hiện cảm giác như ngạc nhiên, bất mãn, thất vọng, phê phán v.v. đối với hành vi của B.

確認しよう

正しいほうを選びなさい。

1. （ アルバイト ・ 部長 ）ともあろう人が、部下の気持ちがわからないようでは困る。
2. 教育者ともあろう者が、いじめに（ 加担する ・ 対抗する ）なんて、情けない。

書いてみよう

_____に言葉を入れて、文を完成させなさい。

1. _____ともあろう方が、こんな簡単な漢字が書けないなんて信じられません。
2. _____ともあろう人が、こんな浅い川でおぼれるとは考えにくい。
3. _____ともあろう者が、飲酒運転で捕まるなんて……！
4. 医者ともあろう者が、_____なんて、思いもしなかった。
5. 一家の大黒柱ともあろう人が、_____わけにはいかないだろう。
6. 一国のリーダーともあろう方が、_____ようでは困ってしまう。
7. 社長賞に輝いた田中さんともあろう方が、_____なんて、信じられません。
8. 国民の代表である_____ともあろう_____が_____なんて、世も末である。

8 ものと思われる

例文

1. この国は少子高齢化がさらに進む**ものと思われる**。
2. あの店のカレーは自家製を売りにしているが、本当は冷凍食品を使った**ものと思われる**。
3. 火災の原因はたばこの不始末である**ものと思われる**。

使い方

[普]
* なAな／である
* Nである
＋ものと思われる

推測を表す。報道などでよく使われる表現。

This expresses speculation. It is often used in news reports and the like. ／表示推測。经常用在报道里面。／ Diễn đạt sự suy đoán. Đây là cách diễn đạt thường được sử dụng khi đưa tin v.v.

確認しよう

正しいほうを選びなさい。

1. 彼が無実だということは（　明白だ　・　明白な　）ものと思われる。
2. 犯人は窓を割って、室内に入った（　もの　・　こと　）と思われる。

書いてみよう

＿＿＿＿に言葉を入れて、文を完成させなさい。

1. その国の景気は、徐々に＿＿＿＿＿＿＿＿＿＿＿＿＿＿＿＿ものと思われる。
2. 先週の教員採用試験は、非常に＿＿＿＿＿＿＿＿＿＿＿＿＿ものと思われる。
3. この映画は侍の生き方に影響を受けて＿＿＿＿＿＿＿＿＿＿＿＿＿ものと思われます。
4. まだ鑑定には出していないが、この花瓶は＿＿＿＿＿＿＿＿＿＿＿＿＿ものと思われる。
5. インフルエンザが＿＿＿＿＿＿＿＿＿＿ので、マラソン大会は中止になるものと思われる。
6. 今後、台風は進路を変え、＿＿＿＿＿＿＿＿＿＿＿＿＿ものと思われます。
7. 政府は早急に被災地に＿＿＿＿＿＿＿＿＿＿＿＿＿を送るものと思われます。
8. 今後ますます＿＿＿＿＿＿＿＿＿＿が＿＿＿＿＿＿＿＿＿＿＿＿＿ものと思われる。

まとめの練習

📅 　　　月　　　日

問題1　読解 （内容理解 - 短文 Comprehension – Short passages）

次の (1) と (2) の文章を読んで、後の問いに対する答えとして最もよいものを、1・2・3・4 から一つ選びなさい。

(1)

以下は、ケンさんが書いた日記である。

　　今日は日本語学校の卒業式だった。日本語学校での 2 年間は、長いようであっという間だった。

　　卒業式の後、山下先生は僕ら一人一人に手紙をくださった。僕への手紙には、「大学生ともあろう者が寝坊したり、勉強を怠けたりしては格好悪いから、これからもしっかり自己管理をするように」と書いてあった。セイセイは、手紙を読み終えるが早いか、泣き出してしまった。それを見て、山下先生はニコリと笑ったが、先生とて、きっと寂しくて泣きたかったに違いない。普段、真面目で冷静なセイセイが泣くのを見て、僕までもらい泣きしそうになってしまった。

　　帰り道、クラスメートのルイとセイセイと、「みんな違う学校に進学するけど、これからもずっと友達でいよう」と約束して別れた。

---

1 ケンさんが山下先生にもらった手紙の内容に合うものはどれか。

1　寝坊ばかりしているから気をつけるようにというもの

2　大学生にふさわしい行動をするようにというもの

3　真面目に頑張りすぎないようにというもの

4　卒業しても友達を大事にするようにというもの

(2)
以下は、ケンさんが書いた日記である。

> 来週の入学式を皮切りに、新入生ガイダンスやオリエンテーションが行われる。いよいよ大学生活がスタートするというのに、まだ実感が湧かない。この休みが終わったら、また日本語学校でクラスメートや先生に会えるような気さえしている。
> セイセイといい、ルイといい、卒業式では「まだ卒業したくない。これからもみんなと一緒にいたい」と言っていたのに、卒業してからというもの、二人とも全然連絡をよこさない。なんて冷たいやつらなんだ。まあ、きっと、新しい学校がまだ始まらないのをいいことに、自由気ままに過ごしているものと思われる。新生活が始まって落ち着いた頃、きっと連絡をくれるだろう。

[1] この文章の内容に合うものはどれか。

1 来週ケンさんは日本語学校でクラスメートと先生に会う約束をしている。
2 日本語学校を卒業してからも、ケンさんはクラスメートと連絡を取り合っている。
3 日本語学校の卒業以来、ケンさんはセイセイさんとルイさんから連絡をもらっていない。
4 大学生活が始まったら、ケンさんはまたクラスメートに連絡をするつもりでいる。

問題2　文法（文法形式の判断 Selecting grammar form）

次の文の（　　　）に入れるのに最もよいものを、1・2・3・4から一つ選びなさい。

1 世界中で大ヒットした映画の続編は、ニューヨーク（　　　）世界各国で上映が始まる。

1　をもとに　　　　　2　を皮切りに　　　　3　をものともせず　　4　をもって

2 今夜から明朝にかけて、大雪が降る（　　　）と思われる。

1　そう　　　　　　　2　よう　　　　　　　3　こと　　　　　　　4　もの

3 海で（　　　）水が怖くなってしまった。

1　おぼれたのを皮切りに　　　　　　　　2　おぼれかけてからというもの

3　おぼれたにもかかわらず　　　　　　　4　おぼれかけたからには

4 この公園は、（　　　）といい、（　　　）といい、子どもが遊ぶのに適している。

1　設備／環境　　　　　　　　　　　　2　設備だ／環境だ

3　設備である／環境である　　　　　　　4　設備の／環境の

5 アルバイト店員たちは、店長がいないのをいいことに、（　　　）。

1　仕事に夢中になっている　　　　　　　2　仕事をサボっている

3　仕事が楽しい　　　　　　　　　　　　4　仕事を頑張っている

6 （電話で）

ゾロ　　「方向音痴なのもので、道案内はお任せしてもいいですか。」

ロビン　「えっ、私（　　　）東京の道に詳しいわけではないのですが……。」

1　のおかげで　　　　2　とて　　　　　　3　の限りは　　　　　　4　からとて

7 貴子　「警察署長ともあろう人が、（　　　）なんて。」

明　　「まったく、世も末だな……。」

1　飲酒運転で捕まる　　　　　　　　　　2　飲酒運転を取り締まる

3　飲酒運転を許可しなかった　　　　　　4　飲酒運転で逮捕する

8 池辺　「あれ？ 吉高さんは？」

岩瀬　「5時に（　　　）、大急ぎで帰っていきましたよ。」

1　ならないのをいいことに　　　　　　　2　なってからというもの

3　なったのを皮切りに　　　　　　　　　4　なるが早いか

26

問題3　文法（文の組み立て Sentence composition）

次の文の＿★＿ に入る最もよいものを、1・2・3・4から一つ選びなさい。

第1課 まとめの練習

---

1 あの先生は、漢字や文法などの ＿＿＿＿　＿＿＿＿　＿★＿＿　＿＿＿＿ だ。

　　1　教え方といい　　　　　　　　　　　　2　学生との関わり方といい

　　3　尊敬できる人　　　　　　　　　　　　4　教師として

2 母が ＿＿＿＿　＿＿＿＿　＿＿＿＿　＿★＿＿ 。

　　1　並べる　　　　　　　　　　　　　　　2　弟は食べ始めた

　　3　料理をテーブルに　　　　　　　　　　4　が早いか

3 一国の大統領 ＿＿＿＿　＿＿＿＿　＿★＿＿　＿＿＿＿ べきではない。

　　1　方が　　　　　　2　そんな非常識な　　3　発言をする　　　　4　ともあろう

4 人気アイドルの ＿＿＿＿　＿＿＿＿　＿★＿＿　＿＿＿＿ なった。

　　1　コンサートツアーは　　　　　　　　　2　福岡を皮切りに

　　3　発表されて話題に　　　　　　　　　　4　全国で開催されると

5 いくら親友 ＿＿＿＿　＿＿＿＿　＿★＿＿　＿＿＿＿ 。

　　1　私のすべてを　　　2　わけではない　　3　とて　　　　　　4　理解している

6 立花　「新しい店長が ＿＿＿＿　＿＿＿＿　＿★＿＿　＿＿＿＿ しまったんだよ。」
　　牧野　「それは大変だね。」

　　1　毎日残業続きで　　　　　　　　　　　2　からというもの

　　3　なかなか家に帰れなくなって　　　　　4　この店に来て

7 佐々木　「あの人、仕事をサボってばかりですよね。」
　　石井　「彼は ＿＿＿＿　＿＿＿＿　＿★＿＿　＿＿＿＿ よ。」

　　1　のをいいことに　　　　　　　　　　　2　自分のおじいさんがこの会社の

　　3　好き勝手にしているんだ　　　　　　　4　会長で誰にも注意されない

8 そのマラソン大会では、去年の ＿＿＿＿　＿＿＿＿　＿★＿＿　＿＿＿＿ そうだ。

　　1　今年も優勝するものと思われていたが

　　2　優勝者であるルイさんが

　　3　突然持病を理由に

　　4　出場を辞退した

27

問題4　聴解（ポイント理解 Point comprehension）

まず質問を聞いてください。そのあと、問題用紙のせんたくしを読んでください。読む時間があります。それから話を聞いて、問題用紙の1から4の中から、最もよいものを一つ選んでください。

🎵 N1-1

1　夫の帰りが遅いこと
2　イベントが続いて忙しくなること
3　子どもたちが勉強をしないこと
4　夫が子どもたちに関心がないこと

問題5　聴解（即時応答 Quick response）

まず文を聞いてください。それから、それに対する返事を聞いて、1から3の中から、最もよいものを一つ選んでください。

1	🎵 N1-2	1	2	3
2	🎵 N1-3	1	2	3
3	🎵 N1-4	1	2	3
4	🎵 N1-5	1	2	3
5	🎵 N1-6	1	2	3
6	🎵 N1-7	1	2	3
7	🎵 N1-8	1	2	3
8	🎵 N1-9	1	2	3

第 2 課

単語　文法の練習に出てくる難しい単語の意味を確認しましょう。

名詞

☐ 歌唱力	singing ability	唱功	khả năng ca hát
☐ コンクール	contest	演出	cuộc thi (nghệ thuật)
☐ 湿気	humidity	湿气	hơi ẩm
☐ 声優	voice actor	配音演员	diễn viên lồng tiếng
☐ 花嫁	bride	新娘	cô dâu
☐ 筆記試験	written exam	笔试	kỳ thi viết
☐ 振る舞い	behavior	行为举止	hành vi
☐ 盛り付け	plating	摆盘	bày biện (đồ ăn)
☐ 屋台	food stall	小摊	hàng rong, gian hàng lưu động

な形容詞

☐ 安静な	restful	老实的，安静的	tịnh dưỡng
☐ 裕福な	rich	富裕的	giàu có

動詞

☐ 暴れる	become violent	胡闹	quậy phá, làm ầm ĩ
☐ 訴える	sue	起诉	kiện cáo, tố cáo
☐ 演奏（する）	musical performance; perform, play (music)	演奏	sự biểu diễn, biểu diễn
☐ ギャンブル（する）	gambling; gamble	赌博	cờ bạc, chơi cờ bạc
☐ 従う	follow (instructions, etc.)	遵从	làm theo
☐ 転職（する）	career change; change jobs	改行，换工作	sự chuyển việc, chuyển việc
☐ のめり込む	be obsessed with	陷入	bị lôi cuốn, bị cuốn vào
☐ 吐き出す	spit out	吐出来	nôn mửa
☐ 励む	encourage	努力，奋勉	cố gắng, phấn đấu
☐ 放置（する）	neglect	搁置，不管	sự bỏ mặc, bỏ mặc
☐ 見捨てる	abandon	抛弃	bỏ rơi

その他

☐ 一向に〜ない	not 〜 at all	一点儿〜也没	hoàn toàn không 〜

9 〜であれ…であれ

 ＿＿＿月＿＿＿日

例文

① 子どもであれ大人であれ、約束したからには守らなければならない。
② どんなに裕福であれ、命は一つだ。
③ 犬の散歩は暑かれ寒かれ、毎日欠かさずしなければならないので大変だ。

使い方

「AであれBであれ」の形で、「Aの場合でもBの場合でも」という意味を表す。また、疑問詞と一緒に使い、「どんな場合でも」という意味を表す。「にしても（N2 p.87）」の例文②、③の用法、「ようが（N2 p.116）」の例文②、③の用法と同じように使うことができる。

Used in the pattern AであれBであれ, this means "whether A or B." It can also be combined with an interrogative word to mean "in any case." It can be used in the same way as in examples ② and ③ of にしても (N2 p. 87) and examples ② and ③ of ようが (N2 p. 116).／「AであれBであれ」表示不论是A还是B都是这种情况。另外在跟疑问词一起用时，表示所有情况都这样。跟「にしても (N2 p.87)」的例②③，以及「ようが（N2 p.116）」的例②③用法相同。／Diễn đạt ý nghĩa cả trong trường hợp A lẫn trường hợp B bằng mẫu câu "AであれBであれ". Sử dụng cùng với nghi vấn từ, diễn đạt ý nghĩa bất kỳ trường hợp như thế nào đi nữa. Có thể sử dụng giống với cách dùng của câu ví dụ ②, ③ trong "にしても (N2, tr.87)", cách dùng của câu ví dụ ②, ③, trong "ようが (N2, tr.116)".

確認しよう

正しいほうを選びなさい。
1. 健康（ であれ ・ かれ ）病気（ であれ ・ かれ ）、仕事を続けたい。
2. 理由は（ 何 ・ 何だ ）であれ、人を傷つけてしまったら謝るべきだ。

書いてみよう

＿＿＿＿＿＿に言葉を入れて、文を完成させなさい。

1. 晴れであれ＿＿＿＿＿＿＿＿＿＿であれ、明日は家にいるつもりです。
2. 東京であれ＿＿＿＿＿＿＿＿＿＿であれ、私は日本に住みたい。
3. 遅かれ＿＿＿＿＿＿＿＿＿＿、私は引っ越す予定です。
4. どんなに＿＿＿＿＿＿＿＿＿＿＿＿＿＿＿＿＿＿であれ、私は自分の国が好きだ。
5. 学費が＿＿＿＿＿＿＿＿＿＿高かれ、私はあの大学に入りたい。
6. 社員であれアルバイトであれ、お給料をもらうからには、＿＿＿＿＿＿＿＿＿＿＿＿＿＿＿＿＿＿＿。
7. コップ1杯であれ2杯であれ、お酒を飲んだら、＿＿＿＿＿＿＿＿＿＿＿＿＿＿＿＿＿＿＿。
8. ＿＿＿＿＿＿であれ＿＿＿＿＿＿であれ、＿＿＿＿＿＿＿＿ら、＿＿＿＿＿＿＿＿＿。

10 始末だ

 ＿＿＿月＿＿＿日

例文

① 彼は歯磨きをせず、虫歯になっても放置し、しまいには歯を抜くことになる始末だ。
② 彼は友達に借金をしても返さず、ついに訴えられる始末だ。
③ 彼女は働きもせず、毎日酒に酔って暴れて、ついに恋人に見捨てられる始末だ。

使い方

Vる ＋ 始末だ

悪い状態が続いて、最後には〜というさらに悪い結末になったと言いたい時に使う。相手に対してあきれたという感情を含む。

This expresses that some negative situation persists and ultimately leads to a worse conclusion. It conveys the speaker's shock or disgust regarding the person discussed. ／表示某种不好的状态一直持续，最后导致了更糟糕的结果。含有说话人对对方的行为很无语的心情。／Sử dụng khi muốn nói tình trạng xấu kéo dài, cuối cùng trở thành kết cuộc xấu hơn là 〜. Bao hàm cảm xúc kinh ngạc đối với đối phương.

確認しよう

「始末だ」の使い方が正しいものには〇、間違っているものには×を書きなさい。

1. （　　） 彼は長年研究を続け、ついに学会で発表をする始末だ。
2. （　　） 彼女はひどく酔っぱらって、トイレで寝てしまう始末だ。

書いてみよう

＿＿＿＿＿に言葉を入れて、文を完成させなさい。

1. 彼は仕事で体調を崩し、医者の休めという忠告も無視したあげく、＿＿＿＿＿＿＿＿始末だ。

2. その客は、料理が遅いだの、まずいだの騒いだあげく、＿＿＿＿＿＿＿＿始末だ。

3. うちの犬はわがままで、思い通りにならないと、すぐに＿＿＿＿＿＿＿＿始末だ。

4. 彼女はいつも約束を破り、わがままな振る舞いをし、最後には＿＿＿＿＿＿＿＿始末だ。

5. 映画の主人公はギャンブルにのめり込み、借金を重ね、＿＿＿＿＿＿＿＿始末だ。

6. 彼女は＿＿＿＿＿＿＿＿＿＿、＿＿＿＿＿＿＿＿＿＿、信頼を失う始末だ。

7. その子は＿＿＿＿＿＿＿＿＿＿、＿＿＿＿＿＿＿＿＿＿、退学になる始末だ。

8. 彼は＿＿＿＿＿＿＿あげく＿＿＿＿＿＿＿て、＿＿＿＿＿＿＿＿始末だ。

11 なり  ＿＿月＿＿日

例文

1. 息子は家に帰って来る**なり**、泣き出した。
2. 先生は教室に入って、出席を確認する**なり**、テストを始めた。
3. お酒を一口飲む**なり**、気持ちが悪くなってしまった。

使い方

Vる ＋ なり

「AなりB」の形で、Aするとほぼ同時に、予期しないBが起きたという意味を表す。過去の出来事を述べるのに使うことが多い。「とたん（N3 p.138）」「や否や（N2 p.149）」「が早いか（p.21）」と同じように使う。Bに話者の意志を表す言葉は使えない。

> Used in the pattern AなりB, this expresses that B unexpectedly occurs almost as soon as A happens. It is often used when discussing past events. It can be used in the same way as とたん (N3 p. 138), や否や (N2 p. 149), and が早いか (p. 21). Expressions of the speaker's will cannot be used in B. ／「AなりB」表示几乎与A同时发生了意想不到的事情B。常用来叙述过去的事情。与「とたん (N3 p.138)」「や否や (N2 p.149)」「が早いか (p.21)」用法相同。B这里不能用表示说话者意志的词。／ Diễn đạt ý nghĩa gần như đồng thời khi làm A thì xảy ra B không đoán trước được bằng mẫu câu "AなりB". Thường sử dụng để trình bày một sự việc trong quá khứ. Sử dụng giống với "とたん(N3, tr.138), "や否や(N2, tr.149)", "が早いか(tr.21)". Ở vế câu B không thể sử dụng từ thể hiện ý chí của người nói.

確認しよう

「なり」の使い方が正しいものには〇、間違っているものには×を書きなさい。

1. （　　）今日は仕事が終わるなり、みんなで焼き肉を食べに行きましょう。
2. （　　）雨が降り始めるなり、近くの木に雷が落ちたので、みんな急いで屋内に避難した。

書いてみよう

＿＿＿＿＿＿に言葉を入れて、文を完成させなさい。

1. 彼は新聞で有名人が亡くなったという記事を＿＿＿＿＿＿＿＿＿なり、驚いて立ち上がった。
2. 彼女は遠くから私を＿＿＿＿＿＿＿＿＿なり、嬉しそうに走ってきた。
3. その子どもは、ケーキを一口＿＿＿＿＿＿＿＿＿なり、吐き出した。
4. うちの犬は、テレビでライオンを見るなり、突然＿＿＿＿＿＿＿＿＿＿＿＿＿＿＿＿＿＿。
5. 店長はAさんがアルバイトを辞めたいと伝えるなり、＿＿＿＿＿＿＿＿＿＿＿＿＿＿＿＿＿＿。
6. 母はソファーに座るなり、＿＿＿＿＿＿＿＿＿＿＿＿＿＿＿＿＿＿＿＿＿＿＿＿＿＿＿。
7. その客は、店に＿＿＿＿＿＿＿＿＿＿なり、＿＿＿＿＿＿＿＿＿＿＿＿＿＿＿＿＿＿＿。
8. ＿＿＿＿＿＿＿＿は、＿＿＿＿＿＿＿＿＿＿＿＿＿＿なり、＿＿＿＿＿＿＿＿＿＿＿＿＿。

32

12 ものを

 ＿＿＿月＿＿＿日

例文

① すぐに病院へ行けばよかったものを、無理して働き続けたから、入院してしまった。
② そんなことを言わなければ、みんなが幸せであったものを、なぜ余計なことを言うんだ。
③ 素直に手伝ってほしいと言ったらいいものを。

使い方

 ＋ ものを

「Aば／たら／なら、Bものを」の形で、Aをしなかったことによって B が実現していないことに対する話し手の不満や後悔、残念な気持ちを表す。

Used in the pattern Aば／たら／なら、Bものを, this expresses the speaker's dissatisfaction, regret, or disappointment about the fact that situation B would have come to be if action A had (or had not) been taken. ／「Aば／たら／なら、Bものを」表示因为没有做A导致没能实现B，含有说话人的不满或后悔，遗憾等心情。／Diễn đạt cảm giác bất mãn, hối hận, đáng tiếc của người nói đối với việc không thực hiện B được do đã không làm A bằng mẫu câu "Aば／たら／なら, Bものを".

確認しよう

正しいほうを選びなさい。

1. あのとき医者の言うことに従っていれば、病気は（ 治っていた ・ 治る ）ものを。
2. 店長にすぐに謝れば、（ 許してもらえた ・ 許す ）ものを。

書いてみよう

＿＿＿＿＿＿に言葉を入れて、文を完成させなさい。

1. 安静にしていれば、風邪はもっと早く＿＿＿＿＿＿＿＿＿＿＿＿＿＿ものを。

2. 休まずにやっていたら、今頃徹夜なんてせずに＿＿＿＿＿＿＿＿＿＿＿＿＿＿＿ものを。

3. 遠慮しないで、＿＿＿＿＿＿＿＿＿＿＿＿ば、いつでも手伝いに来るものを。

4. ＿＿＿＿＿＿＿＿＿＿＿＿＿＿＿＿＿なら、転職すればいいものを。

5. もっと＿＿＿＿＿＿＿＿＿＿＿＿ものを、遊んでばかりいたから不合格になったんだよ。

6. 先輩に＿＿＿＿＿＿＿＿＿＿＿＿＿＿＿ものを、一人で悩んでいるから辛くなるんだよ。

7. 日本にいるうちに、＿＿＿＿＿＿＿＿＿＿＿＿＿＿＿＿＿＿＿＿＿＿ものを。

8. ＿＿＿＿＿＿＿＿＿＿＿＿＿＿＿＿＿ものを、＿＿＿＿＿＿＿＿＿＿＿＿＿＿＿＿＿。

第2課 文法の練習

33

13 にもまして

_____月_____日

例文

1. この街は以前にもまして、にぎやかになった。
2. 日本の夏は、暑さにもまして湿気が辛い。
3. 憧れの先輩に褒められたのが、何にもまして嬉しかった。

使い方

N ➕ にもまして 「～よりもさらに」「～以上に」という意味を表す。疑問詞に接続する場合は、「他もそうだが、さらに～だ」という意味になる。後には否定文は続かない。

This expresses "even more than" or "greater than." When joined with an interrogative word, it means "more than anything/anyone else." It cannot be followed with a negative clause. ／表示"比～更""在～之上"。接在疑问词后面时，表示比其它情况更加～。后面不接否定句。／Diễn đạt ý nghĩa "hơn cả ~", "~ trở lên". Trường hợp tiếp nối với nghi vấn từ thì có ý nghĩa "yếu tố khác cũng thế nhưng còn ~ hơn". Vế câu sau thì không sử dụng câu phủ định.

確認しよう

「にもまして」の使い方が正しいものには〇、間違っているものには×を書きなさい。

1. （　　） 彼女はコンクールで誰にもまして素晴らしい演奏をしてみせた。
2. （　　） ここはどこにもまして人がいないので、花火を見るのに最適だ。

書いてみよう

_____に言葉を入れて、文を完成させなさい。

1. 受験を前にして、学生たちは_____にもまして勉強に励んでいる。

2. 今年の夏は、_____にもまして暑くなるそうだ。

3. 花嫁姿の彼女は、_____にもまして美しい。

4. セール中のこの店は、_____にもまして混んでいる。

5. 声優の彼女は声がいい。だが、それにもまして_____が素晴らしい。

6. 入学試験は、筆記試験にもまして_____が重視されることがある。

7. 最近、祖父は以前にもまして_____。

8. _____は、_____にもまして_____。

14 すら

📅 ＿＿＿月＿＿＿日

📋 例文

1. こんな問題、子どもですら解けるよ。
2. 彼の一向に反省しない態度に、悲しみすら覚えた。
3. 息子と何年も連絡を取っていないので、私は彼が今どこにいるのかすら知らない。

👆 使い方

N ➕ すら

「AすらB」の形で、Aを例として取り上げ、「AがBであるのだから、A以外ももちろんBだ」という意味を表す。「ですら」「にすら」のように助詞と一緒によく使われるが、助詞「を」「が」は省略される。また、「か／かどうか」ともよく一緒に使われる。

Used in the pattern AすらB, this expresses that situation B is true even for example A, meaning that B of course applies to other cases as well. It is often paired with particles, as in ですら or にすら, but the particles を and が are dropped. It is also often used with か／かどうか. ／「AすらB」表示拿A举例子，连A都是B这种情况，更何况A以外的了。常跟助词用在一起，有「ですら」「にすら」这样的形式，但是「を」跟「が」的话会省略助词。另外，也跟「か／かどうか」一起用。／Diễn đạt ý nghĩa đưa A ra làm ví dụ, vì A là B nên đương nhiên ngoài A thì các yếu tố khác cũng B giống vậy bằng mẫu câu "AすらB". Thường sử dụng với trợ từ như "ですら", "にすら" nhưng trợ từ "を", "が" được giản lược. Ngoài ra, cũng được sử dụng với "か／かどうか".

確認しよう

正しいほうを選びなさい。

1. 去年Ｎ１に合格したのに、テストで（　初級　・　上級　）の学生にすら読める漢字を間違えてしまって、恥ずかしかった。
2. 私は彼が今日帰って来るのかどうかすら聞いて（　いる　・　いない　）。

書いてみよう

＿＿＿＿＿に言葉を入れて、文を完成させなさい。

1. 久しぶりに会った彼女は、私の＿＿＿＿＿＿＿＿＿＿すら覚えていなかった。
2. 学生時代はフランス語を学んでいたが、今は＿＿＿＿＿＿＿＿＿＿すらできない。
3. 今日は忙しすぎて、＿＿＿＿＿＿＿＿＿＿＿＿すらできなかった。
4. 彼女は社長に＿＿＿＿＿＿＿＿＿＿＿すらせずに、帰ってしまった。
5. この会社は＿＿＿＿＿＿＿＿＿すら家でゆっくり休めないほど忙しいので、転職を考えている。
6. 私はそのパーティーに誰が参加するのかすら＿＿＿＿＿＿＿＿＿＿＿＿＿＿＿＿＿＿＿＿。
7. この料理は、料理が苦手な私ですら＿＿＿＿＿＿＿＿＿＿＿から、＿＿＿＿＿＿＿＿＿＿＿＿＿。
8. ＿＿＿＿＿＿すら＿＿＿＿＿＿＿＿から、＿＿＿＿＿＿＿＿＿＿＿＿＿＿＿＿＿＿。

15 限りでは

📅 ＿＿＿月＿＿＿日

📋 例文

1. 私の知る**限りでは**、彼女はそんな嘘をつく人ではない。
2. 聞いている**限り**、来週テストはないはずです。
3. 見た**限りでは**、そのパソコンはまだ使えそうでしたよ。

👆 使い方

Ⅴる／Ⅴている
Ⅴた
Ｎの

➕ 限りでは
限り

「Ａ限りではＢ」の形で、「見る」「聞く」「調べる」などの言葉と一緒に使い、Ａ（自分の知識や経験）の範囲の中で判断するならＢだという意味を表す。
Used in the pattern Ａ限りではＢ along with words like 見る, 聞く, or 調べる, this expresses that B is the case as far as can be said on the basis of A (the speaker's knowledge or experience). ／「Ａ限りではＢ」常跟「見る」「聞く」「調べる」这样的词汇一起用，表示以A（自己的知识或经验）为依据做判断的话应该是B这个结果。／Sử dụng các từ như "見る", "聞く", "調べる" v.v. trong mẫu câu "A限りではB" để diễn đạt ý nghĩa nếu đánh giá trong phạm vi của A (kiến thức, kinh nghiệm của bản thân) thì B.

確認しよう

正しいほうを選びなさい。

1. インターネットで（ 調べた ・ 使った ）限りでは、この街に映画館はないようだ。
2. 私が（ 行く ・ 知る ）限り、あの店のコーヒーはおいしい。

書いてみよう

＿＿＿＿＿＿に言葉を入れて、文を完成させなさい。

1. レポートを＿＿＿＿＿＿＿＿限り、彼は優秀だと思う。

2. 電話で＿＿＿＿＿＿＿＿＿限りでは、彼女は元気そうでした。

3. 説明を＿＿＿＿＿＿＿＿＿限り、その仕事はあまり難しくなさそうだ。

4. 私が見た限り、あの二人は＿＿＿＿＿＿＿＿＿＿＿＿＿と思います。

5. 覚えている限りでは、確か＿＿＿＿＿＿＿＿＿＿＿＿＿＿＿＿＿＿＿はずです。

6. 今回の調査の限りでは、＿＿＿＿＿＿＿＿＿＿＿＿＿＿＿＿＿＿＿＿。

7. メニューを＿＿＿＿＿＿＿＿限り、この店は＿＿＿＿＿＿＿＿＿＿＿＿＿。

8. ＿＿＿＿＿＿＿＿＿＿＿限りでは、＿＿＿＿＿＿＿＿＿＿＿＿＿＿＿＿。

36

16 とでもいうべき

　　　月　　　日

📋 例文

1. 彼はサッカー界の神様**とでもいうべき**選手だ。
2. 私の子どもは、将来第二のマイケル・ジャクソン**ともいうべき**ダンサーになるだろう。
3. その島は自然豊かで美しい。地上の楽園**とでもいうべきか**。

👆 使い方

N ➕ とでもいうべきだ
　　ともいうべきだ
　　とでもいうべき N
　　ともいうべき N

極端なものに例えて、それに匹敵すると言いたい時に使う。

This is used to liken someone or something to a supreme or outstanding example. ／做夸张比喻，来表示想表达的事情与此比喻不相上下。／Sử dụng khi muốn lấy ví dụ cực đoan để nói ngang tầm với đó.

確認しよう

正しいほうを選びなさい。

1. （　一流ホテルの料理　・　屋台の料理　）とでもいうべき上品な盛り付けに感動した。
2. 旅行先で出会った人に家の近所で再会した。（　運命　・　偶然　）とでもいうべき出来事だ。

書いてみよう

＿＿＿＿＿＿に言葉を入れて、文を完成させなさい。

1. 彼は先生の説明を一度聞いただけですべて覚えてしまう。＿＿＿＿＿＿とでもいうべき人だ。
2. 美しい景色においしい料理。ここは＿＿＿＿＿＿とでもいうべき場所だ。
3. 彼女の歌唱力は素晴らしい。＿＿＿＿＿＿とでもいうべきか。
4. 私はいくらでも食べられる。私の胃袋は＿＿＿＿＿＿とでもいうべきか。
5. 彼は何度裏切られても友人を見捨てない。＿＿＿＿＿＿とでもいうべき人物です。
6. 妹が関わるといつも問題が起きる。＿＿＿＿＿＿ともいうべきか。
7. 殺人容疑で逮捕された男は全く反省する様子がない。＿＿＿＿＿＿とでもいうべき男だ。
8. 母は＿＿＿＿＿＿。＿＿＿＿＿＿とでもいうべきか。

まとめの練習

 ＿＿月＿＿日

問題1　読解（内容理解 - 長文 Comprehension - Long passages）

次の文章を読んで、後の問いに対する答えとして最もよいものを、1・2・3・4から一つ選びなさい。

以下は、ケンさんが書いた日記である。

　今日の講義では、先生が宮大工についてＶＴＲとともに紹介してくださった。宮大工とは、主に神社や寺などの建築や補修を手掛ける職人のことだ。この呼び名は、神社や寺などを「お宮さん」と呼んでいたことに由来しているそうだ。

　宮大工が用いる伝統的な工法のことを「木組み」という。一般的な木造建築には釘などの金具が使われることがほとんどだが、木組みではそれらを一切使わずに建物を組み立てる。ＶＴＲの中で、実際に木組みの工法を用いて建物の柱が組み立てられていく様子を紹介していた。職人が複雑な形に加工した木材の端と端を噛み合わせるなり、つなぎ目がほとんどわからないほどぴったりと木材が組み合わさった。この魔法とでもいうべき技術を見て、僕は①感動すら覚えた。

　講義が終わった後、宮大工のことをもっと知りたいと思い、図書館に行ってさらに詳しく調べてみることにした。宮大工による伝統工法で作られた建造物の特徴は、何といっても耐久性に優れていることで、長い年月を経てもその形を残しているものが少なくないのだという。例えば、世界遺産として知られる奈良県の「法隆寺」は木組みを用いて建てられた仏教寺院として有名で、約1300年の築年数を誇る。この事実だけでも、いかに素晴らしい技術なのかがわかるだろう。この優れた耐久性に着目し、神社や寺などに限らず現代の日本の一般的な住宅でも、伝統工法が用いられることがあるそうだ。

　それにもかかわらず、現在、職人らは②ある問題に直面している。僕の調べた限りでは、宮大工になるためには最低でも10年の修業が必要らしい。それだけ簡単に習得できる技術ではないというだけあって、なかなか宮大工になりたいと思う若者がおらず、技術の継承が危ぶまれる状態に陥りつつある始末だそうだ。どんなに素晴らしい技術であれ、後継者がいなければ後世に残すことはできない。技術の習得をサポートしたり、宮大工の技術の素晴らしさを世界に発信して、認知度を高めたりするなど、もっと早く行動を起こしていれば、こんな状況にはなっていなかったかもしれないものを……と残念に思った。

　今日の講義を通して、以前にもまして日本の建築への興味が深まったと同時に、自分の中で問題意識が芽生えたような気がする。伝統工法の継承のために、自分ができることは何だろうか。この４年間の大学生活の中でそれを見つけることを目標にしようと決めた。

1 宮大工の説明として合っているものはどれか。
1 神社や寺など歴史的建造物のみを補修する。
2 釘などの金具を使わない伝統工法を使用している。
3 10年修行をすれば、「木組み」という工法が身につく。
4 収入や技術力が高いため、後継者の問題はない。

2 ①感動すら覚えたとあるが、何に感動したのか。
1 日本には歴史的建造物を専門に補修する職人がいること
2 神社や寺などを「お宮さん」とまるで人のように呼ぶこと
3 金具を一切使わずに建物を組み立てること
4 宮大工の伝統がこれからも守られていくこと

3 ②ある問題とあるが、どのような問題か。
1 一般的な技術でも耐久性のある建物が作れるようになっている。
2 今のままでは技術が後世に引き継がれないかもしれない。
3 国が技術習得のためのサポートをやめようとしている。
4 技術の素晴らしさを世界に発信する若者が減っている。

4 この文章の内容に合うのはどれか。
1 ケンさんは宮大工に興味があったので、この授業を受けた。
2 ケンさんは宮大工になるための条件が厳しすぎると思っている。
3 ケンさんは日本の伝統工法を世界に紹介しようと思っている。
4 ケンさんは日本の建築に対して、より一層関心が高まった。

問題2　文法（文法形式の判断 Selecting grammar form）

次の文の（　　　）に入れるのに最もよいものを、1・2・3・4から一つ選びなさい。

1 彼は授業に遅刻してきたあげく、いびきをかいて（　　　）始末だ。

　　1　寝る　　　　　　2　寝て　　　　　　3　寝た　　　　　　4　寝

2 彼女は恋人が帰る（　　　）、たばこを吸い始めた。

　　1　とたん　　　　　2　次第　　　　　　3　なり　　　　　　4　ばかりに

3 このくらいの荷物なら、力のない子ども（　　　）運べるよ。

　　1　ながらも　　　　2　ですら　　　　　3　どころか　　　　4　もかまわず

4 私が知っている（　　　）、彼はまだ独身のはずだよ。

　　1　限って　　　　　2　限らず　　　　　3　限りで　　　　　4　限り

5 彼の絵は斬新で、印象に残る。現代のピカソ（　　　）人物だ。

　　1　であれ　　　　　2　とでもいうべき　　3　ごとき　　　　4　すら

6 鈴木「今年の冬は、例年（　　　）雪が多いらしいですよ。」

　　毛利「へー、それは大変ですね。」

　　1　にわたって　　　2　に応じて　　　　3　にもまして　　　4　ともいうべき

7 河合「明日引っ越しなんだけど、手伝ってもらえないかな?」

　　笹本「えっ、明日?　もっと早く言ってくれればいい（　　　）。」

　　1　ものだ　　　　　2　ものの　　　　　3　ものを　　　　　4　ものか

8 （ペットショップで）

　　妻「かわいい犬だね。うちで飼えないかな?」

　　夫「うちのマンションは犬（　　　）猫（　　　）、動物は飼ってはいけないことになっているよ。」

　　1　といい／といい　　2　につけ／につけ　　3　かれ／かれ　　4　であれ／であれ

問題3　文法（文の組み立て Sentence composition）

次の文の＿★＿に入る最もよいものを、1・2・3・4から一つ選びなさい。

1 料理が ＿＿＿＿ ＿★＿ ＿＿＿＿ ＿＿＿＿ だろうか。

1　作ってもらったものは　　　　　　　2　べきではない

3　おいしかれまずかれ　　　　　　　　4　感謝していただく

2 始めから ＿＿＿＿ ＿＿＿＿ ＿★＿ ＿＿＿＿ よ。

1　手伝ってあげたものを　　　　　　　2　意地を張るから

3　素直に言ってくれれば　　　　　　　4　こんな失敗をするんだ

3 私が ＿＿＿＿ ＿★＿ ＿＿＿＿ ＿＿＿＿ 。

1　新しいスタッフは　　　　　　　　　2　仕事ができるそうだ

3　店長から聞いた　　　　　　　　　　4　限りでは

4 政治家の汚職事件のニュースを ＿＿＿＿ ＿＿＿＿ ＿★＿ ＿＿＿＿ よ。

1　すら　　　　　2　見て　　　　　3　覚えた　　　　4　哀れみ

5 誰にも気づかれずに、＿＿＿＿ ＿＿＿＿ ＿★＿ ＿＿＿＿ か。

1　とでもいうべき　　　　　　　　　　2　天才

3　犯人は　　　　　　　　　　　　　　4　10億円もの金を盗み出した

6 彼は何度も ＿＿＿＿ ＿＿＿＿ ＿★＿ ＿＿＿＿ 始末だ。

1　反省せず　　　　2　にもかかわらず　　　3　退学になる　　　4　指導を受けた

7 田村　「北野監督の最新映画を見た？」

神澤　「見たよ。話の ＿＿＿＿ ＿★＿ ＿＿＿＿ ＿＿＿＿ よ。」

1　展開はもちろんだけど　　　　　　　2　映像の美しさだった

3　驚いたのは　　　　　　　　　　　　4　それにもまして

8 後藤　「ねえ、山田さんを見なかった？」

池田　「さっき本社からの ＿＿＿＿ ＿＿＿＿ ＿★＿ ＿＿＿＿ けど……。」

1　電話に出る　　　　2　出て行った　　　3　慌てて走って　　　4　なり

問題4　聴解（ポイント理解 Point comprehension）

　まず質問を聞いてください。そのあと、問題用紙のせんたくしを読んでください。読む時間があります。それから話を聞いて、問題用紙の1から4の中から、最もよいものを一つ選んでください。

🎵 N1-10
1　息子が会社のお金を失くしたから
2　老後のためにお金を貯めていたから
3　誰にも相談しなかったから
4　警察が対策を強化しなかったから

問題5　聴解（即時応答 Quick response）

　まず文を聞いてください。それから、それに対する返事を聞いて、1から3の中から、最もよいものを一つ選んでください。

1	🎵 N1-11	1	2	3
2	🎵 N1-12	1	2	3
3	🎵 N1-13	1	2	3
4	🎵 N1-14	1	2	3
5	🎵 N1-15	1	2	3
6	🎵 N1-16	1	2	3
7	🎵 N1-17	1	2	3
8	🎵 N1-18	1	2	3

第 3 課

単語　文法の練習に出てくる難しい単語の意味を確認しましょう。

名詞

□ 江戸時代	Edo period	江户时代	thời Edo
□ 恩師	(one's) former teacher/mentor	恩师	ân sư
□ 凶器	(murder) weapon	凶器	hung khí
□ 漁場	fishing ground	渔场	ngư trường
□ サロン	(beauty, nail, etc.) salon	美容院	salon làm đẹp
□ 自叙伝	autobiography	自传	tự truyện
□ 児童養護施設	orphanage	儿童收容机构	trung tâm nuôi dưỡng và bảo hộ trẻ em
□ 育ち盛り	growing	生长发育中	tuổi ăn tuổi lớn
□ 足し算	addition	加法	toán cộng
□ ちょんまげ	chonmage, a traditional top-knot hairstyle	月代头	búi tóc
□ 人見知り	shy	认生	nhút nhát, bẽn lẽn
□ 誇り	pride	骄傲	lòng tự hào
□ ムード	mood	模式	tâm trạng, trạng thái

な形容詞

□ 革新的な	innovative	革新的	cách tân, đổi mới
□ 実用的な	practical	实用性的	thực dụng
□ 社交的な	sociable	社交的	quảng giao, hoạt bát
□ 盛大な	grand, lavish	荣盛的	hoành tráng, nhộn nhịp, quy mô lớn
□ 保守的な	conservative	保守的	bảo thủ

動詞

□ 奪う	take away	剥夺	cướp đi
□ おわび（する）	apology; apologize	道歉	lời xin lỗi, xin lỗi
□ 自粛（する）	self-restraint; exercise restraint	自我约束	sự kiềm chế, tự giới hạn
□ 出世（する）	success; succeed (in life)	发迹	sự thăng tiến, thành đạt
□ 擦りむく	skin	破皮	trầy xước da
□ 背く	disobey	违背	quay lưng lại, phản bội

副詞

□ せいぜい	at most	充其量	tối đa

その他

□ 頭が下がる	take off one's hat to	钦佩	ngã mũ thán phục, ngưỡng mộ

17 と思いきや  ＿＿月＿＿日

例文

① 試験の結果について、先生に叱られると思いきや、褒められた。
② 夕方、この道は渋滞になるかと思いきや、空いていた。
③ あの二人は仲がいいので、恋人かと思いきや、ただの友達だった。

使い方

普(か)
*なA（だ／か）
*N（だ／か）
 と思いきや

「Aと思いきやB」の形で、Aだと思ったが、実際は予想と違ってBだったということを表す。Bについて話し手が意外だと感じている時に使う。

Used in the pattern Aと思いきやB, this expresses that the speaker thought that A would be the case, but the actual outcome was unexpectedly B. It is used to convey the speaker's surprise. ／「Aと思いきやB」表示本以为是A，结果却是B，跟预想的不同。在表达说话人对B这件事很意外时使用。／Diễn đạt việc đã nghĩ là A nhưng thực tế lại khác với dự tưởng, lại là B bằng mẫu câu "Aと思いきやB". Sử dụng khi người nói cảm thấy bất ngờ về B.

確認しよう

正しいものを選びなさい。
1．今日は暖かくなるかと思いきや、（ 上着が必要 ・ 半袖で十分 ）だった。
2．彼はまだ（ 未成年の ・ 未成年だ ・ 未成年 ）かと思いきや、30歳を過ぎていた。

書いてみよう

＿＿＿＿に言葉を入れて、文を完成させなさい。

1．マラソン大会で1番に＿＿＿＿＿＿＿＿と思いきや、ゴール直前で転んで抜かれてしまった。
2．仕事が早く＿＿＿＿＿＿＿＿＿＿＿と思いきや、残業を頼まれてしまった。
3．この商品は＿＿＿＿＿＿＿＿＿＿＿と思いきや、すぐに売り切れてしまった。
4．東京は冷たい人が＿＿＿＿＿＿＿＿＿＿と思いきや、親切な人も多くて安心した。
5．彼は仕事を辞めたので、＿＿＿＿＿＿＿＿＿と思いきや、以前より忙しそうにしていた。
6．入学試験は＿＿＿＿＿＿＿＿と思いきや、思っていたより＿＿＿＿＿＿＿＿＿＿。
7．＿＿＿＿＿＿＿＿＿＿＿と思いきや、彼は＿＿＿＿＿＿＿＿＿＿＿だった。
8．＿＿＿＿＿＿＿＿＿ので、＿＿＿＿＿＿＿＿＿と思いきや、＿＿＿＿＿＿＿＿＿＿＿。

18 がてら  ＿＿月＿＿日

例文

1. 散歩がてら、スーパーへ行ってきます。
2. 友人を車で送りがてら、街の案内をした。
3. 挨拶がてら、大学の恩師を訪ねた。

使い方

  がてら

「AがてらB」の形で、AのついでにBをする（①②）、Aという目的でBをする（③）という意味を表す。移動を伴う場面で使うことが多い。例文③は「かたがた（p.130）」と同じように使う。

Used in the pattern AがてらB, this means to do B while performing main action A (①②), or to do B for the purpose of A (③). It is often used for situations involving movement. The usage in example 3 is similar to that of かたがた (p. 130). ／「AがてらB」表示做A的同时顺便做B(①②)，做B的目的是A(③)。常用在表达伴随有移动的情况。例③的用法与「かたがた（p.130）」相同。／Diễn đạt việc nhân tiện A thì làm B như câu (①②), làm B với mục đích A như câu (③) bằng mẫu câu "AがてらB". Câu ví dụ 3 thì sử dụng giống với "かたがた(tr.130)".

確認しよう

正しいほうを選びなさい。

1. （ 歩く ・ 歩き ）がてら、話しましょう。
2. 謝罪がてら、（ お客様の家に伺った ・ お客様におわびの手紙を書いた ）。

書いてみよう

＿＿＿＿＿＿に言葉を入れて、文を完成させなさい。

1. ＿＿＿＿＿＿＿＿＿＿＿＿がてら、公園を散歩しましょう。
2. 車を買ったので、＿＿＿＿＿＿＿＿＿＿＿がてら、東京観光をします。
3. 川沿いの道を＿＿＿＿＿＿＿＿＿＿＿がてら、景色を楽しんだ。
4. ＿＿＿＿＿＿＿＿＿＿＿＿＿＿＿＿＿がてら、外国人が集まるクラブへ遊びに行く。
5. 友人のお見舞いがてら、新しくできた病院の様子を＿＿＿＿＿＿＿＿＿＿＿＿＿＿＿＿。
6. 帰省がてら、地元の＿＿＿＿＿＿＿＿＿＿＿＿＿＿＿＿＿＿＿＿＿＿。
7. 天気がいいので、＿＿＿＿＿＿＿＿＿＿がてら、＿＿＿＿＿＿＿＿＿＿＿＿＿＿＿＿＿＿。
8. 買い物がてら、＿＿＿＿＿＿＿＿＿＿＿＿＿＿＿＿＿＿＿＿＿＿＿＿＿＿＿＿＿＿。

19 といったところだ

 ＿＿＿月＿＿＿日

例文
1. 頑張って働いても、給料はせいぜい1か月12万円**といったところだ**。
2. このビルの屋上からは、富士山が少しだけ見える**といったところだ**。
3. 彼の経験や知識、判断力には頭が下がる。彼はこの会社の頭脳**といったところだ**。

使い方

 ＋ といったところだ

① 「最高でも～程度だ」という意味で、数量やレベルの低さを表す時に使う。「せいぜい」などの副詞と一緒に使われることが多い（①②）。②「（例えるなら）～という感じだ」という意味で、他の表現に言い換える時に使う（③）。

① This means "at best/most" and is used to emphasize that a quantity or level is lower than desired or expected. It is often used with adverbs such as せいぜい（①②）. ② In this usage, it means "I would call (a person or thing) the ～" and provides a metaphorical description of the person/thing discussed（③）. ／① 有"最多也就～这个程度"的意思，在表示数量少或者水平低时使用。往往跟「せいぜい」这样的副词一起使用（①②）。② 也有"如果打比方的话，大概是～"的意思，在表达"换句话说"时使用（③）。／① Sử dụng khi diễn đạt độ thấp về số lượng hay cấp độ với ý nghĩa "dù cao nhất thì cũng là mức độ ～" như câu（①②）. Thường được sử dụng cùng với phó từ như "せいぜい" v.v. ② Sử dụng khi nói bằng cách khác với ý nghĩa "(nếu thí dụ thì) cảm giác là ～" như câu（③）.

確認しよう

正しいほうを選びなさい。
1. この本は自費出版の自叙伝なので、売れてもせいぜい（ 100 ・ 10万 ）冊といったところだ。
2. 知識は誰にも奪われない（ 財産だ ・ 財産 ）といったところだ。

書いてみよう

＿＿＿＿＿＿に言葉を入れて、文を完成させなさい。

1. 私一人でボランティアを集めても、せいぜい＿＿＿＿＿＿＿＿＿＿人といったところだろう。

2. フリーマーケットで品物が売れたといっても、＿＿＿＿＿＿＿＿＿＿円といったところだ。

3. 英語が話せるといっても、＿＿＿＿＿＿＿＿＿といったところです。

4. ＿＿＿＿＿＿＿＿＿＿＿＿＿＿＿＿＿は、都会のオアシスといったところだろう。

5. 彼は児童養護施設に毎年プレゼントを送っている。＿＿＿＿＿＿＿＿＿＿＿＿といったところだ。

6. 宇宙開発は＿＿＿＿＿＿＿＿＿＿＿＿＿といったところだ。

7. ここは＿＿＿＿＿＿＿＿ので、バスの利用客は1日せいぜい＿＿＿＿＿人といったところだろう。

8. 彼女は＿＿＿＿＿＿＿＿＿＿＿＿＿。＿＿＿＿＿＿＿＿＿＿＿＿＿＿＿といったところだ。

20 たが最後

　　　月　　　日

例文

1. 彼を怒らせたが最後、いくら謝っても許してもらえないだろう。
2. 社長の意向に背いたが最後、出世はできないかもしれない。
3. おしゃべりな彼女に秘密を知られたら最後、翌日にはクラス全員に知られているだろう。

使い方

| Vた | が最後 |
| ら最後 |

「Aたが最後、B」の形で、もしAをしたら、Bという悪い結果や話し手が望まない結果になるということを表す。

Used in the pattern Aたが最後、B, this expresses that if action A were to take place, the negative or (from the speaker's perspective) undesirable outcome indicated in B would result.／「Aたが最後、B」表示如果做了A，就会出现B。B这里是不好的结果或是说话人不希望发生的结果。／Diễn đạt nếu làm A thì sẽ trở thành kết quả xấu hay kết quả mà người nói không mong muốn là B bằng mẫu câu "Aたが最後、B".

確認しよう

正しいほうを選びなさい。

1. 彼はお酒を飲んだが最後、自慢話を（ 話し続ける ・ 話すことはない ）。
2. 信頼は失ったら最後、取り戻すことは（ 簡単だ ・ 難しい ）。

書いてみよう

＿＿＿＿＿に言葉を入れて、文を完成させなさい。

1. 彼にお金を＿＿＿＿＿＿＿＿＿＿が最後、二度と返ってこないだろう。
2. 弟は＿＿＿＿＿＿＿＿＿＿＿が最後、食事もせずに朝までやり続けてしまう。
3. 試験で０点を取ったことを母に＿＿＿＿＿が最後、休日は外出禁止になってしまうだろう。
4. このチャンスを逃したら最後、＿＿＿＿＿＿＿＿＿＿＿＿＿＿＿だろう。
5. 恋人に浮気がばれたら最後、＿＿＿＿＿＿＿＿＿＿＿＿＿＿＿だろう。
6. 彼は一度言い出したが最後、どんなに反対されても＿＿＿＿＿＿＿＿＿＿。
7. ＿＿＿＿＿＿＿＿＿＿＿が最後、先生に＿＿＿＿＿＿＿＿＿＿。
8. ＿＿＿＿＿は、＿＿＿＿＿が最後、＿＿＿＿＿＿＿＿＿＿。

21 〜といわず…といわず

 ＿＿＿月＿＿＿日

例文

① 転んで、手といわず、足といわず、擦りむいてしまった。
② 父は昼といわず、夜といわず、働いて、私たちを育ててくれた。
③ ルイさんの部屋は壁といわず、天井といわず、好きなアイドルのポスターが貼ってある。

使い方

N ＋ といわず　「AといわずBといわず」の形で、「AやBだけでなく、他にも」という意味になる。AとBは同じカテゴリーに含まれる名詞を使うことが多い。後ろに依頼、命令を表す文は続かない。

Used in the pattern AといわずBといわず, this means "not just A and B, but everything else." A and B typically take nouns in the same category. It cannot be followed with a request or command.／「Aといわず、Bといわず」表示不仅仅是A跟B，也还有其他的。A跟B这里往往是同一类的名词。后面不接表示依赖或命令的句子。／Diễn đạt ý nghĩa "không chỉ A hay B mà yếu tố khác cũng" bằng mẫu câu "Aといわず、Bといわず". A và B thường sử dụng danh từ được bao gồm trong cùng hạng mục. Vế câu sau không phải là câu diễn đạt yêu cầu hay mệnh lệnh.

確認しよう

正しいほうを選びなさい。

1. 母は日本国内といわず、（ 東京 ・ 国外 ）といわず、どこへでも一人で旅行に行く。
2. 寝室といわず、浴室といわず、家中の掃除を（ した ・ してください ）。

書いてみよう

＿＿＿＿＿＿に言葉を入れて、文を完成させなさい。

1. 都会といわず、＿＿＿＿＿＿＿＿＿＿といわず、日本は見どころが多い。

2. 妹は朝といわず、＿＿＿＿＿＿＿＿＿＿といわず、母のそばを離れようとしない。

3. 姉は平日といわず、＿＿＿＿＿＿＿＿＿＿といわず、毎日遅くまで働いている。

4. 台風で＿＿＿＿＿といわず、＿＿＿＿＿といわず、飛ばされてしまった。

5. 彼女は＿＿＿＿＿といわず、＿＿＿＿＿といわず、毎月サロンに通って手入れをしている。

6. この家は玄関といわず、庭といわず、＿＿＿＿＿＿＿＿＿＿＿＿＿＿＿＿＿＿＿＿＿＿。

7. 連休は＿＿＿＿＿といわず、＿＿＿＿＿といわず、観光地が＿＿＿＿＿＿＿＿ので、私は家で過ごす。

8. ＿＿＿＿＿＿＿は、＿＿＿＿＿といわず、＿＿＿＿＿といわず、＿＿＿＿＿＿＿。

22 にひきかえ

 ＿＿＿月＿＿＿日

例文

① 社交的な姉**にひきかえ**、妹は人見知りで困ってしまう。
② ケンさんがよく遅刻する**のにひきかえ**、さくらさんは時間を守る。
③ 去年の祭りが盛大だった**のにひきかえ**、今年は自粛ムードで盛り上がりに欠けた。

使い方

N ➕ にひきかえ
[普]
*なA な／である ➕ のにひきかえ
*N な／である

「AにひきかえB」の形で、AとBを比較し、Aとは反対に／違ってBという意味を表す。話し手の主観的な評価が含まれる。「それにひきかえ」という接続詞的な表現もある。

Used in the pattern AにひきかえB, this sets up a contrast expressing that B is the opposite of A. It incorporates the speaker's subjective opinion. The conjunction-like expression それにひきかえ is also used.／「AにひきかえB」表示A跟B作比較，B与A的情况截然相反。含有说话人主观上的评价。也有「それにひきかえ」这样的连词用法。／Diễn đạt ý nghĩa so sánh A và B thì B ngược lại / khác với A bằng mẫu câu "AにひきかえB". Bao gồm đánh giá chủ quan của người nói. Cũng có cách diễn đạt mang tính tiếp nối là "それにひきかえ".

確認しよう

正しいほうを選びなさい。
1．私が一人っ子（　である　・　だ　）のにひきかえ、彼女は6人も兄弟がいてうらやましい。
2．A先生の授業は（　楽しい　・　つまらない　）のにひきかえ、B先生の授業は退屈だ。

書いてみよう

＿＿＿＿＿＿に言葉を入れて、文を完成させなさい。

1．妹は記憶力が＿＿＿＿＿＿＿＿＿にひきかえ、私は覚えることが苦手だ。

2．＿＿＿＿＿＿＿が保守的であったのにひきかえ、＿＿＿＿＿＿＿は革新的である。

3．私の国では＿＿＿＿＿＿＿＿＿にひきかえ、東京都心ではほとんど見えない。

4．弟が＿＿＿＿＿＿＿＿＿＿＿にひきかえ、兄は何をやってもどんくさい。

5．薄味が好きな母にひきかえ、父は＿＿＿＿＿＿＿＿＿＿＿＿＿＿＿＿＿＿。

6．以前ここは豊かな漁場であったのにひきかえ、今は＿＿＿＿＿＿＿＿＿＿＿＿＿＿＿。

7．彼女が＿＿＿＿＿＿にひきかえ、彼は＿＿＿＿＿＿ので、＿＿＿＿＿＿＿＿＿。

8．ここは＿＿＿＿＿＿にひきかえ、＿＿＿＿＿＿＿は＿＿＿＿＿＿＿＿＿＿。

23 ならいざしらず

 ＿＿月＿＿日

例文

1 小学生**ならいざしらず**、大人が足し算を間違えるとは情けない。
2 体調が悪いの**ならいざしらず**、元気なんだからみんなと一緒に頑張ってください。
3 あなたのように日本語が上手**ならいざしらず**、私にこの資料は読めません。

使い方

普 (の)
*N だ
*なA だ
＋ ならいざしらず

「～なら仕方がないと理解できるが」(1 2)「～なら可能だと思うが」(3)という意味を表す。後ろは話し手の不満や残念な気持ちを表す文が多い。

This means "I get it that this would be the case for (someone/something)" (1 2) or "I think it would be possible if ~" (3). It is often followed by an expression of the speaker's dissatisfaction or regret. ／表示"要是～的话是可以理解的"(1 2)，"～这种情况的话是能做到的"(3)。后面常接说话人不满或者遗憾的心情。／Diễn đạt ý nghĩa "nếu là ~ thì có thể hiểu là không còn cách nào khác" như câu (1 2), "nếu là ~ thì nghĩ là có khả năng", như câu (3). Vế câu sau thường là câu diễn đạt cảm xúc bất mãn, đáng tiếc của người nói.

確認しよう

正しいほうを選びなさい。
1. 江戸時代ならいざしらず、現代はちょんまげ姿では恥ずかしくて街を（ 歩けない ・ 歩いてみたい ）。
2. （ 実用的 ・ 実用的だ ）ならいざしらず、そんな役に立たないもの持っていても意味がない。

書いてみよう

＿＿＿＿＿に言葉を入れて、文を完成させなさい。

1. 一流シェフが＿＿＿＿＿＿ならいざしらず、こんな茶碗一杯の料理に1万円も払いたくない。
2. 日本語が＿＿＿＿＿＿＿＿＿＿ならいざしらず、話せるのにどうして黙っているの？
3. 動物が＿＿＿＿＿＿＿＿ならいざしらず、苦手な人にペットを預けるなんて非常識だ。
4. ＿＿＿＿＿＿＿＿ならいざしらず、毎日会っているのに、よくそんなに話すことがあるね。
5. 育ち盛りの高校生ならいざしらず、少食の私はこんなに＿＿＿＿＿＿＿＿＿＿＿＿＿。
6. 初めてならいざしらず、何度もやっているのだから、＿＿＿＿＿＿＿＿＿＿＿＿＿。
7. 高収入ならいざしらず、＿＿＿＿＿＿＿＿＿＿＿なんて、貧乏な私には無理です。
8. ＿＿＿＿＿＿＿＿＿ならいざしらず、＿＿＿＿＿＿＿＿＿＿のはよくない。

24 まみれ

 ＿＿＿月＿＿＿日

例文

1. 彼は火災現場で汗まみれになって、救命活動を続けた。
2. 小麦粉の袋が破れて、床が粉まみれになってしまった。
3. 彼はほこりまみれの部屋で生活をしている。

使い方

N ＋ まみれ　液状、粉状の物や粘着物が表面にたくさん付いて汚れている様子を表す。「借金まみれ」のように悪い状況に陥っている状態を表すこともある。

This expresses that someone or something is covered in a liquid or powdery/sticky substance. It is also used to indicate that someone or something is stuck in an undesirable situation, as in 借金まみれ. ／表示液体状或粉末状的东西大量附着在表面，脏兮兮的样子。也有「借金まみれ」这样的用法，表示陷在一种很不好的状况里。／Diễn đạt tình trạng vấy bẩn do có dính nhiều chất dịch, chất bột hay chất dính trên bề mặt. Cũng có khi diễn đạt trạng thái chìm trong tình trạng xấu như"借金まみれ".

確認しよう

正しいほうを選びなさい。

1. 車の整備士をしている父の手は（　油　・　油の　）まみれだが、私はそれを誇りに思う。
2. 川で遊んでいた子どもたちは（　水　・　泥　）まみれになって帰ってきた。

書いてみよう

＿＿＿＿＿＿に言葉を入れて、文を完成させなさい。

1. その本は長い間読んでいなかったので、＿＿＿＿＿＿＿まみれになっていた。
2. 砂浜を散歩中に転んでしまい、体中が＿＿＿＿＿＿＿まみれだ。
3. 犯行現場には＿＿＿＿＿＿まみれの凶器が残されていた。
4. 子どもが大好きなケーキを夢中で食べていたら、顔が＿＿＿＿＿＿＿まみれになってしまった。
5. 子どもたちは＿＿＿＿＿＿＿まみれになって、初めての田植えを楽しんだ。
6. 父は＿＿＿＿＿＿＿ために、汗まみれになって、＿＿＿＿＿＿＿＿＿＿＿＿＿。
7. 政治家たちの汚職まみれの体質に、国民は＿＿＿＿＿＿＿＿＿＿＿＿＿＿＿＿。
8. 母は＿＿＿＿＿＿まみれの＿＿＿＿＿＿＿＿を＿＿＿＿＿＿＿＿＿＿＿＿＿。

まとめの練習

 ＿＿＿月＿＿＿日

問題1 読解（内容理解 - 中文 Comprehension - Mid-size passages）

次の文章を読んで、後の問いに対する答えとして最もよいものを、1・2・3・4から一つ選びなさい。

以下は、大学の環境保護サークルの紹介文である。

一緒に海をきれいにしませんか

私たちは環境保護サークル「ビーチ・バディ」です！
皆さんは海が汚れていると感じたことはありませんか。それもそのはず。なんと、この神奈川県の海岸だけで、毎年1000トンを超えるごみが回収されているのです。自然は一度傷つけられたが最後、元に戻すことは難しいとても繊細なものです。私たち一人一人が協力して、少しでも美しい自然を残すことができたらいいと思いませんか。自然環境が十分に守られているというのならいざしらず、汚染されていく環境に気がつきながら何も行動しないというのはよくないのではないでしょうか。私たちと一緒に、きれいな海を取り戻しましょう。
主な活動は海岸のごみ拾いです。平日といわず、週末といわず、メンバーが集まれるときに不定期で行っていますが、平日にひきかえ週末は海に来る人が増え、ごみが増えてしまう傾向にあるため、最近では週明けを中心に行っています。それだけでなく、定期的に登山や川下りなど、レジャー活動も楽しんでいます。
皆さんのご参加をお待ちしております！

> 僕は海の近くに住んでいて、入学前からサーフィンや散歩がてら海岸のごみ拾いをしていました。それでこのサークルに入ったのですが、昨今、環境問題への関心が高まってきているので、サークルにはきっと大勢のメンバーがいると思いきや、メンバーは10人といったところで、ちょっと残念に感じています。汗まみれ、泥まみれになりながらごみ拾いをするのは大変ですが、きれいになった海を見ながら仲間とビールを飲むのは、達成感があって最高ですよ！

建築学部1年
ケン・ジョンソン

1 サークルの活動について正しいものはどれか。
   1 毎日海岸の清掃活動をする。
   2 平日は海岸の清掃活動をして、週末は山登りに行く。
   3 海岸にごみが増えたときだけ清掃活動をする。
   4 週明けを中心に清掃活動を行い、たまに遊びに行く。

2 残念に感じていますとあるが、どうしてか。
   1 サーフィンをしていると、海にごみが浮いているから
   2 散歩していても、ごみ拾いをしなければならないから
   3 環境保護サークルのメンバーが想像より少なかったから
   4 一度汚染された自然は、元通りにならないから

3 文章の内容に合うのはどれか。
   1 一人一人が環境保護に関心を持てば、環境問題は必ず改善される。
   2 週末は平日よりもごみの量が増えやすいから困る。
   3 ごみ拾いをするのは大変だが、やりがいがある。
   4 ケンさんはお酒が好きな人に参加してほしいと思っている。

問題2 文法（文法形式の判断 Selecting grammar form）

次の文の（　　　）に入れるのに最もよいものを、1・2・3・4から一つ選びなさい。

1 その犬は耳（　　　　）、尻尾（　　　　）、けがをしていた。

1 とあれば／とあれば

2 といわず／といわず

3 というか／というか

4 というより／というより

2 私の国では果物が（　　　）にひきかえ、この国の果物は高額だ。

1 安い　　　　　2 安さ　　　　　3 安いの　　　　4 安く

3 コンビニに（　　　）がてら、犬を散歩に連れて行った。

1 行き　　　　　2 行く　　　　　3 行って　　　　4 行くの

4 ほしかったかばんが安く買えると（　　　　）、その商品はセール対象外だった。

1 思いつつ　　　2 思いきり　　　3 思うなり　　　4 思いきや

5 億万長者（　　　）、貧乏な私がロールスロイスなんて持っていませんよ。

1 ともあろう　　2 ならいざしらず　3 にひきかえ　　4 にもまして

6 （試験が返却された後で）

学生A 「えっ？ 何、そのテスト。間違い（　　　）じゃない？」

学生B 「見ないでよ。恥ずかしいな。」

1 まみれ　　　　2 とみえる　　　3 だらけ　　　　4 だけに

7 タム 「来週あかねさんとカラオケに行く約束をしたんだ。」

トム 「あかねさんは一度マイクを（　　　）、一人で何曲も歌い続けるよ。」

1 握ったが最後　　2 握れるものなら　　3 握るのに加えて　　4 握るが早いか

8 スー 「あのレストラン高いんだよね？」

ハン 「高いといっても、一人5千円（　　　）よ。」

1 すら

2 ほかない

3 さえ

4 といったところだ

54

問題3　文法（文の組み立て Sentence composition）

次の文の　★　に入る最もよいものを、1・2・3・4から一つ選びなさい。

1　車で交通事故を ＿＿＿＿ ＿＿＿＿ ★ ＿＿＿＿ しまった。
　　1　窓ガラスといわず、ドアといわず　　　2　お金が必要になって
　　3　起こしてしまい　　　　　　　　　　　4　修理しなければならず

2　私があなたに ＿＿＿＿ ★ ＿＿＿＿ ＿＿＿＿ 困ります。
　　1　失礼なことを言った　　　　　　　　　2　文句を言われても
　　3　何も言っていないのに　　　　　　　　4　のならいざしらず

3　揚げ物を作ったら、＿＿＿＿ ＿＿＿＿ ★ ＿＿＿＿ しまった。
　　1　油　　　　　　　2　コンロが　　　　3　買ったばかりの　　4　まみれになって

4　兄は ＿＿＿＿ ＿＿＿＿ ★ ＿＿＿＿ 。
　　1　が最後　　　　　　　　　　　　　　　2　本を読み始めた
　　3　読み続けてしまう　　　　　　　　　　4　朝になるまで

5　飲み放題プランを ＿＿＿＿ ★ ＿＿＿＿ ＿＿＿＿ 、あまりお得感がない。
　　1　頼んだところで　　　　　　　　　　　2　ぜいぜい3杯
　　3　私は飲んでも　　　　　　　　　　　　4　といったところなので

6　最終電車に ＿＿＿＿ ＿＿＿＿ ★ ＿＿＿＿ 。
　　1　反対方向の電車に　　　　　　　　　　2　と思いきや
　　3　乗ってしまった　　　　　　　　　　　4　間に合った

7　ベク　「あの二人は双子のわりに、性格は全然似ていないよね。」
　　ウエン「うん。＿＿＿＿ ＿＿＿＿ ★ ＿＿＿＿ よね。」
　　1　集まりに参加することはない　　　　　2　サナさんはいくら誘っても
　　3　社交的で明るいリサさん　　　　　　　4　にひきかえ

8　麦　「ねえ、そろそろ桜が見ごろなんじゃない？」
　　風　「そうだね。じゃあ、あまり公園が ＿＿＿＿ ＿＿＿＿ ★ ＿＿＿＿ 行こうか。」
　　1　散歩にでも　　　　2　うちに　　　　3　花見がてら　　　　4　混まない

55

問題4　聴解（ポイント理解 Point comprehension）

まず質問を聞いてください。そのあと、問題用紙のせんたくしを読んでください。読む時間があります。それから話を聞いて、問題用紙の1から4の中から、最もよいものを一つ選んでください。

🎵 N1-19

1　息子が砂まみれになってしまったこと

2　有名な女優に会えなかったこと

3　撮影が人の多い時間帯に行われたこと

4　有名人がいるのに人が集まらなかったこと

問題5　聴解（即時応答 Quick response）

まず文を聞いてください。それから、それに対する返事を聞いて、1から3の中から、最もよいものを一つ選んでください。

1	🎵 N1-20	1	2	3
2	🎵 N1-21	1	2	3
3	🎵 N1-22	1	2	3
4	🎵 N1-23	1	2	3
5	🎵 N1-24	1	2	3
6	🎵 N1-25	1	2	3
7	🎵 N1-26	1	2	3
8	🎵 N1-27	1	2	3

第 4 課

単語　文法の練習に出てくる難しい単語の意味を確認しましょう。

名詞

☐ インフルエンサー	influencer	网红	người có sức ảnh hưởng
☐ 円安	weak yen	日元贬值	đồng yên rẻ
☐ 奇跡	miracle	奇迹	kỳ tích
☐ 強豪	being very strong	强手	hùng hậu, hùng mạnh
☐ 業績	business performance	业绩	thành tích
☐ 校舎	school building	校舍	trường lớp, khu học xá
☐ 戦略	strategy	战略	chiến lược
☐ 体制	system (of operation)	体制	tổ chức, cơ chế
☐ 不具合	malfunction	出状况，不正常	trục trặc
☐ 真夏日	very hot days	盛夏	ngày hạ chí, ngày có nhiệt độ trên 30 độ

な形容詞

☐ 厳重な	strict	严格的	cẩn mật, nghiêm ngặt
☐ 疎遠な	estranged	疏远	xa cách, hờ hững
☐ 物騒な	dangerous	不安宁	nguy hiểm
☐ 無能な	incompetent	无能的	không có năng lực

動詞

☐ 受け継ぐ	inherit	继承	kế thừa
☐ 改革（する）	reform	改革	sự cải cách, cải cách
☐ 緩和（する）	relaxation (of rules, etc.); relax (rules, etc.)	缓和	sự nới lỏng, nới lỏng
☐ 逆転（する）	comeback; coming from behind	逆转	sự lật ngược, lật ngược
☐ 試行錯誤（する）	trial and error; do by trial and error	在错误中不断尝试	sự thử nghiệm, thử nghiệm để tìm lỗi sai
☐ 指摘（する）	pointing out; point out	指出，指摘	sự chỉ ra, chỉ ra
☐ 修繕（する）	repair	修缮	sự sửa chữa, sửa chữa
☐ 増築（する）	expansion (of a building); expand (a building)	增建	sự xây thêm, xây thêm
☐ 遭難（する）	getting lost, accident; get lost, have an accident	遇难	tai nạn, gặp nạn
☐ ぼったくる	rip off	敲竹杠	nói thách, chặt chém, cướp

その他

☐ 疎かにする	neglect	疏忽	xao nhãng, thờ ơ
☐ 策を練る	formulate a plan	研究制定方案	suy nghĩ kỹ về sách lược

25 とあって  ＿＿＿月＿＿＿日

例文
1. 久しぶりの大型連休とあって、どこも観光客でいっぱいだ。
2. セールをしているとあって、店内は大変混み合っている。
3. 彼女の頼みだとあっては、断るわけにはいかない。

使い方

 ＋ とあって / とあっては

「AとあってB」の形で、Aという特別な状況なので、Bは当然だという意味を表す（①②）。「AとあってはB」の場合は、避けられない行動やすべき対応を表す文が後ろに続く（③）。

Used in the pattern AとあってB, this expresses that B is a natural outcome to be expected from special situation A (①②). The pattern AとあってはB indicates that B is an action that must or should be taken in the case of A (③). ／「AとあってB」表示因为情况A比较特殊，所以出现B这种情况也是理所当然的（①②）。而「AとあってはB」表示面对A这件事情，做出B这样该有的或无法避免的应对（③）。／Diễn đạt ý nghĩa vì là tình trạng đặc biệt A nên B là đương nhiên bằng mẫu câu "AとあってB", như câu (①②). Trường hợp "AとあってはB" thì theo sau là câu diễn đạt hành động không thể tránh hay cách xử lý phải làm, như câu (③).

確認しよう
正しいほうを選びなさい。
1. （ 円安の ・ 円安だ ）とあって、外国からの観光客が増えている。
2. インフルエンサーがＳＮＳで紹介したとあって、その店には（ 行列ができている ・ 客がまったく来ていない ）。

書いてみよう
＿＿＿＿に言葉を入れて、文を完成させなさい。

1. ＿＿＿＿＿＿＿＿＿＿＿とあって、普段あまり勉強しない学生たちも勉強している。
2. 彼女は＿＿＿＿＿＿＿＿＿＿＿とあって、お酒もたばこもやめたそうだ。
3. 大統領が＿＿＿＿＿＿＿＿＿＿＿とあって、空港は厳重な警備体制をとっている。
4. その映画はストーリーが＿＿＿＿＿＿＿＿＿＿＿とあって、R13に指定された。
5. 仕事熱心な彼も、＿＿＿＿＿＿＿＿＿＿＿とあっては、仕事に集中できないだろう。
6. 夏は食品が＿＿＿＿＿＿＿＿＿＿＿とあって、あまり生ものは買わないようにしている。
7. 会社に＿＿＿＿＿＿＿＿＿＿＿とあっては、クビも覚悟したほうがいいだろう。
8. 妹は＿＿＿＿＿＿＿＿＿＿＿とあって、＿＿＿＿＿＿＿＿＿＿＿。

26 にかまけて

 ＿＿＿月＿＿＿日

例文

1. 夫は仕事**にかまけて**、犬の世話をしない。
2. 忙しさ**にかまけて**、家族に連絡をしなかった。
3. 彼女はアルバイト**にかまけて**、学業を疎かにしている。

使い方

| N ➕ にかまけて | 「Aにかまけて B」の形で、Aに気を取られたり、夢中になったりして、他のことをいい加減にしている状況（B）になったという意味を表す。Bでは話し手が望ましくないと感じている内容を述べる。 |

Used in the pattern AにかまけてB, this expresses that someone is so preoccupied/absorbed with A that they neglect to do something else properly (B). B is a situation that the speaker considers undesirable. ／「AにかまけてB」表示由于被事情A缠身，导致对B不上心。B这里是说话人不希望发生的事情。／Diễn đạt ý nghĩa bị tập trung vào A và say sưa trong đó nên trở thành tình trạng (B) là làm việc khác tùy tiện bằng mẫu câu "AにかまけてB". Trình bày nội dung người nói cảm thấy B là không mong đợi.

確認しよう

「にかまけて」の使い方が正しいものには〇、間違っているものには×を書きなさい。
1. （　　）父は健康管理にかまけて、栄養バランスを考えたダイエットをしている。
2. （　　）私は趣味にかまけて、友人と連絡を取らなくなり、次第に疎遠になってしまった。

書いてみよう

＿＿＿＿＿に言葉を入れて、文を完成させなさい。

1. 彼は恋人ができてから、＿＿＿＿＿＿＿＿＿＿にかまけて、仕事をサボるようになった。

2. 弟は大好きな＿＿＿＿＿＿＿＿＿＿にかまけて、家事を手伝おうとしない。

3. ＿＿＿＿＿＿＿＿＿＿にかまけて、恋人の誕生日を忘れてしまった。

4. 姉は受験生にもかかわらず、＿＿＿＿＿＿＿＿＿＿＿＿にかまけて、全然勉強していない。

5. 仕事の忙しさにかまけて、＿＿＿＿＿＿＿＿＿＿＿＿＿ので、体力が落ちてしまった。

6. 子育てにかまけて、＿＿＿＿＿＿＿＿＿＿＿＿＿＿＿＿＿＿＿＿。

7. 妻は＿＿＿＿＿＿＿＿にかまけて、＿＿＿＿＿＿＿＿＿＿＿＿＿＿をしない。

8. 彼は＿＿＿＿＿＿＿＿のに、＿＿＿＿＿＿＿＿＿にかまけて、＿＿＿＿＿＿＿＿＿＿。

27 〜なり…なり  ＿＿＿月＿＿＿日

例文

1. 遅れるなら、電話なりメールなり、連絡をしてください。
2. わからなかったら、ネットで調べるなり先生に聞くなりしなさい。
3. 今夜は私がご馳走しますから、寿司なり何なり、注文してください。

使い方

[Vる / N] ＋ なり

「AなりBなり」の形で、「例えばAやB」と言って提案や主張をする表現。Bには疑問詞「何」「どこ」を使った「〜なり何なり（＝何でも）」「〜なりどこなり（＝どこでも）」という表現もある。目上の人にはあまり使われない。

Used in the pattern AなりBなり, this presents A and B as examples of some action that the speaker wants/advises the listener to perform. It is also combined with the interrogative words 何 and どこ to form the patterns 〜なり何なり（＝何でも）and 〜なりどこなり（＝どこでも）. It is rarely used toward superiors. ／「AなりBなり」表示"可以做做A或做做B"，在给别人提建议的时候使用。B这里也可以是「何」「どこ」这样的疑问词，有「〜なり何なり（＝何でも）」「〜なりどこなり（＝どこでも）」这样的表达方式。不对自己的上司或长辈使用。／Diễn đạt để xuất, chủ trương bằng cách nói "ví dụ A hay B" với mẫu câu "AなりBなり". Cũng có cách diễn đạt "〜なり何なり（＝何でも）","〜なりどこなり（＝どこでも）" bằng cách sử dụng nghi vấn từ "何","どこ" ở B. Không sử dụng với người có vị thế cao hơn mình.

確認しよう

「〜なり…なり」の使い方が正しいものには〇、間違っているものには×を書きなさい。

1. （　　　） 時間があったので、本を読むなり映画を見るなりして過ごした。
2. （　　　） 一人で悩まないで、ご両親なり友人なりに相談してみたらどうですか。

書いてみよう

＿＿＿＿＿に言葉を入れて、文を完成させなさい。

1. 明日は学食が休みだから、おにぎりなり＿＿＿＿＿＿＿＿＿＿なり、持っていったほうがいいよ。
2. 仲直りしたいなら、＿＿＿＿＿＿＿＿＿＿なり手紙を書くなりして、気持ちを伝えるべきだ。
3. そんなに仕事に不満があるなら、上司に＿＿＿＿＿なり＿＿＿＿＿なりしたらどうですか。
4. 恋人の誕生日なら、＿＿＿＿＿＿＿＿なり＿＿＿＿＿＿＿＿なりしたほうがいいよ。
5. 頭が痛いときは、＿＿＿＿＿＿＿＿＿＿なり＿＿＿＿＿＿＿＿＿＿なりしてください。
6. そんなに＿＿＿＿＿＿＿＿＿＿なら、友達の家なりどこなり、好きな所へ行けばいい！
7. 明日は＿＿＿＿＿＿から、＿＿＿＿＿＿なり＿＿＿＿＿＿なりしたらどうですか。
8. ＿＿＿＿＿＿＿＿なり＿＿＿＿＿＿＿＿なり＿＿＿＿＿＿＿＿ほうがいい。

28 ては  ＿＿＿月＿＿＿日

例文

1. 頭痛がひどく**ては**、大変でしょう。無理して働い**ては**、本当に体を壊しますよ。
2. 弟は貯金通帳を見**ては**、ため息をついている。
3. 私は謝罪のメールを書い**ては**消し、書い**ては**消し、やっと書き上げた。

使い方

① 「AてはB」の形で、AだったらBだという意味になり、Bは大変なことや悪いことなどが来る（1）。②Aの後にBという動作が繰り返されることを示す（2 3）。カジュアルな表現に「ちゃ」「じゃ」がある。

① Used in the pattern AてはB, this means "If A, then B" and expresses that B would be a unpleasant or undesirable outcome of A (1). ② It can also be used to express that A is repeatedly followed by behavior/action B (2 3). There are two casual forms, ちゃ and じゃ.／①「AてはB」表示如果是A这种情况，会出现B这样的结果，B这里往往是不好的事情（1）。② 另外也表示A跟B这两个衔接的动作反复出现（2 3）。在非正式场合可以用作「ちゃ」「じゃ」。／① Mẫu câu "AてはB" có nghĩa là "nếu là A thì B", B là việc vất vả, việc xấu v.v. như câu (1). ② Ngoài ra, thể hiện việc động tác B sau A được lặp đi lặp lại, như câu (2 3). Có "ちゃ", "じゃ" trong cách diễn đạt thông thường.

確認しよう

正しいほうを選びなさい。

1. 相手が小学生じゃ、強く（　叱れる　・　叱れない　）。
2. 彼女は、作っては（　作り　・　壊し　）を繰り返し、やっと満足のいく作品を完成させた。

書いてみよう

＿＿＿＿＿＿に言葉を入れて、文を完成させなさい。

1. 試験問題がこんなに＿＿＿＿＿＿＿＿＿＿＿＿ては、誰も合格できないだろう。

2. こんなに大変な仕事が月給＿＿＿＿＿＿＿＿＿＿＿＿じゃ、誰もしたがらないだろう。

3. 毎日そんなに＿＿＿＿＿＿＿＿＿＿＿＿ては、病気になりますよ。

4. 彼は＿＿＿＿＿＿＿＿＿＿＿＿ちゃ、すぐ人のせいにするので、信用できない。

5. 休日は家で食っちゃ寝していた弟が、恋人ができたとたん＿＿＿＿＿＿＿＿＿＿＿＿＿＿＿。

6. 交通事故のせいで、車は進んでは＿＿＿＿＿＿、進んでは＿＿＿＿＿＿、を繰り返している。

7. 円安がこうも続いては、＿＿＿＿＿＿＿＿＿＿＿＿＿＿＿＿＿＿＿＿＿＿＿＿＿＿＿＿＿。

8. 上司が無能では、＿＿＿＿＿＿＿＿＿＿＿＿＿＿＿＿＿＿＿＿＿＿＿＿＿＿＿＿＿＿＿＿。

29 べくして ____月____日

例文

1. 以前から機械の不具合が指摘されていた。この事故は起こるべくして起こったのだ。
2. 私たちは会うべきときに、会うべき人に、会うべくして会う。人はこれを運命と呼ぶ。
3. 彼はサッカーの才能がある。サッカー選手になるべくして生まれてきたような人だ。

使い方

Vる ➕ べくして ➕ Vる／Vた

そうなるのは当然の結果だという意味を表す。「べくして」の前後の動詞は同じものが使われるが、③のような例外もある。動詞「する」の活用は「するべく」「すべく」の二通りがある。

This expresses that something is a natural outcome. Typically it is preceded and followed by the same verb, but there are exceptions, as seen in ③. The verb する can be used in either of two forms: するべく or すべく．／表示出现这样的结果是必然的。「べくして」前后一般用同一个动词，但也有例③这样的例外。「する」动词在活用时有「するべく」跟「すべく」两种形式。／Diễn đạt ý nghĩa việc trở thành như thế là kết quả đương nhiên. Động từ trước và sau "べくして" được sử dụng cùng một động từ nhưng cũng có ngoại lệ như câu ③. Chia động từ "する" có hai cách là "するべく", "すべく".

確認しよう

正しいものをすべて選びなさい。

1. 彼はまったく努力をしなかった。失敗（ す ・ する ・ し ）べくして、失敗した。
2. この本はとてもおもしろい。（ 売れる ・ 売れた ）べくして売れたと言えるだろう。

書いてみよう

_____に言葉を入れて、文を完成させなさい。

1. あの二人はいつもけんかばかりしていた。別れるべくして_____のだと思う。
2. アミルさんは試行錯誤しながら頑張ってきた。_____べくして_____。
3. 彼女は子どもの頃から歌とダンスの練習をしてきた。歌手に_____べくして_____。
4. 早朝から日が暮れるまで練習に励んできた。我々は試合に_____べくして_____。
5. その会社は_____。倒産すべくして、倒産したと言える。
6. 彼女とは_____。私たちは出会うべくして出会ったのだと思います。
7. 受け継がれるべくして受け継がれてきた伝統を、私たちは_____。
8. _____から、_____べくして_____と言える。

30 てはかなわない

 ＿＿＿月＿＿＿日

例文

1. 店の売り上げが悪いのを私たちアルバイトのせいにされ**てはかなわない**。
2. 連日の真夏日で、こう暑く**てはかなわない**。
3. この街は治安が悪いとは聞いていたが、ここまで物騒**ではかなわない**。

使い方

そのような嫌な状況や状態は我慢できない、非常に困ってしまうという意味を表す。

This expresses that a certain unpleasant situation or state is unbearable or very difficult to deal with. ／表示面对那样让人讨厌的状况或状态，无法忍受且非常困惑。／Diễn đạt ý nghĩa tình hình, tình trạng khó chịu như thế là không thể chịu nổi, cực kỳ phiền phức.

確認しよう

「てはかなわない」の使い方が正しいものには〇、間違っているものには×を書きなさい。

1. （　　　） 愛犬と暮らす毎日は、楽しくてはかなわない。
2. （　　　） そんな急に仕事を頼まれちゃかなわないよ。

書いてみよう

＿＿＿＿＿＿に言葉を入れて、文を完成させなさい。

1. 試験前だからといって、急にアルバイトを＿＿＿＿＿＿＿＿＿＿＿＿はかなわない。
2. 私にとって理想の部屋ですが、家賃がこうも＿＿＿＿＿＿＿＿＿＿＿＿はかないませんよ。
3. 財布を拾って交番に届けただけなのに、何十分も＿＿＿＿＿＿＿＿＿＿＿＿＿はかないません。
4. 家の修繕工事だとはいえ、こんなに＿＿＿＿＿＿＿＿＿＿＿＿はかなわない。
5. 何万円もしたカメラを＿＿＿＿＿＿＿＿＿はかなわないので、誰にも貸さないようにしている。
6. いくら給料が高くても、毎日＿＿＿＿＿＿＿＿＿＿＿＿＿＿＿＿＿＿はかなわない。
7. ＿＿＿＿＿＿＿＿＿＿＿＿＿＿＿＿＿からといって、高値でぼったくられてはかなわない。
8. ＿＿＿＿＿＿＿＿＿＿＿＿＿からといって、＿＿＿＿＿＿＿＿＿＿＿＿＿＿＿＿はかなわない。

31 をふまえて 　＿＿月＿＿日

例文

① 労働力不足の状況**をふまえて**、政府は外国人労働者の受け入れを緩和した。
② 前回の事故**をふまえ**、警察は今回の花火大会の警備を強化した。
③ 進学先は、成績や学費**をふまえた上で**、考えなければならない。

使い方

N ＋ をふまえて
　　　をふまえた上で

「AをふまえてB」の形で、Aを考慮してBをするという意味を表す。

Used in the pattern AをふまえてB, this expresses that B is done based on A or after taking A into account. ／「AをふまえてB」表示考慮到A，从而做出B这样的对策。／Diễn đạt ý nghĩa cân nhắc A để làm B bằng mẫu câu "AをふまえてB".

確認しよう

「をふまえて」の使い方が正しいものには〇、間違っているものには×を書きなさい。

1．（　　） お客様の意見をふまえて、来月から店の営業時間が延長されることになった。
2．（　　） 大学進学をふまえ、N1の勉強は難しい。

書いてみよう

＿＿＿＿＿＿に言葉を入れて、文を完成させなさい。

1．学生の＿＿＿＿＿＿＿＿＿をふまえて、校舎が増築された。

2．前回の＿＿＿＿＿＿＿＿＿をふまえて、今回の企画会議では問題に対する綿密な策が練られた。

3．店長はスタッフの＿＿＿＿＿＿＿＿＿をふまえ、シフトのメンバーを決めている。

4．収入の＿＿＿＿＿＿＿＿＿をふまえて、ローンを組むべきだ。

5．業績の＿＿＿＿＿＿＿＿＿をふまえて、人事改革が行われた。

6．A社は現地の習慣や文化をふまえた戦略で、＿＿＿＿＿＿＿＿＿＿＿＿＿＿＿＿＿。

7．社長は支社からの報告をふまえた上で、来年度の＿＿＿＿＿＿＿＿＿＿＿＿を決めた。

8．その店は＿＿＿＿＿＿＿＿＿をふまえて、＿＿＿＿＿＿＿＿＿＿＿＿＿＿＿＿＿。

32 とは

 ＿＿＿月＿＿＿日

例文

1. 毎朝会社の掃除をしている人が社長だった**とは**、信じられない。
2. あの二人が何年も前から付き合っていた**とは**、全然気がつかなかった。
3. 強豪チームを相手に、ラスト2秒で逆転勝ちする**とは**。

使い方

 ＋ とは

話し手の驚きや感心などの気持ちを表す。③のように、文末で使うこともある。

This expresses the speaker's surprise, admiration, or similar emotions. As seen in ③, it is sometimes used at the end of the sentence. ／表示说话人震惊或钦佩的心情。也可以像例③这样，用在句末。／Diễn đạt cảm giác kinh ngạc, cảm động v.v. của người nói. Có thể sử dụng ở cuối câu như câu ③.

確認しよう

正しいほうを選びなさい。

1. 目覚まし時計を使わなくても、毎朝同じ時間に（　起きられる　・　起きられない　）とは。
2. 退院したばかりの祖父がこんなに（　元気な　・　元気だ　）とは思わなかった。

書いてみよう

＿＿＿＿＿に言葉を入れて、文を完成させなさい。

1. 授業中に寝てばかりいる彼女が、一流大学に＿＿＿＿＿＿＿＿＿＿＿＿＿＿とは、驚いた。
2. この川の水がこんなに＿＿＿＿＿＿＿＿＿＿とは。
3. 日本の生活がこんなに＿＿＿＿＿＿＿＿＿＿とは。
4. 同じ製品でも、販売店によってこんなに値段が＿＿＿＿＿＿＿＿＿＿＿＿とは。
5. 元恋人が＿＿＿＿＿＿＿＿＿＿＿＿＿とは。何だか悔しい。
6. 近所のおじさんが、まさか＿＿＿＿＿＿＿＿＿＿＿＿＿＿＿＿＿とは、びっくりした。
7. 山で遭難した児童が、＿＿＿＿＿＿＿＿＿＿＿＿＿＿＿＿＿＿とは、奇跡だろう。
8. ＿＿＿＿＿＿＿＿＿＿＿＿＿＿＿＿＿＿＿＿＿＿＿＿＿とは、彼は天才かもしれない。

まとめの練習  ＿＿月＿＿日

問題1　読解（内容理解 - 短文 Comprehension - Short passages）

次の(1)と(2)の文章を読んで、後の問いに対する答えとして最もよいものを、1・2・3・4から一つ選びなさい。

(1)
以下は、ケンさんの日記である。

> 　昨日やっと定期試験が終わった。大学での勉強がこんなに大変だとは、入学前は思いもしなかった。そして、来月にはJLPTが控えている。勉強は嫌いではないのだが、ここまで勉強漬けの毎日ではかなわない……。
> 　今回、初めてＮ１の試験に挑戦する。これまで大学の授業の忙しさにかまけて、日本語の勉強をサボっていたから、今の状態ではきっと落ちるべくして落ちてしまうだろう。大学のJLPT対策講座を受講するなり、テキストを買って自力で対策するなりしたほうがいいのだろうか。アルバイト先でも店長やさくらに協力してもらって、試験まではできるだけ難しい日本語で話してもらえば、語彙力アップにつながるだろうか。
> 　Ｎ１の試験まであまりに時間がなくて、正直なところ、今自分が何をすればいいのかわからなくなってしまった。来週、近所のスレスさんに相談しに行こうと思う。

[1] この文章の内容に合うものはどれか。
1　ケンさんは大学のJLPT対策講座を受講することに決めた。
2　ケンさんは忙しさを言い訳に、日本語の勉強を怠っていた。
3　ケンさんはＮ１の試験に落ちることはないと思っている。
4　ケンさんは試験までの時間をすべて語彙の学習に費やすことに決めた。

(2)

以下は、大学からのお知らせである。

日本語能力試験Ｎ１対策講座のお知らせ

本学では、日々の専門科目の授業に追われて、なかなか日本語の勉強をする時間がないという留学生の声にお応えして、５日間の日本語能力試験Ｎ１対策講座を開講します。Ｎ１は就職活動などで日本語能力を証明するのに役に立つ資格ですから、この機会に取得しておくとよいでしょう。ただし、最も難しいレベル**とあって**、日本人でもなかなか満点が取れないと言われています。そう簡単には合格できないということ**をふまえて**、しっかりと準備をしてから試験に臨みましょう。

- ●対　象　　日本語能力試験Ｎ１を目指す留学生（本学の学生に限る）
- ●講　師　　日本語教育学専攻の大学院生
- ●日　時　　①20XX年８月４日（月）10:30～12:00
　　　　　　　②20XX年８月５日（火）10:30～12:00
　　　　　　　③20XX年８月６日（水）10:30～12:00
　　　　　　　④20XX年８月７日（木）10:30～12:00
　　　　　　　⑤20XX年８月８日（金）10:30～12:00
- ●受講料　　無料
- ●申し込み方法　以下のリンクからお申し込みください。
　　　　　　　　https://www.xxx-xxx.ac.jp/taisaku/

※５日間すべての講座を受講できることが参加条件です。
※不明点は留学生課までお問い合わせください。

■問い合わせ　　留学生課 支援係
　　　　　　　　TEL: 045-xxxx-xxxx
　　　　　　　　MAIL: info-ryugaku@xxxx.ac.jp

第４課 まとめの練習

[1] このお知らせは、Ｎ１の試験についてどのように述べているか。

1　毎日日本語の授業を受けるだけでは合格できない。
2　日本で就職活動をする際に必要になる。
3　日本人でも問題を間違えることがある。
4　きちんと対策をすれば合格できる。

問題2　文法（文法形式の判断 Selecting grammar form）

次の文の（　　　）に入れるのに最もよいものを、1・2・3・4から一つ選びなさい。

1　頑張って貯金したお金を親に勝手に（　　　）はかなわない。

1　使う　　　　　　2　使って　　　　　3　使わず　　　　　4　使われて

2　彼は過去の経験（　　　）ふまえて、企画の内容を再検討し、プロジェクトを成功させた。

1　の　　　　　　　2　を　　　　　　　3　に　　　　　　　4　から

3　80歳を過ぎてから大学に通う（　　　）、彼の行動力には頭が下がる。

1　ては　　　　　　2　とは　　　　　　3　べく　　　　　　4　なり

4　彼女は写真を（　　　）、ＳＮＳに投稿している。

1　撮ったとあって　2　撮るとは　　　　3　撮っては　　　　4　撮るべくして

5　オリンピックが開催されている（　　　）、国内外から大勢の観客が訪れた。

1　とあって　　　　2　ものの　　　　　3　べくして　　　　4　とは

6　舞　　「趣味（　　　）、恋人を大事にしないでいると、いつか振られるよ。」
　　ゆづき「そうだね。ありがとう、気をつけるよ。」

1　にひきかえ　　　2　とは　　　　　　3　にかまけて　　　4　とあって

7　円谷　「わからないときは、先生に（　　　）なり辞書で（　　　）なりしなくちゃ。」
　　あずさ「うん、わかったよ。」

1　聞き／調べ　　　　　　　　　　　　2　聞いて／調べて

3　聞こう／調べよう　　　　　　　　　4　聞く／調べる

8　新川　「彼女は、同僚からの人望があるから、この企画のリーダーになったんですよ。」
　　茨田　「へー、（　　　）リーダーになったんですね。」

1　選ばれるべくして　　　　　　　　　2　選ばれるとあって

3　選ばれては　　　　　　　　　　　　4　選ばれるとは

68

| 問題3 | 文法（文の組み立て Sentence composition）|

次の文の＿★＿に入る最もよいものを、1・2・3・4から一つ選びなさい。

1 熱があるなら、薬を ＿＿＿＿ ＿＿＿＿ ＿★＿ ＿＿＿＿ 整えてください。

　　1　なりして　　　　　2　飲むなり　　　　　3　家で休む　　　　　4　体調を

2 ＿＿＿＿ ＿＿＿＿ ＿★＿ ＿＿＿＿ 流れていった。

　　1　川に捨てられた　　2　浮いては沈み　　　3　ペットボトルは　　4　を繰り返して

3 商品開発は消費者の ＿＿＿＿ ＿＿＿＿ ＿★＿ ＿＿＿＿ 考えなければならない。

　　1　をふまえて　　　　2　生産コスト　　　　3　のみならず　　　　4　意見

4 最近、兄は ＿＿＿＿ ＿★＿ ＿＿＿＿ ＿＿＿＿ ようだ。

　　1　アルバイト　　　　2　疎かにしている　　3　学業を　　　　　　4　にかまけて

5 彼女は ＿＿＿＿ ＿★＿ ＿＿＿＿ ＿＿＿＿ 見える。

　　1　をもらった　　　　　　　　　　　　　　2　初めてボーナス

　　3　とても嬉しそうに　　　　　　　　　　　4　とあって

6 彼は ＿＿＿＿ ＿＿＿＿ ＿★＿ ＿＿＿＿ べくしてクビになったと言えるだろう。

　　1　横領していた　　　2　ため　　　　　　　3　会社の金を　　　　4　クビになる

7 夫　「えっ？ 休みなのに会社へ行くの？」

　　妻　「うん……。お客様から ＿＿＿＿ ＿＿＿＿ ＿★＿ ＿＿＿＿ よ。」

　　1　苦情がくる　　　　　　　　　　　　　　2　呼び出されて

　　3　いてはかなわない　　　　　　　　　　　4　たびに

8 渡部　「ねえ、知ってる？ 阿部さん、YouTubeを始めたらしいよ。」

　　工藤　「うん。開始から ＿＿＿＿ ＿★＿ ＿＿＿＿ ＿＿＿＿ 、人生何が起きるかわからないね。」

　　1　1週間で登録者が　　　　　　　　　　　2　再生回数が1万回に達する

　　3　千人を超えて　　　　　　　　　　　　　4　とは

第4課

まとめの練習

問題4　聴解（概要理解 Summary comprehension）

　この問題は、全体としてどんな内容かを聞く問題です。話の前に質問はありません。まず話を聞いてください。それから、質問とせんたくしを聞いて、1から4の中から、最もよいものを一つ選んでください。

♪ N1-28

      1   2   3   4

問題5　聴解（即時応答 Quick response）

　まず文を聞いてください。それから、それに対する返事を聞いて、1から3の中から、最もよいものを一つ選んでください。

1	♪ N1-29	1	2	3
2	♪ N1-30	1	2	3
3	♪ N1-31	1	2	3
4	♪ N1-32	1	2	3
5	♪ N1-33	1	2	3
6	♪ N1-34	1	2	3
7	♪ N1-35	1	2	3
8	♪ N1-36	1	2	3

第5課

単語　文法の練習に出てくる難しい単語の意味を確認しましょう。

名詞

□ 打ち上げ	wrap-up (party)	庆功会	hoàn thành, kết thúc
□ 家宅捜索	house search	住宅捜索	khám xét nhà
□ 格好	outfit	装扮	vẻ bề ngoài, cách ăn mặc
□ 自己ベスト	personal best	自己最好成绩	kỷ lục tốt nhất của bản thân
□ 前菜	appetizer	前菜	món khai vị
□ 損失	loss	损失	sự tổn thất, mất mát
□ 手料理	home cooking	亲手做的菜	món ăn tự làm
□ 日用品	daily necessities	日用品	hàng tiêu dùng
□ 見本	model (behavior)	榜样	gương mẫu

な形容詞

□ オーガニックな	organic	有机的	hữu cơ
□ 詳細な	detailed	详细的	cụ thể, chi tiết

動詞

□ 打ち込む	devote oneself	投入于	tập trung, vùi đầu vào (công việc)
□ 援助（する）	aid	援助	sự hỗ trợ, trợ giúp
□ （予算を）削る	cut back (a budget)	削减	cắt giảm (ngân sách)
□ 仕送り（する）	sending an allowance; send an allowance	生活费；寄生活费	sự gửi tiền, chu cấp
□ 自覚（する）	(self-)awareness; be aware of	自知	ý thức tự giác, tự giác
□ 志向（する）	orientation, mindedness; be ~-oriented, be ~-minded	志向	chí hướng, ý thức hướng đến
□ 除雪（する）	snow removal; remove snow	扫雪	việc cào/dọn tuyết
□ 審査（する）	inspection; inspect	审查	sự thẩm tra, thẩm tra
□ 発想（する）	idea; conceive of	想法；想出	ý tưởng, nghĩ ra
□ 引き抜く	headhunt	挖角	rút / kéo ra, vượt lên
□ 落書き（する）	scribbling; scribble	乱写乱画	sự viết/vẽ bậy, viết/vẽ bậy

その他

□ 息が詰まる	feel suffocated	喘不上气	nghẹt thở, ngột ngạt
□ 疑いをかける	hold in suspicion	怀疑	nghi ngờ

第5課　単語

33 に至るまで

📅 ＿＿＿月＿＿＿日

📋 例文

1. 健康志向の彼女は、野菜はもちろん調味料に至るまでオーガニックにこだわっている。
2. 私が通っていた学校の校則は厳しく、髪型から靴下の色に至るまで指定されていた。
3. その施設に入るのに、頭から靴の裏に至るまで身体検査をされた。

👆 使い方

| N ➕ に至るまで | 「～という意外なことにまで非常に範囲が広い」ということを表す。極端なことを表す名詞がよく使われる。また、「～から…に至るまで」の形で使われることが多い。 |

This expresses that the range of something is very broad by presenting a surprising or unusual example. The noun preceding it is often one that represents an extreme example. This expression is often used in the pattern ～から…に至るまで. ／表示范围很广, "连...都"。常用在一些比较极端的事项上。常以「～から…に至るまで」这个形式出现。／ Diễn đạt rằng "phạm vi cực kỳ rộng, đến cả việc không ngờ là ～". Danh từ diễn tả sự cực đoan thường được sử dụng. Phần nhiều được sử dụng với mẫu câu "～から...に至るまで".

確認しよう

「に至るまで」の使い方が正しいものには○、間違っているものには×を書きなさい。

1. （　　　　）　深夜2時から3時に至るまで大雨が降った。
2. （　　　　）　彼女はハンカチから自転車に至るまでブランド品を使っている。

書いてみよう

＿＿＿＿＿＿に言葉を入れて、文を完成させなさい。

1. そのスーパーでは、日用品はもちろん＿＿＿＿＿＿＿＿＿＿＿＿に至るまで販売されている。

2. 彼は私の＿＿＿＿＿＿＿＿＿＿＿＿に至るまで個人的な質問をしてくるので、苦手だ。

3. 祖母が残したレシピノートには、＿＿＿＿＿＿＿＿＿＿に至るまで詳細に書かれていた。

4. 彼の手料理を初めて食べたが、＿＿＿＿＿＿＿＿＿＿に至るまですべて手作りだった。

5. 警察は容疑者宅の押入れから＿＿＿＿＿＿＿＿＿＿＿に至るまで家宅捜索をした。

6. 入国審査で疑いをかけられ、手荷物はもちろん＿＿＿＿＿＿＿＿＿に至るまでチェックされた。

7. 体調が悪く、病院で＿＿＿＿＿＿＿から＿＿＿＿＿＿＿＿に至るまで検査してもらった。

8. 家を買うなら＿＿＿＿＿＿＿はもちろん、＿＿＿＿＿＿＿＿に至るまで調べたほうがいい。

34 てはいられない

 ＿＿＿月＿＿＿日

例文

1. 夏休みだからといって、毎日寝て過ごし**てはいられない**。
2. いつまでも学生気分**ではいられない**。社会人としての自覚を持たなければならない。
3. 子どもが交通事故に遭ったと聞いて、冷静**ではいられなかった**。

使い方

Vて	
なAで	＋ はいられない
Nで	

その状態を続けることはできない、そうしている状況ではないという意味を表す。
This expresses that someone is unable to or should not remain in a certain state. ／表示不能或不该一直持续那样的状态。／Diễn đạt ý nghĩa không thể tiếp tục tình trạng đó, không phải trong tình hình làm như thế.

確認しよう

「てはいられない」の使い方が正しいものには〇、間違っているものには×を書きなさい。

1.（　　）親友に告白をして、振られてしまったら、友達ではいられなくなるだろう。
2.（　　）徹夜で勉強したせいで、今日は一日中、寝てはいられなかった。

書いてみよう

＿＿＿＿＿＿に言葉を入れて、文を完成させなさい。

1. 大人になることは不安だが、いつまでも＿＿＿＿＿＿＿＿＿＿＿はいられない。

2. 会社に損失を出してしまったので、彼は＿＿＿＿＿＿＿＿＿＿＿はいられなくなるだろう。

3. 今週は仕事が山積みで、＿＿＿＿＿＿＿＿＿＿＿はいられない。

4. 明日は大事な面接試験なので、今夜は＿＿＿＿＿＿＿＿＿＿＿はいられない。

5. 試験に落ちてしまったからといって、いつまでも＿＿＿＿＿＿＿＿＿＿＿はいられない。

6. ＿＿＿＿＿＿＿＿＿＿＿＿＿＿＿＿＿ので、いつまでも仕送りに頼ってはいられない。

7. ＿＿＿＿＿＿＿＿＿＿＿＿＿＿＿て、黙ってはいられなかった。

8. ＿＿＿＿＿＿＿＿＿＿＿からには、いつまでも＿＿＿＿＿＿＿＿＿＿＿はいられない。

35 手前

 ＿＿＿月＿＿＿日

例文

1. 子どもの**手前**、見本となる行動をとらなければならない。
2. 上司がいる**手前**、酔っぱらうわけにはいかない。
3. こんな仕事、簡単にできると言ってしまった**手前**、一人でやらざるを得なかった。

使い方

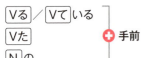 ＋ 手前

「A手前、B」の形で、Aという人物や状況を意識して、Bをするという意味を表す。Bでは話し手の体裁を守るためにとらなければならない行動について述べる。

Used in the pattern A手前、B, this expresses that the speaker will perform action B in consideration of how their behavior impacts the person or situation mentioned in A. Action B is something the speaker does to protect their reputation. ／「A手前、B」表示在意识到A的情况下，只能做出B这样的行动。B这里是说话人为了遵循原则而必须要做的事情。／Diễn đạt ý nghĩa làm B với ý thức về nhân vật hay tình hình A bằng mẫu câu "A手前、B". B trình bày về hành động phải làm để bảo vệ thể diện của người nói.

確認しよう

「手前」の使い方が正しいものには○、間違っているものには×を書きなさい。

1. (　　) 今月私は忙しい手前、よく考えて時間を使わなければならない。
2. (　　) 先生を待たせている手前、急がないわけにはいかない。

書いてみよう

＿＿＿＿＿＿に言葉を入れて、文を完成させなさい。

1. ＿＿＿＿＿＿＿＿＿＿＿＿＿＿手前、先輩はできないとは言いにくいだろう。
2. ＿＿＿＿＿＿＿＿＿＿＿＿＿＿手前、たばこを吸うわけにはいかない。
3. タイプの人に食事に誘われたが、＿＿＿＿＿＿＿＿＿＿＿＿＿手前、断らざるを得なかった。
4. 家事も育児も大好きだと言って結婚した手前、＿＿＿＿＿＿＿＿＿＿＿＿＿なければならない。
5. 店長に留守を任された手前、＿＿＿＿＿＿＿＿＿＿＿＿＿わけにはいかない。
6. 彼にはいつもお世話になっている手前、＿＿＿＿＿＿＿＿＿＿＿＿＿わけにはいかない。
7. 私の都合に合わせてもらった手前、今さら＿＿＿＿＿＿＿＿＿＿＿＿＿できない。
8. ＿＿＿＿＿＿＿＿＿＿＿＿＿手前、＿＿＿＿＿＿＿＿＿＿＿＿＿なければならない。

36 ともなく

 ＿＿＿月＿＿＿日

例文

1. テレビを見る**ともなく**見ていたら、友人がインタビューを受けていた。
2. ラジオを聞く**ともなしに**聞いていたら、懐かしい曲が流れてきた。
3. 誰から**ともなく**、研究発表の打ち上げパーティーの企画が持ち上がった。

使い方

Ｖる / 疑 ＋ ともなく / ともなしに

「ＡともなくＢ」で、Ａをしようという積極的な気持ちがなくＢをするという意味。「見る、聞く、言う、考える」などの動詞を使い、ＡとＢには通常同じ言葉が入る（①②）。「疑問詞（＋助詞）＋ともなく」で、「はっきり特定できないが」という意味（③）。

Used in the pattern ＡともなくＢ, this expresses that action B occurs without the speaker's specific intent or conscious desire to do action A. Generally, A and B take the same verb, which is often one like 見る, 聞く, 言う, or 考える (①②). This expression is also used in the pattern [interrogative word (+ particle) + ともなく] to indicate that something happens without an identifiable instigator or cause behind it (③).／「ＡともなくＢ」表示并没有很积极地想去做Ａ这件事，做了之后却有了意外的发现。Ａ跟Ｂ这里一般是同一个动作，往往用「见る、闻く、言う、考える」这样的动词（①②）。「疑问词（＋助词）＋ともなく」表示虽不是很明确具体情况，但是却有后面这个事实（③）。／Diễn đạt ý nghĩa làm B mà không có cảm giác tích cực là muốn làm A bằng mẫu câu "ＡともなくＢ". Sử dụng các động từ như "見る、聞く、言う、考える" v.v., trong A và B về cơ bản có từ giống nhau, như câu (①②). Ngoài ra, mẫu câu "nghi vấn từ (+ trợ từ) + ともなく" có nghĩa là "không thể xác định rõ nhưng là ～", như câu (③).

確認しよう

正しいほうを選びなさい。

1. 先生の話を聞きながら、ノートに落書きを（ する ・ している ）ともなくしていた。
2. 街を歩いていたら、どこ（ で ・ から ）ともなしに焼肉の匂いがしてきた。

書いてみよう

＿＿＿＿＿に言葉を入れて、文を完成させなさい。

1. 彼は外に出ると、誰に＿＿＿＿＿＿＿＿＿ともなく寒いと言った。

2. 進学について＿＿＿＿＿＿＿＿＿ともなく＿＿＿＿＿＿＿＿＿ら、朝になっていた。

3. 窓の外を＿＿＿＿＿ともなしに＿＿＿＿＿ら、昔の恋人が知らない人と仲よく歩いていた。

4. 息子は毎日聞いていた＿＿＿＿＿＿＿＿＿を覚えるともなく覚えてしまった。

5. 私は彼女からの＿＿＿＿＿＿＿＿＿を待つともなく待っている。

6. 兄はどこへともなく＿＿＿＿＿＿＿＿＿＿＿＿＿＿＿＿＿＿＿＿＿＿＿＿＿。

7. あの二人は、どちらからともなく＿＿＿＿＿＿＿＿＿＿＿＿＿＿＿＿＿＿＿を始めた。

37 なしに  ＿＿＿月＿＿＿日

例文

① 店長の許可**なしに**、アルバイトを休めない。
② 親の援助**なしでは**、大学へ行けない。
③ 祖父は、努力**なくしては**、何も成功しないと教えてくれた。

使い方

 なしに（は）
なしで（は）
なくして（は）

「AなしにB」の形で、AがないとBが成立しない／非常に難しいという意味を表す。Bには否定文、あるいは不可能や困難であることを表す文が入る。

Used in the pattern AなしにB, this expresses that situation B cannot occur or will be hard to achieve unless condition A is fulfilled. B takes a clause that is negative or expresses impossibility or difficulty. ／「AなしにB」表示没有A的话B就不成立或很难实现。B这里一般是否定句或表示做某事很困难的情况。／Diễn đạt ý nghĩa nếu không có A thì B không thành lập / B cực kỳ khó bằng mẫu câu "AなしにB". Vế B là câu phủ định, hoặc là câu diễn đạt việc không thể, khó khăn.

確認しよう

正しいほうを選びなさい。
1．親の同意なしには、（　一人暮らしを始めた　・　一人暮らしはできない　）。
2．両者からの言い分を（　聞くの　・　聞くこと　）なくして、処分は決められない。

書いてみよう

＿＿＿＿＿＿に言葉を入れて、文を完成させなさい。

1．皆さんの＿＿＿＿＿＿＿＿＿＿なしには、このイベントは成功できません。

2．私は＿＿＿＿＿＿＿＿＿＿なしに、ここまで頑張れなかったと思います。

3．＿＿＿＿＿＿＿＿＿＿＿＿なくして、仕事に打ち込むことは難しいのではないだろうか。

4．先生のご指導なしには、＿＿＿＿＿＿＿＿＿＿＿＿＿＿＿＿＿＿＿＿＿。

5．彼女の発想なしでは、＿＿＿＿＿＿＿＿＿＿＿＿＿＿＿＿＿＿＿＿＿＿。

6．皆様のご支援なくして、＿＿＿＿＿＿＿＿＿＿＿＿＿＿＿＿＿＿＿＿。

7．他者への尊敬なしには、＿＿＿＿＿＿＿＿＿＿＿＿＿＿＿＿＿＿＿＿＿。

8．＿＿＿＿＿＿＿＿＿＿＿＿なくして、＿＿＿＿＿＿＿＿＿＿＿＿＿＿＿＿。

38 そばから  ___月___日

例文

1. 新しい漢字を覚えた**そばから**忘れていってしまう。
2. 息子は、私が料理を並べる**そばから**食べてしまう。
3. その学生は、先生に注意された**そばから**おしゃべりをした。

使い方

Vる／Vた ＋ そばから　　「AそばからB」の形で、せっかくAをしても、直後に好ましくないBが繰り返されてしまうという意味を表す。

Used in the pattern AそばからB, this expresses that undesirable situation B repeatedly/typically occurs right after A, which is usually an action that involves effort or positive intentions. ／「AそばからB」表示好不容易做了A，但是紧接着就出现了不希望发生的事情B。／Diễn đạt ý dù cất công làm A đi nữa thì ngay sau đó B không mong đợi vẫn bị lặp lại bằng mẫu câu "AそばからB".

確認しよう

「そばから」の使い方が正しいものには〇、間違っているものには×を書きなさい。

1. (　　) 除雪作業のそばから雪が積もっていく。
2. (　　) 除雪作業をするそばから雪が積もっていく。

書いてみよう

_____に言葉を入れて、文を完成させなさい。

1. その先生は、学生の質問に_____そばから他の学生に質問されていた。
2. 鳩は_____そばからまたえさをもらいに来る。
3. 子どもは、私が部屋を_____そばから散らかしていく。
4. 彼は、_____そばからまたけんかを始めた。
5. その駅員は、乗客を座席へ誘導したそばから_____。
6. お客様サービスセンターには、電話を切ったそばから_____。
7. その小説は難しい漢字が多くて、調べたそばから_____。
8. 新入社員の彼は_____そばから_____。

39 ずくめ

 ＿＿＿月＿＿＿日

例文

① 彼女はいつも、黒ずくめの格好をしている。
② 彼は恋人ができたり、進学先が決まったり、今年はいいことずくめだ。
③ そのパーティーは前菜からデザートに至るまで、ご馳走ずくめだった。

使い方

N ➕ ずくめ

大半が〜で占められていること（①）や、〜ばかり連続して起こるという意味（②③）を表す。「黒、白、ブランド、ご馳走、規則、失敗、異例、記録、残業、いいこと、楽しいこと」などの言葉と一緒に使われる。

This expresses "entirely" (①) or that a specific state occurs in a streak (②③). It is used with words like 黒, 白, ブランド, ご馳走, 規則, 失敗, 異例, 記録, 残業, いいこと, or 楽しいこと. ／表示基本上都被〜占有（①），接二连三地发生某事（②③）。常跟「黒、白、ブランド、ご馳走、規則、失敗、異例、記録、残業、いいこと、楽しいこと」等词汇一起使用。／Diễn đạt ý nghĩa quá nửa bị chiếm bởi 〜 như câu (①), hay chỉ toàn 〜 liên tục xảy ra như câu (②③). Được sử dụng với các từ như "黒, 白, ブランド, ご馳走, 規則, 失敗, 異例, 記録, 残業, いいこと, 楽しいこと" v.v.

確認しよう

正しいほうを選びなさい。

1. 事件の犯人は暗い場所で目立たないように、（ 黒 ・ 白 ）ずくめの服を着ていた。
2. 最近（ 残業 ・ 休暇 ）ずくめの日々が続いて、疲れてしまった。

書いてみよう

＿＿＿＿＿＿に言葉を入れて、文を完成させなさい。

1. 私の中学校は、持ち物から髪型に至るまで、＿＿＿＿＿＿＿ずくめで息が詰まりそうだった。

2. 今日は遅刻をしたり、財布をなくしたり、＿＿＿＿＿＿＿ずくめの一日だった。

3. 今回は多くの選手たちが自己ベストを更新し、＿＿＿＿＿＿＿ずくめの大会となった。

4. 来年度は新人がリーダーになったり、予算が削られたり、＿＿＿＿＿＿＿ずくめだ。

5. 彼女はそのパーティーに、靴から＿＿＿＿＿＿＿までブランドずくめで現れた。

6. 彼は＿＿＿＿＿＿や＿＿＿＿＿＿など、いいことずくめの条件で他社に引き抜かれた。

7. 今日は＿＿＿＿＿＿＿＿＿＿＿ので、楽しいことずくめでもてなすつもりだ。

8. 彼女は最近＿＿＿＿＿＿＿ずくめなので、＿＿＿＿＿＿＿＿＿＿＿。

40 ないものでもない

 ＿＿月＿＿日

例文

1. そんなに熱心に頼み込まれたら、引き受け**ないものでもない**。
2. 親友が困っているとあれば、お金を貸さ**ないでもない**。
3. 私にも同じ経験があるから、彼の言っていることが理解でき**ないでもない**。

使い方

 ものでもない／でもない

条件次第では〜する、〜できる可能性があるという意味を表す。
This expresses that something is possible or will happen under the right circumstances. ／表示根据具体情况，也是可以做〜的。／Diễn đạt ý nghĩa tùy vào điều kiện mà làm 〜, có khả năng làm được 〜.

確認しよう

正しいほうを選びなさい。
1. 私は漫画を（ 読む ・ 読まない ）でもない。
2. 今の会社は給料は少ないが、貯金（ せ ・ でき ）ないものでもない。

書いてみよう

＿＿＿＿＿に言葉を入れて、文を完成させなさい。

1. ここから駅まで＿＿＿＿＿＿＿＿＿＿ものでもないが、バスのほうが便利です。
2. 今から真面目に頑張って勉強したら、＿＿＿＿＿＿＿＿＿ものでもないよ。
3. うちに人を＿＿＿＿＿＿＿＿＿ものでもないが、外で会うほうが気が楽だ。
4. 彼とは5年も付き合っているので、＿＿＿＿＿＿＿＿＿ものでもないですよ。
5. 私は＿＿＿＿＿＿＿＿＿＿＿＿＿でもないが、あまり好きではない。
6. 彼の料理は＿＿＿＿＿＿＿＿ば、食べられないものでもない。
7. 私には＿＿＿＿＿＿＿＿＿＿＿がわからないでもない。
8. ＿＿＿＿＿＿＿＿＿たら、＿＿＿＿＿＿＿＿＿＿＿＿ものでもない。

まとめの練習

 ＿＿＿月＿＿＿日

問題1　読解（統合理解 Integrated comprehension）

次のＡとＢの文章を読んで、後の問いに対する答えとして最もよいものを、1・2・3・4から一つ選びなさい。

以下は、ケンとさくらの父が初めて会った日のことを書いた日記である。

Ａ　ケンの日記

　さくらの家のバーベキューに招待された。初めて会うご両親の**手前**、失礼があってはならないと少し緊張していたが、そんな僕を察してか、お父さんがビールを持ってきてくれた。お父さんは学生時代にアメリカに留学をした経験があるそうで、アメリカ人の僕ですら知らないことをよく知っていた。当時、お父さんは金銭的に大変苦労をされたようだ。家族や友人の支え**なくしては**頑張ることはできなかったと言っていた。

　さくらのお母さんは、野菜から味噌**に至るまで**自分で作るほど食にこだわりがある方で、料理は何を食べてもおいしかった。お母さんはさくらが子どもの頃に描いた絵を見せてくれた。僕は魚か何かの絵だと思って褒めたら、さくらに飛行機の絵だと叱られてしまった。言われてみれば、飛行機に見え**ないでもなかった**……。

　親切なご家族にも会えたし、愛犬のラブとも遊べて楽しいこと**ずくめ**のいい一日だった。

Ｂ　さくらの父の日記

　娘のさくらがバーベキューにケンというアメリカ人の恋人を連れて来た。始めは緊張していたようだが、ビールを手渡すとリラックスした表情で話し始めた。私が学生時代にアメリカに留学していた頃の話をすると、今の自分にも共感できるところがあると言って、いろいろな話をしてくれた。言葉や文化の違う日本で大変な思いをしながら建築家になるという夢をかなえるために頑張っていて、彼の誠実さが伝わってきた。

　妻はやっと娘の恋人に会えるとあって、朝から張り切って料理をしていた。さくらは、妻が料理を作る**そばから**つまみ食いをしてみせ、みんなを笑わせていた。ラブもいつから**ともなく**、ケンの足元で横になって、すっかり懐いていたようだったが、肉が運ばれてくると、寝**てはいられない**とばかりに飛び起きて、ケンの肉をほしそうに見ていた。こんなに楽しくみんなで笑ったのは久しぶりかもしれない。

　バーベキューを通して、ケンの人柄が知れて、私も妻も安心した。

1 AとBが共通して述べていることは何か。
　1 留学生にしかわからない知識について
　2 留学中の困難な経験について
　3 留学中に支えとなったものについて
　4 留学した理由について

2 AとBの内容に合うものはどれか。
　1 Aは恋人の親に会って気疲れしたと述べ、Bは娘の恋人に会うことを楽しみにしていたと述べている。
　2 Aは恋人の親に会うことを楽しみにしていたと述べ、Bは娘の恋人に会うための支度が大変だったと述べている。
　3 AもBも初対面の相手を知ることができて、とてもいい時間が過ごせたと述べている。
　4 AもBも初対面の相手に最初は緊張したが、最後は理解し合えて、不安が消えたと述べている。

第5課 まとめの練習

問題2　文法（文法形式の判断 Selecting grammar form）

次の文の（　　　）に入れるのに最もよいものを、1・2・3・4から一つ選びなさい。

1 心配性の母は、初めて海外旅行をするとあって、訪問する街のトイレの場所（　　　）至るまで、念入りにチェックしていた。

1　の　　　　　　　2　を　　　　　　　3　に　　　　　　　4　で

2 カフェで隣の人の話を（　　　）ともなしに聞いていたら、なんと同じ中学校の卒業生だった。

1　聞き　　　　　　2　聞く　　　　　　3　聞こう　　　　　4　聞いている

3 私の犬は、体を洗われた（　　　）、また汚していく。

1　手前　　　　　　2　ともなく　　　　3　ずくめ　　　　　4　そばから

4 彼が参加するなら、私も（　　　）でもない。

1　参加　　　　　　2　参加する　　　　3　参加しない　　　4　参加せず

5 就職祝いに友人が（　　　）ずくめでもてなしてくれた。

1　ご馳走　　　　　2　ご馳走だ　　　　3　ご馳走の　　　　4　ご馳走である

6 店員　「すみません、お客様。メンバーズカード（　　　）、商品の割引はできません。」

客　　「そうなんですか。わかりました。」

1　こととて　　　　2　とあって　　　　3　なしには　　　　4　ともなく

7 （大学で）

上羅　「あれ？　今日は珍しく予習してきたんだね。」

佐藤　「だって、単位がかかっているんだから、これ以上（　　　）でしょう？」

1　サボってはいられない　　　　　　　2　サボられてはかなわない

3　サボらないでもない　　　　　　　　4　サボらないものでもない

8 鳥本　「神田さん、昨日の飲み会、どうして先に帰っちゃったんですか。」

神田　「妻が迎えに来た（　　　）、飲み続けるわけにはいかなかったんですよ。」

1　と思いきや　　　2　ならいざしらず　　3　ものを　　　　4　手前

82

問題3　文法（文の組み立て Sentence composition）

次の文の　★　に入る最もよいものを、1・2・3・4から一つ選びなさい。

1　どこ ＿＿＿＿　＿＿＿＿　★　＿＿＿＿ ね。

1　冷たい風が　　　　2　から　　　　　　3　入って来る　　　4　ともなく

2　いつまでも ＿＿＿＿　＿＿＿＿　★　＿＿＿＿ 出た。

1　思い切って一人旅に　　　　　　　2　引きずってはいられない

3　昔の恋人との思い出を　　　　　　4　から

3　彼は授業中、居眠りを ★　＿＿＿＿　＿＿＿＿　＿＿＿＿ みんなにあきれられる始末だ。

1　また居眠りを　　2　注意された　　　3　そばから　　　　4　して

4　新社長の ＿＿＿＿　＿＿＿＿　★　＿＿＿＿ 下された。

1　監査システムの導入など　　　　　2　役員報酬の廃止や

3　就任にともない　　　　　　　　　4　異例ずくめの決定が

5　彼のことは ＿＿＿＿　＿＿＿＿　★　＿＿＿＿ 。

1　ものでもない　　　　　　　　　　2　協力しない

3　チームのためなら　　　　　　　　4　苦手だが

6　後輩に「おごってあげるよ」＿＿＿＿　＿＿＿＿　★　＿＿＿＿ 。

1　言いにくい　　　2　今さら割り勘に　3　しようとは　　　4　と言った手前

7　口石　「いつも子育て、楽しそうでうらやましいな。私は子どもを怒ってばかりだよ。」

　　大高　「そんなふうに見える？ 私も同じだよ。子育ては ＿＿＿＿　＿＿＿＿　★　＿＿＿＿ だよ。」

1　周囲の協力　　　2　忍耐や　　　　　3　なしには　　　　4　不可能

8　植村　「人間ドックに行ってきたんでしょう？ どうだった？」

　　小金井　「いい機会だと思って、＿＿＿＿　＿＿＿＿　★　＿＿＿＿ よ。」

1　細部に渡って　　2　血管に至るまで　3　調べてもらった　4　身長や体重から

83

問題4　聴解（統合理解 Integrated comprehension）

まず話を聞いてください。それから、二つの質問を聞いて、それぞれ問題用紙の1から4の中から最もよいものを一つ選んでください。

♪ N1-37

質問1　1　ゲンキング

　　　　2　パクパクモリモリ

　　　　3　ツルリンパ

　　　　4　コツコツボーン

質問2　1　ゲンキング

　　　　2　パクパクモリモリ

　　　　3　ツルリンパ

　　　　4　コツコツボーン

問題5　聴解（即時応答 Quick response）

まず文を聞いてください。それから、それに対する返事を聞いて、1から3の中から、最もよいものを一つ選んでください。

1	♪ N1-38	1	2	3
2	♪ N1-39	1	2	3
3	♪ N1-40	1	2	3
4	♪ N1-41	1	2	3
5	♪ N1-42	1	2	3
6	♪ N1-43	1	2	3
7	♪ N1-44	1	2	3
8	♪ N1-45	1	2	3

84

第6課
だい か

単語 文法の練習に出てくる難しい単語の意味を確認しましょう。

名詞
めいし

☐ クリーンエネルギー	clean energy	绿色能源	năng lượng sạch
☐ 合否 (ごうひ)	pass or fail	是否合格	đậu (hay) rớt
☐ 視野 (しや)	perspective	视野	tầm nhìn, tầm mắt
☐ ジャーナリスト	journalist	记者	phóng viên
☐ 同然 (どうぜん)	just like	跟…一样	tương tự, như
☐ 罰金 (ばっきん)	fine	罚款	tiền phạt
☐ 不祥事 (ふしょうじ)	scandal	不光彩的事	vụ bê bối
☐ 不正行為 (ふせいこうい)	misconduct	作弊行为	hành vi gian lận

い形容詞
けいようし

☐ 図々しい (ずうずう)	shameless	厚脸皮的	vô duyên, trơ trẽn

な形容詞
けいようし

☐ 差別的な (さべつてき)	discriminatory	歧视性的	phân biệt đối xử
☐ 柔軟な (じゅうなん)	flexible	灵活的	linh hoạt, mềm dẻo
☐ 前向きな (まえむ)	positive	积极向上的	lạc quan

動詞
どうし

☐ 納める (おさ)	pay	缴纳	nộp, đóng (tiền)
☐ 降格 (こうかく)（する）	demotion; be demoted	降级	sự giáng chức, giáng chức, xuống cấp
☐ 昇格 (しょうかく)（する）	promotion; be promoted	升职	sự thăng chức, thăng chức, thăng cấp
☐ 昇給 (しょうきゅう)（する）	pay raise; get a pay raise	加薪	sự tăng lương, tăng lương
☐ 念願 (ねんがん)（する）	one's heart's desire; have one's heart set on	志愿	tâm niệm, mong muốn tha thiết
☐ 非難 (ひなん)（する）	criticism; criticize	谴责	sự phê phán, phê phán, chỉ trích
☐ 弁償 (べんしょう)（する）	compensation; compensate	赔偿	sự bồi thường, đền bù

その他
た

☐ いずれ	either	不论是哪一个	cái nào, từng cái
☐ 背中を押す (せなかお)	encourage	支持	động viên, khích lệ

41 といったらない

 ＿＿＿月＿＿＿日

例文

1. 失礼な客の態度に、腹が立つ**といったらない**。
2. 毎回、毎回、お金を貸してほしいなんて、あいつは図々しい**といったらありゃしない**。
3. 花嫁姿の彼女の美しさ**といったらなかった**。

使い方

| Vる |
| いAい |
| なAな |
| N |

+ といったらない
といったらありゃしない
ったらない
ったらありゃしない

感情や評価を強調して述べる時に使う。「(とい)ったらありゃしない」はマイナスのことにだけ使う。

This is used to emphasize a feeling or assessment. (とい)ったらありゃしない is only used for negative situations. ／在强调某种感情或评价时使用。「(とい)ったらありゃしない」只用于贬义。／Sử dụng khi nhấn mạnh cảm xúc hoặc đánh giá để trình bày. Chỉ sử dụng "(とい)ったらありゃしない" cho việc tiêu cực.

確認しよう

正しいものをすべて選びなさい。
1. 社長の忘年会の挨拶は（　退屈　・　退屈な　・　退屈だ　）ったらありゃしなかった。
2. 彼女の歌の（　素晴らしい　・　素晴らしさ　・　素晴らしいこと　）といったらなかった。

書いてみよう

＿＿＿＿＿に言葉を入れて、文を完成させなさい。

1. この仕事は一日中立ってするので、休む暇もない。＿＿＿＿＿＿＿＿＿ったらない。
2. あと１点で試験に落ちるなんて、＿＿＿＿＿＿＿＿＿といったらありゃしない。
3. 念願の第一志望校に合格できて、＿＿＿＿＿＿＿＿＿といったらない。
4. 風呂上がりに飲むビールの＿＿＿＿＿＿＿＿＿といったらない。
5. 進学が決まるまでの＿＿＿＿＿＿＿＿＿ったらありゃしなかった。
6. 親は＿＿＿＿＿＿＿＿＿と毎日言ってくる。うるさいといったらない。
7. ＿＿＿＿＿＿＿＿＿は、心細いったらありゃしないだろう。
8. ＿＿＿＿＿＿＿＿＿は、＿＿＿＿＿＿＿＿＿といったらない。

86

42 に即して／に則して

 ＿＿＿月＿＿＿日

例文

1. 時代に即して、柔軟に対応していくことが大事だ。
2. そのジャーナリストは、マスコミは事実に即した報道をするべきだと訴えた。
3. 彼の処分は、校則に則して決められるだろう。

使い方

N ＋ に即して
　　　に即した N
　　　に則して
　　　に則した N

「Aに即して／則してB」の形で、Aに従ってBをするという意味を表す。Aが事実や経験の場合は「即して」、法律や規則の場合は「則して」を使う。

Used in the pattern Aに即して／則してB, this expresses that B is done based on or according to A. When A is a fact or experience, 即して is used; when A is a law or rule, 則して is used. ／「Aに即して／則してB」表示根据A来做B。A这里如果是事实或经验的话就用「即して」，如果是法律或者规则的话就用「則して」。／Diễn đạt ý nghĩa làm B theo A bằng mẫu câu "Aに即して／則してB". Trường hợp A là sự thật hay kinh nghiệm thì dùng "即して", trường hợp là luật hay quy tắc thì dùng "則して".

確認しよう

正しいほうを選びなさい。

1. これは経営状況に（　即して　・　即した　）考えられた戦略です。
2. 法律に（　即して　・　則して　）、罰金の支払い命令が出された。

書いてみよう

＿＿＿＿＿＿に言葉を入れて、文を完成させなさい。

1. これはお客様の＿＿＿＿＿＿＿＿＿＿に即して考えられたプランです。

2. この映画は、＿＿＿＿＿＿＿＿＿＿に即して作られました。

3. 裁判官は、＿＿＿＿＿＿＿＿＿＿に則して判決を下す。

4. その学校の＿＿＿＿＿＿＿＿＿＿に則して、髪が長い生徒は髪を結ばなければならない。

5. 救助隊は＿＿＿＿＿＿＿＿＿＿に即した災害援助を行う。

6. この会社は、＿＿＿＿＿＿＿＿＿＿に即して昇給額が決まります。

7. ＿＿＿＿＿＿＿＿＿＿に則して＿＿＿＿＿＿＿＿＿＿＿＿＿＿＿＿＿＿。

8. ＿＿＿＿＿＿＿＿＿＿に即して＿＿＿＿＿＿＿＿＿＿＿＿＿＿＿＿＿＿。

43 いかん  ＿＿月＿＿日

例文

① 地球の自然を守れるかどうかは、我々一人一人の行動**いかん**だ。

② 入学試験は、面接の結果**いかん**で合否が決まります。

③ 理由の**いかん**によらず、暴力行為は許されません。

使い方

N（の）＋ いかん

「～次第」「～がどうであるか」という意味を表す。「によって」「によらず」「にかかわらず」「を問わず」などと一緒に使われることが多い。

This means "depending on" or "whether or not." It is often used with expressions like によって, によらず, にかかわらず, and を問わず. ／表示"根据..." "无论..."。常与「によって」「によらず」「にかかわらず」「を問わず」等一起使用。／Diễn đạt ý nghĩa "tùy vào ~", "dù ~ như thế nào". Cũng thường được dùng với "によって", "によらず", "にかかわらず", "を問わず" v.v.

確認しよう

「いかん」の使い方が正しいものには〇、間違っているものには×を書きなさい。

1．（　　　）努力いかんで、N1に合格できた。
2．（　　　）内容のいかんにかかわらず、個人情報を教えることはできません。

書いてみよう

＿＿＿＿＿＿に言葉を入れて、文を完成させなさい。

1．幸せになれるかどうかは、＿＿＿＿＿＿＿＿＿いかんだ。

2．彼の今後の＿＿＿＿＿＿＿＿＿いかんでは、降格もあり得る。

3．そのバスツアーは、＿＿＿＿＿＿＿＿＿いかんでは、中止になることもある。

4．試験の＿＿＿＿＿＿＿＿＿のいかんにかかわらず、これからも勉強を続けます。

5．履歴書などの一度提出された書類は、＿＿＿＿＿＿＿＿＿のいかんを問わず、返却いたしません。

6．当社は＿＿＿＿＿＿＿＿＿のいかんによらず、実力があれば昇格できます。

7．＿＿＿＿＿＿＿＿＿いかんで、＿＿＿＿＿＿＿＿＿＿＿＿＿＿＿＿＿＿。

8．＿＿＿＿＿＿＿＿＿のいかんによらず、＿＿＿＿＿＿＿＿＿＿＿＿＿＿＿＿＿。

44 ないではすまない

 ＿＿＿月＿＿＿日

例文

1. 約束を破ってしまったら、謝らないではすまない。
2. 差別的な発言をしたその政治家は、国民から批判されずにはすまなかった。
3. 社長が大切にしている花瓶を割ってしまったら、弁償せずにはすまされないだろう。

使い方

|Vない| ➕ ないではすまない
　　　　　ないではすまされない
　　　　　ずにはすまない
　　　　　ずにはすまされない

常識的、社会的に考えて、〜しないことは許されない、〜することは避けられないという意味を表す。動詞「する」の活用は例外で「せずにはすまない」になる。

This is used for situations where common sense or social norms dictate that it is unacceptable not to perform a certain action or that there is no choice but to perform the action. When the verb する is used, it has a special conjugation: せずにはすまない.／表示从社会常识上来看，如果不〜就不会被原谅或做〜这件事是无法避免的。动词「する」要变成「せずにはすまない」。／Diễn đạt ý nghĩa nếu suy nghĩ một cách thông thường, mang tính xã hội thì việc không làm 〜 sẽ không được tha thứ, không thể tránh khỏi việc làm 〜. Chia động từ "する" là ngoại lệ, thành "せずにはすまない".

確認しよう

正しいほうを選びなさい。
1. 会社の金を横領したとあれば、責任を（　取らされない　・　取らされる　）ではすまないだろう。
2. その警察官の不祥事は、（　非難されない　・　非難されず　）にはすまされなかった。

書いてみよう

＿＿＿＿＿に言葉を入れて、文を完成させなさい。

1. 試験で不正行為をしたのだから、＿＿＿＿＿＿＿＿ないではすまない。

2. 彼は学校に行かず、学費も納めていない。＿＿＿＿＿＿＿＿ないではすまないでしょう。

3. 恋人の誕生日を忘れてしまった。＿＿＿＿＿＿＿＿ないではすまない。

4. ここまで病状が悪化したら、＿＿＿＿＿＿＿＿ないではすまされない。

5. 彼は全然授業に来ないのだから、＿＿＿＿＿＿＿＿ずにはすまないはずだ。

6. もう社会人なのですから、＿＿＿＿＿＿＿＿ずにはすまされません。

7. サービス業で働きたいなら、＿＿＿＿＿＿＿＿ないではすまない。

8. ＿＿＿＿＿＿＿＿から、＿＿＿＿＿＿＿＿ないではすまない。

89

45 〜ようか〜まいか

 ＿＿＿月＿＿＿日

例文

1. 夏休みに海外旅行を**しようか**する**まいか**、悩んでいる。
2. 日本での進学をあきらめて、アメリカに帰国し**ようか**する**まいか**、迷っている。
3. 今の仕事を続け**ようか**続ける**まいか**、先輩に相談している。

使い方

V(よ)う ＋ か　Vる ＋ まいか

するかしないか悩んでいるという意味を表す。後ろには「悩む」「迷う」「考える」など検討していることを表す言葉が続く。

This expresses difficulty in choosing whether or not to do something. It is followed by an expression conveying that the speaker is wavering over or weighing which choice to make, such as 悩む, 迷う, or 考える. ／表示纠结做还是不做。后面接表示在考虑的词汇，比如「悩む」「迷う」「考える」等。／Diễn đạt ý nghĩa đang phân vân làm hay không làm. Vế câu theo sau là cách diễn đạt thể hiện việc cân nhắc như "悩む", "迷う","考える" v.v.

確認しよう

正しいほうを選びなさい。

1. 親友に真実を話そうか（　話す　・　話さ　）まいか、よく考えて事実を伝えた。
2. 彼は忘れ物を取りに戻って来ようか（　来　・　来る　）まいか、迷っていたようだ。

書いてみよう

＿＿＿＿＿＿に言葉を入れて、文を完成させなさい。

1. 留学をしようか＿＿＿＿＿＿＿＿＿まいか、悩んだが、親が背中を押してくれた。
2. 先輩が怖いので、アルバイトを辞めようか＿＿＿＿＿＿＿＿まいか、悩んでしまう。
3. まだＮ１に合格する自信がないので、試験に＿＿＿＿＿＿か＿＿＿＿＿＿まいか迷う。
4. 最新のスマホがほしいけど、高いので、＿＿＿＿＿か＿＿＿＿＿まいか、考えてしまう。
5. ５年付き合った彼女に、＿＿＿＿＿＿か＿＿＿＿＿＿まいか、悩んでいる。
6. この髪型に飽きてきたので、＿＿＿＿＿＿か＿＿＿＿＿＿まいか、美容師と相談した。
7. 最近＿＿＿＿＿＿ので、ジムに＿＿＿＿＿か＿＿＿＿＿まいか、考えている。
8. ＿＿＿＿＿＿＿＿ので、＿＿＿＿＿＿か＿＿＿＿＿＿まいか、＿＿＿＿＿＿。

46 にかたくない

 ＿＿＿月＿＿＿日

例文

1. 地震の被害に遭われた方の恐怖や不安は、想像**にかたくない**。
2. 婚約中に恋人の浮気を知った彼の悲しみは、察する**にかたくない**。
3. なぜあんなに彼が怒ったのか、理解する**にかたくない**。

使い方

| Vる / N | ＋ にかたくない |

状況を考えれば、〜することは難しくないという意味を表す。接続する言葉は「想像（する）、予想（する）、理解（する）、推測（する）、察する」など限られる。

This expresses that something is not hard to do given the circumstances. The expressions that can be used with it are limited to ones like 想像（する）, 予想（する）, 理解（する）, 推測（する）, or 察する。／表示考虑到实际状况，很容易体会到…。一般只跟「想像（する）、予想（する）、理解（する）、推測（する）、察する」一起使用。／Diễn đạt ý nghĩa nếu suy nghĩ về tình hình thì việc làm 〜 không khó. Từ nối giới hạn ở các từ "想像（する），予想（する），理解（する），推測（する），察する" v.v.

確認しよう

正しいほうを選びなさい。

1. まだ6月なのにこんなにも暑い。今年の夏の暑さは（ 予想 ・ 予想の ）にかたくない。
2. 彼の今後の人生の厳しさは、（ 推測する ・ わかる ）にかたくない。

書いてみよう

＿＿＿＿＿＿に言葉を入れて、文を完成させなさい。

1. 家族同然の愛犬を亡くした彼女の気持ちは、＿＿＿＿＿＿＿＿＿＿にかたくない。

2. 彼女が長年付き合っていた恋人に振られたときの悲しみは、＿＿＿＿＿＿＿＿＿＿にかたくない。

3. このまま不規則な生活を続けていたら、病気になるのも＿＿＿＿＿＿＿＿＿＿にかたくない。

4. 昔の自分を思い出せば、新入社員の苦労も＿＿＿＿＿＿＿＿＿＿にかたくない。

5. ＿＿＿＿＿＿＿＿＿＿＿＿＿＿＿＿＿＿＿＿＿＿＿＿＿＿は、察するにかたくない。

6. ＿＿＿＿＿＿＿＿＿＿＿＿＿＿＿＿＿＿＿＿＿＿＿＿＿＿は、予想にかたくない。

7. ＿＿＿＿＿＿＿＿＿＿＿＿＿＿＿＿＿＿＿＿＿＿＿＿＿＿は、理解するにかたくない。

8. 今後、＿＿＿＿＿＿＿＿＿＿＿ことは、＿＿＿＿＿＿＿＿＿＿＿にかたくない。

47 ばこそ  ＿＿月＿＿日

例文

1. 彼女を愛していればこそ、僕は別れを選んだのだ。
2. コーチは選手を思えばこそ、厳しい指導をするものだ。
3. 苦しければこそ、成功したときの喜びも大きい。

使い方

Vば
いAければ ＋ こそ
なAであれば
Nであれば

「～が第一の理由だ」「～以外の理由はない」など理由や原因を強調する表現。「こそ（N2 p.203）」の例文③の用法と同じように使う。

This emphasizes a reason by expressing that it is the supreme or sole reason for something. It is used in the same way as in example ③ for こそ (N2 p. 203). ／表示不是別的，正是～这个理由，在强调理由时使用。跟「こそ（N2 p.203）」例③的用法相同。／Sử dụng khi nhấn mạnh lý do, rằng ~ là lý do đầu tiên, không có lý do nào khác ngoài ~ v.v. Sử dụng giống với cách sử dụng của câu ví dụ ③ trong "こそ(N2, tr.203)".

確認しよう

正しいほうを選びなさい。

1. 私は人が（　親切なら　・　親切であれば　）こそ、疑ってしまいます。
2. 悲しければこそ、あえて（　笑って　・　泣いて　）、前向きな気持ちを忘れないようにしている。

書いてみよう

＿＿＿＿に言葉を入れて、文を完成させなさい。

1. 健康であればこそ、＿＿＿＿＿＿＿＿＿＿＿＿＿＿＿＿のだから、体を大事にしなさい。

2. 親は子どもの将来を＿＿＿＿＿＿＿＿＿ばこそ、勉強しろとうるさく言うのだ。

3. ＿＿＿＿＿＿＿＿＿＿＿＿ばこそ、時間の使い方がうまくなるというものだ。

4. 新入社員「どうして新人の私が、こんな大事な仕事を任されたんですか。」

　　課長　　「＿＿＿＿＿＿＿＿＿＿＿＿＿＿＿＿ばこそですよ。」

5. 学生時代は勉強だけじゃなく、＿＿＿＿＿＿＿＿＿＿＿＿＿＿ばこそ、視野が広がるのです。

6. ＿＿＿＿＿＿＿＿＿＿＿＿＿＿＿ばこそ、ジムで体を動かしてきます。

7. 母が優しければこそ、＿＿＿＿＿＿＿＿＿＿＿＿＿＿と思うんです。

8. ＿＿＿＿＿＿＿＿＿＿＿＿＿＿ばこそ、＿＿＿＿＿＿＿＿＿＿＿＿＿＿＿＿。

48 にしたって

　　月　　日

例文

1. 今回私の企画は通らなかったけど、先輩にしたっていい考えがあるわけではないと思う。
2. 成績優秀なケンさんにしたところで、1週間で1000個も漢字を覚えるなんて無理だろう。
3. 大学も専門学校も、いずれにしたって、学費はかかります。

使い方

 にしたって
にしたところで

「AにしたってB」の形で、Aという場合、立場、状況であっても、結局はBだという意味を表す（①②）。「いずれ」「何」「誰」などの疑問詞を伴うと「どんな場合でも」という意味になる（③）。

Used in the pattern AにしたってB, this expresses that a certain situation (B) remains true or unchanged even in the case of A (①②). When used with interrogative words like いずれ, 何, or 誰, it means "in any case" (③). ／ 「AにしたってB」表示哪怕是A这样的场合、立场或情况，B也不会随之发生改变（①②）。跟「いずれ」「何」「誰」这样的疑问词一起用时，表示所有情况都～的意思（③）。／ Diễn đạt ý nghĩa ngay cả trong trường hợp / lập trường / tình hình A thì B không khác với yếu tố khác bằng mẫu câu "AにしたってB", như câu (①②). Cùng với các nghi vấn từ như "いずれ", "何", "誰" v.v. thì có ý nghĩa bất kỳ trường hợp như thế nào đi nữa, như câu (③).

確認しよう

正しいほうを選びなさい。
1. どんなに豪華な（ 食事 ・ 食事だ ）にしたって、一人では寂しいと思う。
2. クリーンエネルギーにしたって、環境への問題は（ ある ・ ない ）だろう。

書いてみよう

＿＿＿＿に言葉を入れて、文を完成させなさい。

1. 大学の教授にしたところで、＿＿＿＿＿＿＿＿＿＿＿＿＿＿＿＿がある。

2. 最新のスマホにしたって、＿＿＿＿＿＿＿＿＿＿＿＿＿ば、使えない。

3. ただの軽い風邪にしたって、＿＿＿＿＿＿＿＿＿＿＿＿＿はいけない。

4. 帰国か就職か、どちらにしたところで、＿＿＿＿＿＿＿＿＿＿＿＿＿。

5. 高性能なAIにしたって、＿＿＿＿＿＿＿＿＿＿＿＿＿＿＿＿＿＿＿＿＿。

6. A「手土産はチョコレートにする？ ワインにする？」
   B「＿＿＿＿＿にしたって、上司の家に行くのに、＿＿＿＿＿＿＿＿＿＿＿。」

7. ＿＿＿＿＿＿＿＿にしたって、＿＿＿＿＿＿＿＿＿＿＿＿＿＿＿＿。

第6課　文法の練習

93

まとめの練習

 _____月_____日

問題1　読解（内容理解 - 中文 Comprehension - Mid-size passages）

次の文章を読んで、後の問いに対する答えとして最もよいものを、1・2・3・4から一つ選びなさい。

以下は、ゴックさんが書いた日記である。

　　今学期が始まってから、本当に忙しいといったらない。それゆえ、来月からアルバイトのシフトを減らそうか減らすまいか、悩んでいる。
　　今学期私が選択した講義の中には、毎週与えられたテーマに即したレポートを提出しなければならないものがある。先生はとても厳しく、提出期限に遅れたら最後、理由のいかんによらず受け取ってもらえない。留学生である私にとって、日本語でレポートを書くことは容易なことではなく、今のままでは講義についていけそうにない。とても興味深い講義だから、選択したことは後悔していないが、どんなに興味深い講義にしたって、単位を落としてしまったら意味がない。
　　今日、アルバイトの後で店長に相談したら、「学生なんだから学業を優先すべき」と言ってくれたが、シフトを減らすと、バイト仲間のさくらやケンに会う機会も減ってしまうので、やっぱり寂しい。それに、同じ留学生であるケンが夢に向かって頑張っている姿は、私にとって励みになる。ケンだって、勉強とアルバイトの両立が大変であることは想像にかたくない。彼を見ていると、私ももっと頑張らなくちゃと思う。
　　国の家族も私に期待してくれている以上は、しっかり勉強して結果を出さないではすまない。大変であればこそ、得られる喜びも大きいと信じて、何とか今学期を乗り切りたい。

1 ゴックさんは選択した講義について、どのように述べているか。
1 毎回レポートを提出しなければならないので辞めたい。
2 やむを得ない理由があれば、レポートの提出は免除される。
3 講義自体は楽しいが、レポートをまとめることは大変だ。
4 講義の内容が難しすぎて、理解できない。

2 もっと頑張らなくちゃと思うとあるが、なぜか。
1 店長にシフトを減らして、勉強に集中するように言われたから
2 ケンさんがしている勉強より、自分の勉強のほうが大変だから
3 夢のために頑張っているケンさんにひきかえ、自分はアルバイトばかりしているから
4 自分と同じように大変な環境で頑張っているケンさんの姿に励まされるから

3 この文章の内容に合うものはどれか。
1 ゴックさんは、大学の講義に集中するためにシフトを減らすことにした。
2 ゴックさんは、自分のシフトを減らすとさくらさんやケンさんが寂しがると思っている。
3 ゴックさんは、家族の期待に応えるためにアルバイトを続けている。
4 ゴックさんは、困難であればあるほど得られる喜びは大きいと考えている。

問題2　文法（文法形式の判断 Selecting grammar form）

次の文の（　　　）に入れるのに最もよいものを、1・2・3・4から一つ選びなさい。

1 これは、お客様のニーズ（　　　）即して開発された商品です。

1　の　　　　　　　　2　を　　　　　　　　3　に　　　　　　　　4　で

2 人生には、（　　　）こそ、手に入るものもあると言う人もいる。

1　捨てると　　　　　2　捨てたら　　　　　3　捨てるなら　　　　4　捨てれば

3 プロジェクトリーダーなので、報告会に（　　　）ではすまない。

1　出る　　　　　　　2　出て　　　　　　　3　出ない　　　　　　4　出ず

4 堤　　「さっきの映画、本当に意外な結末だったね。」
安井　「いやー、事実を知ったときの主人公の驚いた顔（　　　）よね。」

1　にかたくなかった　　　　　　　　　　2　といったらなかった

3　にしたところで　　　　　　　　　　　4　いかんだった

5 どんな名医にしたって、人の寿命は（　　　）でしょう。

1　延ばせる　　　　　　　　　　　　　　2　延ばせない

3　延ばさずにはすまない　　　　　　　　4　延ばせばこそ

6 サキ　　「明日の旅行、今からキャンセルしたら、旅行代、戻ってくるかな？」
ココミ　「ここに、前日のキャンセルは理由（　　　）、返金できないって書いてあるよ。」

1　に則して　　　　　　　　　　　　　　2　にしたって

3　のいかんにかかわらず　　　　　　　　4　にしたところで

7 高田　　「最近、彼女、元気ないよね。」
五十嵐　「まあね。3校も続けて入試に落ちた彼女の気持ちは（　　　）よね。」

1　想像にかたくない　　　　　　　　　　2　想像すればこそだ

3　想像せずにはすまない　　　　　　　　4　想像いかんだ

8 ラム　　　「アンズさんが帰国する前に（　　　）悩んでるんだ。」
マイナス　「悩んでる暇はないよ。早く気持ちを伝えなよ。」

1　告白すればこそ　　　　　　　　　　　2　告白しようかするまいか

3　告白にしたって　　　　　　　　　　　4　告白の結果いかんでは

96

問題3　文法（文の組み立て Sentence composition）

次の文の＿＿★＿＿に入る最もよいものを、1・2・3・4から一つ選びなさい。

1 試験の ＿＿＿＿　＿＿＿＿　★＿＿＿　＿＿＿＿ そうだ。

1　飛び級　　　　　　2　結果　　　　　　3　もあり得る　　　　4　いかんでは

2 寝ないで ＿＿＿＿　★＿＿＿　＿＿＿＿　＿＿＿＿ あるよ。

1　にしたって　　　　　　　　　　　　2　一人でできること
3　頑張る　　　　　　　　　　　　　　4　には限度が

3 成功すれば ＿＿＿＿　＿＿＿＿　★＿＿＿　＿＿＿＿ 多いらしい。

1　こそ得る　　　　　　　　　　　　　2　ものも大きいが
3　手放すものも多く　　　　　　　　　4　孤独を感じる人も

4 彼が ＿＿＿＿　＿＿＿＿　＿＿＿＿　★＿＿＿ 。

1　にかたくない　　　　　　　　　　　2　部屋を出て行ったときの
3　察する　　　　　　　　　　　　　　4　気持ちは

5 彼は練習への遅刻を繰り返した結果、＿＿＿＿　＿＿＿＿　★＿＿＿　＿＿＿＿ ようだ。

1　部活のルール　　　2　ことになった　　　3　退部させられる　　　4　に則して

6 恩師の ＿＿＿＿　＿＿＿＿　★＿＿＿　＿＿＿＿ でしょう。

1　参加せず　　　　　　　　　　　　　2　とあれば
3　定年退職記念パーティー　　　　　　4　にはすまない

7 福島　「あー、＿＿＿＿　＿＿＿＿　★＿＿＿　＿＿＿＿ よ。」
　　天野　「せっかくなんだから、着て行けばいいじゃない。」

1　明日の花火大会に　　　　　　　　　2　行くまいか
3　迷って決められない　　　　　　　　4　浴衣で行こうか

8 大野　「笹本さん、佐藤くんだけど、＿＿＿＿　＿＿＿＿　★＿＿＿　＿＿＿＿ よね。」
　　笹本　「本当ですか？　それはひどいですね。」

1　お客様との約束の時間に　　　　　　2　ったらない
3　また遅刻するとは　　　　　　　　　4　だらしがない

| 問題4 | 聴解（ポイント理解 Point comprehension） |

まず質問を聞いてください。そのあと、問題用紙のせんたくしを読んでください。読む時間があります。それから話を聞いて、問題用紙の1から4の中から、最もよいものを一つ選んでください。

♪ N1-46

1 リーダーとしての役割が果たせるかどうか
2 周囲からの期待やプレッシャーに弱いこと
3 失敗したらチームで責任を取らされてしまうこと
4 企画通りにプロジェクトを進めていくこと

| 問題5 | 聴解（即時応答 Quick response） |

まず文を聞いてください。それから、それに対する返事を聞いて、1から3の中から、最もよいものを一つ選んでください。

| 1 | ♪ N1-47 | 1 | 2 | 3 |

| 2 | ♪ N1-48 | 1 | 2 | 3 |

| 3 | ♪ N1-49 | 1 | 2 | 3 |

| 4 | ♪ N1-50 | 1 | 2 | 3 |

| 5 | ♪ N1-51 | 1 | 2 | 3 |

| 6 | ♪ N1-52 | 1 | 2 | 3 |

| 7 | ♪ N1-53 | 1 | 2 | 3 |

| 8 | ♪ N1-54 | 1 | 2 | 3 |

第7課

単語

文法の練習に出てくる難しい単語の意味を確認しましょう。

名詞

□ かき氷	shaved ice	刨冰	món đá bào
□ がん	cancer	癌症	ung thư
□ 自我	one's self	自我	cái tôi, bản ngã
□ 証拠品	piece of evidence	证物	chứng cớ, tang vật
□ 投資家	investors	投资人	nhà đầu tư
□ フェス	festival	节日，节	liên hoan, lễ hội
□ プラネタリウム	planetarium	星象仪	cung thiên văn
□ 分刻み	to the minute	按分钟来算	chia theo từng phút
□ 目撃者	witness	目击者	nhân chứng

動詞

□ 及ぶ	reach	涉及	đạt đến, lan ra
□ こもる	confine (oneself)	一直呆在里面	rúc vào, thu mình
□ 参考（する）	reference; refer	参考	sự tham khảo, tham khảo
□ しのぐ	beat	忍耐	áp đảo, vượt qua
□ 証言（する）	testimony; testify	证言；为…作证	lời khai, làm chứng
□ 保つ	maintain	保持	duy trì, giữ gìn
□ 転移（する）	metastasis; metastasize	扩散	sự di căn, di căn
□ 誘惑（する）	temptation; tempt	诱惑	sự cám dỗ, quyến rũ, lôi kéo

49 にとどまらず　　　　　　　　　　　　📅 ＿＿月＿＿日

📝 例文

① 彼女は料理教室で料理を教える**にとどまらず**、料理本を数々出版している。
② 父のがんは胃だけ**にとどまらず**、全身に転移していた。
③ 東京ディズニーランドは週末**にとどまらず**、平日も混んでいる。

👆 使い方

 ＋ にとどまらず

「AにとどまらずB」の形で、「Aの範囲を超えてBも」「AだけでなくBも」という意味を表す。

Used in the pattern AにとどまらずB, this expresses "beyond the scope of A to include B" or "not only A, but also B."／「AにとどまらずB」表示 "已经不局限在A的范围内，也有B" "不仅仅是A, B也…"。／Diễn đạt ý nghĩa "dù vượt qua phạm vi A, B cũng", "không chỉ A mà B cũng" bằng mẫu câu "AにとどまらずB".

確認しよう

正しいほうを選びなさい。
1．この番組は、子どもにとどまらず、（　子ども　・　大人　）にも人気がある。
2．この店はただ商品を販売（　する　・　しない　）にとどまらず、接客にも力を入れている。

書いてみよう

＿＿＿＿＿＿に言葉を入れて、文を完成させなさい。

1．現代では、化粧は＿＿＿＿＿＿＿＿＿＿にとどまらず、男性も取り入れるようになっている。
2．ルイさんのアニメの知識は趣味のレベルにとどまらず、＿＿＿＿＿＿＿＿＿＿に達している。
3．地球温暖化の影響は、ただ＿＿＿＿＿＿＿＿にとどまらず、異常気象の増加にも表れている。
4．彼の芸術の才能は＿＿＿＿＿＿＿にとどまらず、＿＿＿＿＿＿＿などにも及ぶ。
5．私の日本語学校では＿＿＿＿＿＿＿にとどまらず、＿＿＿＿＿＿＿も教えてくれる。
6．夢をかなえたいなら、ただ頭の中で＿＿＿＿＿にとどまらず、＿＿＿＿＿＿＿。
7．この映画は＿＿＿＿＿＿にとどまらず、＿＿＿＿＿＿＿＿＿＿＿＿。
8．彼は＿＿＿＿＿＿＿にとどまらず、＿＿＿＿＿＿＿＿＿＿＿＿。

100

50 べく

____月____日

例文

1. 日本語を勉強する**べく**、日本へ来ました。
2. 父は健康を保つ**べく**、ジョギングを始めた。
3. 成績を上げる**べく**、図書館にこもって勉強している。

使い方

Vる ＋ べく	「～のために」「～しようと思って」という意味で、強い目的や意思を示す。動詞「する」は「するべく」「すべく」の2つの形がある。
	This means "in order to" or "with the desire to do," and is used to emphasize one's purpose or intention. The verb する can be used in either of two forms: するべく or すべく. ／表示比较强烈的目的或想法, "为了～" "想要～"。动词「する」有「するべく」「すべく」2种形式。／Thể hiện mục đích hay ý chí mạnh mẽ với ý nghĩa "để ~", "muốn làm ~". Động từ "する" có 2 hình thức "するべく", "すべく".

確認しよう

正しいほうを選びなさい。

1. 犯罪を（ 減らす ・ 減らした ）べく、防犯カメラを取り付けた。
2. 試験に合格すべく、（ 喜んでいる ・ 勉強に励んでいる ）。

書いてみよう

_____に言葉を入れて、文を完成させなさい。

1. 友達と楽しい時間を_____べく、映画館へ行きました。

2. オリンピックに_____べく、日々トレーニングに励んでいる。

3. 職場の人間関係を_____べく、飲み会が開かれた。

4. 子どもは親の期待に応えるべく、_____。

5. _____べく、大学の日本語サークルに入会した。

6. _____という問題を解決すべく、_____。

7. _____という夢を_____べく、_____。

8. _____べく、_____。

51 ないまでも   ＿＿月＿＿日

 例文

1. 次のテストでは満点とは言わ**ないまでも**、80点以上は取りたい。
2. 日本で暮らすなら、漢字が書け**ないまでも**、ある程度読めるようになったほうがいい。
3. 毎日運動でき**ないまでも**、週に1回は散歩や体操など、体を動かすようにしている。

 使い方

Vない ➕ までも　「AないまでもB」で、Aほどのレベルではないが、少なくともBのレベルには達するという意味を表す。Bは話し手の最低限の望みを言う場合が多い。「とは言わないまでも」の形がよく使われる。

Used in the pattern AないまでもB, this expresses that something does not reach the level of A but is at least at the level of B. B often represents the speaker's minimum expectation. This expression is also often used in the pattern とは言わないまでも. ／「AないまでもB」表示虽不需要达到A这样的水平，但至少也得达到B。B这里往往是说话人所希望的最低限度的事情。经常用「とは言わないまでも」这个形式。／Diễn đạt ý nghĩa không đến mức độ A nhưng ít nhất đạt mức độ B bằng "AないまでもB". Nhiều trường hợp B nói mong muốn tối thiểu của người nói. Thường sử dụng mẫu câu "とは言わないまでも".

確認しよう

正しいほうを選びなさい。
1. お金がないので、海外旅行とは（　言う　・　言わない　）までも、国内旅行はしたい。
2. 高級レストランには行けないまでも、誕生日は（　外食したい　・　家で食べるつもりだ　）。

書いてみよう

＿＿＿＿に言葉を入れて、文を完成させなさい。

1. 初めてのスピーチは＿＿＿＿＿＿＿＿＿とは言えないまでも、満足できるものだった。
2. デートのとき、＿＿＿＿＿＿＿＿＿とは言わないまでも、ときどき花束をくれると嬉しい。
3. あの夫婦は＿＿＿＿＿＿＿＿＿＿＿までも、仲が悪くて、ほとんど話さないらしい。
4. 退院したばかりで、まだ＿＿＿＿＿＿＿＿＿までも、家の中なら自由に動けるようになった。
5. プロのピアニストになれないまでも、＿＿＿＿＿＿＿＿＿＿＿＿＿＿＿＿＿＿。
6. 毎日とは言わないまでも、＿＿＿＿＿＿＿＿＿＿＿と遠くに住んでいる母に言われた。
7. 明日は遠足だ。雲一つなく＿＿＿＿＿＿＿までも、＿＿＿＿＿＿＿＿ほしい。
8. ＿＿＿＿＿＿＿＿＿＿＿＿＿＿＿＿までも、せめて＿＿＿＿＿＿＿＿＿＿＿＿＿。

102

52 に限る

📅 _____月_____日

📋 例文

① 夏の音楽フェスの暑さをしのぐには、やはりかき氷に限る。

② 余計なことは言わないに限る。

③ 遊びの誘惑に負けそうなときは、図書館のような勉強するしかない場所に行くに限る。

👆 使い方

Vる／Vない
N
➕ に限る

「～が一番だ」「～が最適だ」という意味を表す。

This expresses that something is the best or optimal choice. ／表示最好还是～，～最合适。
／Diễn đạt ý nghĩa ~ là nhất, ~ là phù hợp nhất.

確認しよう

正しいほうを選びなさい。

1．調子が悪いときは、無理を（　する　・　しない　）に限る。

2．こんな寒い日の晩ご飯は、（　鍋　・　鍋だ　）に限る。

書いてみよう

_____に言葉を入れて、文を完成させなさい。

1．疲れたときは、_____に限る。

2．アイスクリームは_____に限る。

3．_____なら、一生懸命勉強するに限ります。

4．_____ときは、出かけないに限る。

5．面倒な人とは_____に限る。

6．失恋したときは、_____に限る。

7．_____なら、_____に限る。

8．_____ときは、_____に限る。

第7課 文法の練習

103

53 に足る　　　　　　　　　　　　　＿＿月＿＿日

例文
1. スレスさんは信頼に足る人物だから、困ったら彼を頼るといい。
2. 警察は、彼女が犯人であるという証明に足る証拠品を見つけようと必死になっている。
3. 商品に説明書がついていたが、理解するに足る説明ではなかった。

使い方

 に足る N

「～の価値がある」「～に値する」「十分～できる」という意味を示す。3のように、否定は「Aに足らないB」の形でなく、「Aに足るBではない」の形になる。

This means "is worthy of ～," "is deserving of ～," or "can sufficiently ～." In cases like 3, it is used in the pattern Aに足るBではない instead of Aに足らないB.／表示"有～的价值""值得～""足以能～"。否定式像例3这样，不能用「Aに足らないB」，而要用「Aに足るBではない」这样的形式。／Thể hiện ý nghĩa "có giá trị của ～", "xứng đáng ～", "đủ để có thể ～". Như câu 3, phủ định thì không phải "Aに足らないB" mà sẽ là "Aに足るBではない".

確認しよう

正しいほうを選びなさい。
1. あの先生は授業以外でも、いつも学ぶ（　に　・　で　）足る話をしてくれる。
2. 今回の試験は、満足に（　足る結果ではなかった　・　足らない結果だった　）。

書いてみよう

＿＿＿＿に言葉を入れて、文を完成させなさい。

1. コンサートのチケットは高かったが、＿＿＿＿＿＿＿＿＿＿に足るものだった。
2. この映画は映像も音楽もすべてが素晴らしく＿＿＿＿＿＿＿＿＿に足るものです。
3. 犯人を見たという目撃者の証言は＿＿＿＿＿＿＿＿＿に足る内容ではなかった。
4. あの先生の教え方は素晴らしく、＿＿＿＿＿＿＿＿＿に足る先生だ。
5. 投資家の間では、あの企業は将来性が高く＿＿＿＿＿＿＿＿＿に足る会社だと言われている。
6. 彼は＿＿＿＿＿＿＿＿＿＿＿＿＿＿＿、採用に足る人物であった。
7. ＿＿＿＿＿＿＿＿についての＿＿＿＿＿＿＿＿は参考に足る内容だった。
8. ＿＿＿＿＿＿＿＿＿が、＿＿＿＿＿＿＿＿＿に足る理由が見つからない。

54 限りだ

　　月　　日

例文

1. 夜中に酒に酔って大声で騒ぐなんて、迷惑な限りだ。
2. 宝くじに当たったなんて、うらやましい限りだ。
3. Ｎ２の問題ならともかく、Ｎ５の問題を間違えて、恥ずかしい限りだった。

使い方

 ＋ 限りだ

「非常に〜だ」「これ以上ないぐらい〜だ」という意味で、感情を表す形容詞を使う。話し手の感情を示すので、二人称、三人称には使わない。

This means "extremely ～" or "as ～ as can be," and is used with adjectives that express an emotion. It conveys the speaker's feelings and cannot be used in reference to the listener or a third person.／表示"极其～""没有比这更～"，常用于表达感情的形容词。因为是表达说话人的心情，所以当主语是第二人称或第三人称时不能使用。／Sử dụng tính từ thể hiện cảm xúc với ý nghĩa "cực kỳ ～", "～ đến mức không thể hơn". Vì thể hiện cảm xúc của người nói nên không sử dụng cho ngôi thứ hai, ngôi thứ ba.

確認しよう

正しいほうを選びなさい。

1. 彼女は最愛のペットが死んで、（　悲しそうだ　・　悲しい限りだ　）。
2. 娘が一人暮らしを始めて、（　心配の　・　心配な　）限りだ。

書いてみよう

＿＿＿＿＿＿に言葉を入れて、文を完成させなさい。

1. お久しぶりです。卒業以来ですね。再会できて、＿＿＿＿＿＿＿＿＿＿＿限りです。
2. せっかくパーティーに誘っていただいたのに、風邪で参加できなくて＿＿＿＿＿＿＿限りです。
3. 日本に来たばかりの頃は友達もいなくて＿＿＿＿＿＿＿限りだったと、ケンさんは言った。
4. 明日は大学の面接試験だ。準備不足で＿＿＿＿＿＿＿限りだ。
5. ＿＿＿＿＿＿＿＿＿＿＿＿＿＿＿なんて、悔しい限りだ。
6. ＿＿＿＿＿＿＿＿＿＿＿＿＿ときは、心細い限りでした。
7. ＿＿＿＿＿＿＿＿＿＿＿＿＿＿＿＿と考えると、＿＿＿＿＿＿＿＿＿限りだ。
8. ＿＿＿＿＿＿＿＿＿＿＿＿なんて、＿＿＿＿＿＿＿＿＿＿＿＿＿限りです。

55 ともなると

例文
1. 大企業の社長ともなると、大変な責任を抱えているだろう。
2. 結婚して子どもを持つともなれば、今よりも計画的にお金を使わなければならない。
3. 証拠がそろったともなれば、容疑者は罪を認めざるを得ないだろう。

使い方

[Vる／Vた／N] ＋ ともなると／ともなれば

「AともなるとB」で、Aという特別な立場や状況になると、当然Bだという意味を表す。Bには話し手の意見や判断などが来ることが多く、意向や希望を表す文には使えない。

Used in the pattern AともなるとB, this expresses that B is the natural outcome or choice when it comes to a certain status or situation (A). B often represents the speaker's opinion or judgment, and cannot be an expression of intention or desire. ／「AともなるとB」表示当处在A这个特别的立场或状况下时，当然就会是B。B这里往往是说话人的意见或是判断，不能用来表达意向或希望。／Diễn đạt ý nghĩa hễ trở thành A là vị trí / tình hình đặc biệt thì đương nhiên B bằng "AともなるとB". B phần nhiều là ý kiến, phán đoán v.v. của người nói, không thể sử dụng với câu diễn tả ý hướng, mong muốn.

確認しよう

「ともなれば」の使い方が正しいものには○、間違っているものには×を書きなさい。
1. (　　) 平日ともなれば、駅前のバス乗り場は観光客でいっぱいになる。
2. (　　) 休日ともなれば、駅前のバス乗り場は観光客でいっぱいになる。

書いてみよう

＿＿＿＿＿に言葉を入れて、文を完成させなさい。

1. ＿＿＿＿＿＿＿＿ともなれば、ファンや記者に追われるので、自由に外出できないだろう。

2. 子どもでも、＿＿＿＿＿＿＿＿ともなれば、自我が芽生え、好き嫌いが出てきて大変だ。

3. 3つ星レストランともなれば、＿＿＿＿＿＿＿＿＿＿＿＿＿＿＿＿。

4. ＿＿＿＿＿＿＿＿ともなると、スケジュールも分刻みだし、自由な時間もないに違いない。

5. 子どもが＿＿＿＿＿＿＿＿ともなると、相当の費用がかかることを覚悟しなければならない。

6. 国内旅行ならともかく、海外旅行ともなると、＿＿＿＿＿＿＿＿＿＿＿＿＿＿＿＿。

7. 両足の骨を＿＿＿＿＿＿＿ともなると、一人で＿＿＿＿＿＿＿＿＿＿＿＿。

8. ＿＿＿＿＿＿＿＿＿＿ともなると、＿＿＿＿＿＿＿＿＿＿＿＿＿＿＿＿。

56 にまつわる

 ＿＿＿月＿＿＿日

例文
1. 娘は怖い話が好きで、おばけ**にまつわる**本をよく読んでいる。
2. 今週末、近所の小学校で科学**にまつわる**子ども向けのイベントが開かれる。
3. ルイさんはアニメや漫画**にまつわる**話をすると、止まらなくなる。

使い方

N ＋ にまつわる N　　「AにまつわるB」で、Aに関連があるBという意味を表す。
Used in the pattern AにまつわるB, this expresses that B is about/related to A. ／「AにまつわるB」表示与A相关联的B。／Diễn đạt ý nghĩa B có liên quan đến A bằng "AにまつわるB".

確認しよう
「にまつわる」の使い方が正しいものには〇、間違っているものには×を書きなさい。
1. (　　) 母は健康にまつわるテレビ番組をよく見ている。
2. (　　) 母はテレビ番組にまつわる健康をよく知っている。

書いてみよう
＿＿＿＿に言葉を入れて、文を完成させなさい。

1. 彼の＿＿＿＿＿＿＿＿にまつわる話はとてもおもしろい。
2. 彼は＿＿＿＿＿＿＿＿にまつわる本が好きで、図書館からよく借りて読んでいる。
3. この地域はＵＦＯの目撃者が多く、＿＿＿＿＿＿＿＿にまつわる不思議な話がいくつもある。
4. プラネタリウムで星を眺めながら、＿＿＿＿＿＿＿＿にまつわる話を聞いた。
5. 「肺」や「胃」など「月」を使った漢字は、＿＿＿＿＿＿＿＿にまつわるものが多い。
6. 彼女は大学で＿＿＿＿＿＿＿＿にまつわる＿＿＿＿＿＿＿＿を研究している。
7. ＿＿＿＿＿＿＿＿にまつわる問題が＿＿＿＿＿＿＿＿。
8. ＿＿＿＿＿＿＿＿にまつわる＿＿＿＿＿＿＿＿。

まとめの練習

 ＿＿＿月＿＿＿日

問題1 読解（内容理解 - 中文 Comprehension - Mid-size passages）

次の文章を読んで、後の問いに対する答えとして最もよいものを、1・2・3・4から一つ選びなさい。

以下は、ケンさんがＳＮＳで書いた文章である。

 ケン・ジョンソン
9月8日 6:22

　大学３年生**ともなると**、就職活動が本格化する。その一環として、多くの学生がインターンシップに参加する。僕も、建設会社の仕事を経験す**べく**、ゼミの先生が紹介してくださった会社で２週間のインターンシップに参加することにした。知識を深めるためには、実際に現場に入って経験する**に限る**と思ったからだ。

　僕が行く建設会社は、住宅やビルの建設**にとどまらず**、橋やトンネル、ダムなどのインフラ建設も行っていて、とても大きくて有名な会社だ。就職課でその会社の情報を見ると、卒業生が何人も就職しており、中には後に独立して有名な建築家になっている人もいた。これからその尊敬**に足る**先輩方と働けると思うと、嬉しい**限りだ**。しかし、その一方で、うまくやれるかという心配もある。大学で得た知識を生かし、完璧とは言え**ないまでも**、先輩方に合格点をいただけるような仕事をしたいと思っている。

　実のところ、このインターンシップで一番期待しているのは、教科書では学べない建設**にまつわる**体験談が聞けるのではないかということだ。そして、建設業界のリアルな状況や課題についても理解を深めたい。２週間という短い期間だが、教科書では得がたい実践的な知識を吸収し、今後の就職活動に役立てたいと強く思っている。

👍 ❤️ スレスさん、他13人　　　　コメント2件

👍 いいね！　　💬 コメントする　　↩ シェア

1 ケンさんがインターンシップに参加を決めたのはなぜか。
   1 多くの学生が参加するから
   2 先生に勧められたから
   3 現場でこそ学べるものがあると思ったから
   4 今後の就職活動に役に立つと思ったから

2 ケンさんが参加するインターンシップ先の建設会社はどんな会社か。
   1 住宅からインフラに至るまで、さまざまな分野の建設を請け負っている会社
   2 住宅の建設を行っているが、特に橋やトンネルなどのインフラ建設が得意な会社
   3 大学の先輩が毎年何人か就職しており、有名な建築家がいる会社
   4 大学で学んだ知識を十分に発揮できる会社

3 ケンさんがこのインターンシップで最も楽しみにしていることは何か。
   1 この会社の就職につなげられるということ
   2 この会社で活躍している大学の先輩に会えるということ
   3 大学で学んだ知識を実際に試せるということ
   4 教科書では得られない現場の情報が得られるということ

| 問題2 | 文法（文法形式の判断 Selecting grammar form） |

次の文の（　　　）に入れるのに最もよいものを、1・2・3・4から一つ選びなさい。

1 オリンピックにおける彼女の行動はメダリストとして尊敬に（　　　）ものであった。
　　1　足る　　　　　　　2　すぎない　　　　　3　対する　　　　　　4　ほかない

2 祖母からこの地域（　　　）怖い話を聞いた。
　　1　にまつわる　　　　2　をふまえて　　　　3　に即して　　　　　4　ともなると

3 ＡＩ技術は映画や音楽などエンターテインメント分野（　　　）、医療分野でも期待されている。
　　1　に限って　　　　　2　にまつわる　　　　3　にとどまらず　　　4　ならいざしらず

4 昨日のバスケットボールの試合は、1点差で負けてしまって、（　　　）限りだ。
　　1　悔し　　　　　　　2　悔しい　　　　　　3　悔しくて　　　　　4　悔しいに

5 来たる大地震に（　　　）、防災グッズを買いそろえておこう。
　　1　備えるにとどまらず　　　　　　　　　2　備えるともなると
　　3　備えるべく　　　　　　　　　　　　　4　備えないまでも

6 及川　「冬休みは、ご家族でどこか行かれるんですか。」
　戸田　「いいえ、今年はどこも。息子が高校三年生で……。」
　及川　「ああ、高校三年生（　　　）、受験勉強で大変ですからね。」
　　1　にとどまらず　　2　ともなると　　　　3　にしたところで　　4　の手前

7 さくら　「スープ、冷めないうちにどうぞ。」
　ケン　　「体が温まるね。寒い日は温かいスープに（　　　）よ。」
　　1　足る　　　　　　2　限る　　　　　　　3　足らない　　　　　4　限らない

8 カウン　　「次の試験はどう？　ばっちり？」
　ナンダー　「満点は取れないまでも、（　　　）。」
　　1　勉強してないから　　　　　　　　　2　毎日勉強してるよ
　　3　合格しないだろうね　　　　　　　　4　合格する自信はあるよ

110

問題3　文法（文の組み立て Sentence composition）

次の文の＿★＿ に入る最もよいものを、1・2・3・4から一つ選びなさい。

1 政府は、＿＿＿＿　＿＿＿＿　＿★＿　＿＿＿＿ 打ち出した。

1　解決すべく　　　　　　　　　　　2　地球温暖化や海洋汚染などの

3　さまざまな政策を　　　　　　　　4　深刻な環境問題を

2 母の料理は、シェフである父の料理には ＿＿＿＿　＿＿＿＿　＿＿＿＿　＿★＿味だ。

1　毎日食べても　　　2　までも　　　　3　飽きない　　　　4　及ばない

3 体調を ＿＿＿＿　＿＿＿＿　＿＿＿＿　＿★＿ に限る。

1　整える　　　　　2　生活をする　　　3　規則正しい　　4　には

4 この中学生はニホンオオカミについて ＿＿＿＿　＿＿＿＿　＿★＿　＿＿＿＿ を発表した。

1　論文　　　　2　足る　　　　3　学術的に　　4　評価されるに

5 国内旅行と違って、＿＿＿＿　＿★＿　＿＿＿＿　＿＿＿＿ 準備ができない。

1　では　　　　　2　ともなると　　　3　1日や2日　　4　海外旅行

6 日本史好きの ＿＿＿＿　＿★＿　＿＿＿＿　＿＿＿＿ にまで及んでいる。

1　歴史　　　　　　　　　　　　　　2　当時の文学や風習

3　にとどまらず　　　　　　　　　　4　彼の関心は

7 鈴木　「息子さん、県外の大学に進学ということは、一人暮らしをなさるんですね。」
田中　「ええ、掃除も料理もしない ＿★＿　＿＿＿＿　＿＿＿＿　＿＿＿＿ 限りです。」

1　頼りない　　　　2　親としては　　　3　息子で　　　4　心配な

8 ケン　「その漫画、おもしろい？」
ルイ　「うん、この漫画、僕が尊敬する ＿＿＿＿　＿＿＿＿　＿＿＿＿　＿★＿ んだよ。」

1　手塚治虫に　　　2　ことが　　　　3　描かれている　　4　まつわる

第7課
まとめの練習

111

| 問題4 | 聴解（課題理解 Task-based comprehension） |

まず質問を聞いてください。それから話を聞いて、問題用紙の1から4の中から、最もよいものを一つ選んでください。

♪ N1-55

1　実習生を募集する
2　指導員を決める
3　実習生をグループに分ける
4　名簿を作る

| 問題5 | 聴解（即時応答 Quick response） |

まず文を聞いてください。それから、それに対する返事を聞いて、1から3の中から、最もよいものを一つ選んでください。

1　♪ N1-56　　　1　　　2　　　3

2　♪ N1-57　　　1　　　2　　　3

3　♪ N1-58　　　1　　　2　　　3

4　♪ N1-59　　　1　　　2　　　3

5　♪ N1-60　　　1　　　2　　　3

6　♪ N1-61　　　1　　　2　　　3

7　♪ N1-62　　　1　　　2　　　3

8　♪ N1-63　　　1　　　2　　　3

第 8 課

単語 文法の練習に出てくる難しい単語の意味を確認しましょう。

名詞

□ 一瞬	instant	一瞬间	tích tắc, khoảnh khắc
□ 皆勤賞	perfect attendance award	全勤奖	giải chuyên cần
□ 唐揚げ	Japanese fried chicken	炸鸡块	món gà tẩm bột chiên
□ きずな	bonds	羁绊	sự gắn kết
□ 検事	prosecutor	检察官	kiểm sát viên
□ ゴキブリ	cockroach	蟑螂	con gián
□ 鼓膜	eardrums	鼓膜	màng nhĩ
□ 詐欺	scam	欺诈	lừa đảo
□ 空模様	appearance of the sky	天空的状况	trạng thái của bầu trời
□ 聴衆	audience	听众	thính giả
□ 手口	modus operandi	手法	thủ đoạn
□ 能率	efficiency	效率	năng suất
□ パフォーマンス	performance	表演	màn trình diễn
□ 不眠不休	without sleep or rest	不眠不休	không ngủ không nghỉ

い形容詞

□ 頼もしい	promising	可靠的	đáng trông cậy, triển vọng

な形容詞

□ 莫大な	enormous	莫大的	khổng lồ, cực kỳ nhiều
□ 万能な	multitalented	样样都行的	toàn năng, vạn năng

動詞

□ 噛みつく	bite	咬住，咬	cắn chặt
□ 規定（する）	regulations; stipulate	规定	quy định, định ra
□ 志す	aspire	立志	ước muốn, có chí hướng
□ こする	rub	擦，搓	giụi
□ 慕う	admire	景仰，敬慕	ngưỡng mộ
□ 中継（する）	relay (broadcast)	直播	truyền thanh truyền hình
□ 悲観（する）	pessimism; be pessimistic	悲观；感到悲观	sự bi quan, bi quan

その他

□ 気を抜く	lose focus	放松	lơ là, sơ sảy

57 なりに  ＿＿月＿＿日

例文

1. 勉強したら勉強した**なりに**結果が表れるはずだから、あきらめずに頑張ろう。
2. 面接には、それ**なりの**格好で行かなければならない。
3. 私**なりに**努力したのですが、やはりだめでした。

使い方

  なりに / なりの N

「AなりにB」の形で、Aに合わせて／ふさわしく、Bをする（①②）、Aのレベルでできる限り、Bをする（③）という意味を表す。

Used in the pattern AなりにB, this expresses "do B in line with A/as is appropriate for A" (①②) or "do B as far as is possible for A" (③).／「AなりにB」表示"在符合A的情况下做B"(①②)，或"在A的能力范围内做B"(③)。／Diễn đạt ý nghĩa "làm B cho hài hòa với A / phù hợp với A", như câu (①②), "làm B trong khả năng có thể với cấp độ A", như câu (③) bằng mẫu câu "AなりにB".

確認しよう

正しいほうを選びなさい。

1. お金がなくても、（ ない ・ ある ）なりに、生活を楽しむことはできる。
2. 金持ちは、金持ちなりの（ 悩みがある ・ 悩んでいる ）。

書いてみよう

＿＿＿＿に言葉を入れて、文を完成させなさい。

1. 頑張ったら、＿＿＿＿＿＿＿＿＿＿なりの成果が出てほしい。
2. 安いと言って喜んでばかりはいられない。安いのには＿＿＿＿＿＿なりの理由があるものだ。
3. 人と比べてはいけない。あなたには＿＿＿＿＿＿なりのよさがある。
4. 体が弱いなら弱いなりに、気をつけて＿＿＿＿＿＿＿＿＿＿＿＿＿＿。
5. これまでやったなりに上達してきたので、これからも＿＿＿＿＿＿＿＿＿＿＿＿。
6. このレストランは＿＿＿＿＿＿なりに、＿＿＿＿＿＿＿＿＿＿＿＿＿＿。
7. 彼は日本語がまだまだですが、＿＿＿＿＿＿なりに＿＿＿＿＿＿＿＿＿＿としている。
8. ＿＿＿＿＿＿＿＿＿＿なりに、＿＿＿＿＿＿＿＿＿＿＿＿＿＿＿＿。

58 もさることながら

 ＿＿＿月＿＿＿日

例文

① 彼は学校の成績**もさることながら**、スポーツも万能で、非常に頼もしい。
② このレストランは料理のおいしさ**もさることながら**、雰囲気のよさで、客に人気だ。
③ 彼のスピーチは内容**もさることながら**、話し方もよくて、多くの聴衆から共感を得た。

使い方

N ＋ もさることながら

「AもさることながらB」で、「Aはもちろんだが、さらにBも」と言いたい時に使う。Bにはさらに強調したい事柄が来る。主題に対する評価を述べる時に使うことが多い。

Used in the pattern AもさることながらB, this expresses "not only A of course, but also B," with B representing the characteristic that the speaker wants to emphasize more. It is often used to convey one's assessment of the subject. ／「AもさることながらB」表示不必说A，B更是～。B这里是更加想强调的事情。往往用在对主题的评价上。／Sử dụng khi muốn nói không chỉ A mà hơn thế nữa B cũng với "AもさることながらB". B là sự việc muốn nhấn mạnh hơn. Thường sử dụng khi trình bày đánh giá đối với chủ đề.

確認しよう

正しいほうを選びなさい。
1．チームの優勝は、実力もさることながら、（ 運も影響した ・ 嬉しかった ）。
2．バス旅行を楽しむには（ 天気 ・ 晴れ ）もさることながら、隣に座る人も重要だ。

書いてみよう

＿＿＿＿＿＿に言葉を入れて、文を完成させなさい。

1．あの歌手は＿＿＿＿＿＿＿＿＿＿＿＿もさることながら、ダンスパフォーマンスも最高だ。

2．この店の商品は品質もさることながら、＿＿＿＿＿＿＿＿＿＿＿＿もいい。

3．彼が成功したのは、本人の努力もさることながら、親の熱心な＿＿＿＿＿＿＿のおかげでもある。

4．この映画は＿＿＿＿＿＿＿＿＿＿＿＿もさることながら、役者の演技も大変素晴らしかった。

5．最近は＿＿＿＿＿＿＿もさることながら、＿＿＿＿＿＿＿も社会の問題として注目されている。

6．彼の合格は本人の＿＿＿＿＿＿もさることながら、周りの＿＿＿＿＿＿も大きく影響している。

7．結婚相手は＿＿＿＿＿＿＿＿＿もさることながら、＿＿＿＿＿＿＿＿＿もある人がいい。

8．＿＿＿＿＿＿＿＿＿なら、＿＿＿＿＿＿＿＿もさることながら、＿＿＿＿＿＿＿＿＿＿＿＿。

59 んばかり　　＿＿月＿＿日

例文

① 大雨で川の水があふれ**んばかりだ**。
② 近所の犬は私を見ると、いつも噛みつか**んばかりに**吠える。
③ 今にも雨が降ら**んばかりの**空模様だ。

使い方

| Vない | ➕ | んばかりだ
んばかりに
んばかりの N |

「（実際には起こっていないが、）今にも～しそう」という意味を表す。程度の強さを示したい時に使う。動詞「する」は「せんばかり」という形になる。

This expresses that something seems like it is about to happen, although it may not actually happen. It is used to indicate the intensity of the situation/condition mentioned. When the verb する is used, it takes the form せんばかり.／表示虽然还没有发生，好像马上就要～。在表示某种倾向很强烈时使用。动词「する」要变成「せんばかり」。／Diễn đạt ý nghĩa "(tuy thực tế không xảy ra nhưng), bây giờ như sắp ~". Sử dụng khi muốn thể hiện độ mạnh của mức độ. Động từ "する" sẽ là "せんばかり".

確認しよう

正しいほうを選びなさい。

1. あの男の子は今にも泣き出さ（　ばかりの　・　ばかりに　）顔でお母さんを待っている。
2. 二人はけんか（　し　・　せ　）んばかりに、にらみ合っている。

書いてみよう

＿＿＿＿＿に言葉を入れて、文を完成させなさい。

1. 食べすぎて、おなかが＿＿＿＿＿＿＿＿＿＿＿＿ばかりだ。

2. 合格の知らせを聞いたときは、心臓が＿＿＿＿＿＿＿＿＿＿＿んばかりに驚いた。

3. 口げんかが始まってすぐ、男は相手の顔を＿＿＿＿＿＿＿＿＿＿＿んばかりに手を上げた。

4. 演奏が終わると、会場が＿＿＿＿＿＿＿＿＿＿＿ばかりの拍手が起こった。

5. 突然、鼓膜が＿＿＿＿＿＿＿＿＿んばかりの大声で話しかけられて、びっくりしてしまった。

6. 遊んでいたら、＿＿＿＿＿＿＿＿＿＿＿と言わんばかりに、母ににらまれた。

7. うちの犬は私が帰ると、「＿＿＿＿＿＿＿」と＿＿＿＿＿んばかりに＿＿＿＿＿＿＿＿。

8. ＿＿＿＿＿＿＿＿＿＿＿＿＿んばかりに、＿＿＿＿＿＿＿＿＿＿＿＿＿＿＿。

60 たりとも

 ＿＿＿月＿＿＿日

例文

1. 親が送ってくれたお金は、一円たりとも無駄遣いできない。
2. 先生は時間に厳しくて、一秒たりとも遅刻を許さない。
3. ゴキブリは一匹たりとも生かすまいと思って、部屋に薬を置いた。

使い方

 ➕ たりとも　　後ろに否定を含む言葉を伴って、「たとえわずかでも絶対に～ない」という意味を表す。一と助数詞を含む名詞に接続する。

This is followed by a negative expression and means "not even (a small amount like) ～." It follows a noun made up of 1 and a counter. ／后接表示否定的词，表示就算是一丁点儿也绝不～。接在"一＋量词"后面。／Diễn đạt ý nghĩa "cho dù ít cũng nhất định không ～" cùng với từ bao hàm ý phủ định ở phía sau. Tiếp theo danh từ có bao gồm 1 và trợ từ đếm.

確認しよう

正しいほうを選びなさい。

1. 試験まであと一か月だ。（　一日　・　何日　）たりとも、無駄にはできない。
2. スポーツは（　一瞬　・　一瞬たりとも　）気を抜いただけで、負けかねない。

書いてみよう

＿＿＿＿＿＿に言葉を入れて、文を完成させなさい。

1. 面接には＿＿＿＿＿＿＿＿＿＿＿たりとも遅れてはいけない。
2. 日本に留学してから、家族のことを＿＿＿＿＿＿＿＿＿＿＿たりとも忘れたことがない。
3. 今日のサッカーの練習はハードで、終わったあと、＿＿＿＿＿＿＿たりとも歩けないほどだった。
4. 医者は、一度たりとも＿＿＿＿＿＿＿＿＿＿＿＿＿＿＿＿＿＿＿＿＿仕事だ。
5. ボクシング選手は＿＿＿＿＿＿＿＿＿＿たりとも規定より体重が超えないように注意して準備する。
6. 農家の人が一生懸命作った米だ。一粒たりとも＿＿＿＿＿＿＿＿＿＿＿＿＿＿＿＿＿＿＿＿＿＿。
7. 彼女はどんなに辛くても、＿＿＿＿＿＿＿たりとも＿＿＿＿＿＿＿＿＿＿＿＿＿＿＿＿＿＿＿＿。
8. ＿＿＿＿＿＿＿＿＿ときは、＿＿＿＿＿たりとも＿＿＿＿＿＿＿＿＿＿＿＿＿＿＿＿＿＿＿＿＿。

61 には当たらない

📅 _____月_____日

📋 例文

① 私の国では、靴を履いたまま家に入っても、失礼**には当たらない**。

② 薬で治る病気なので、心配する**には当たらない**。

③ 一度試合で負けたとしても、次回頑張ればいいのだから、悲しむ**には当たらない**。

👆 使い方

Vる　〉 には当たらない
N　➕ に当たらない

「～に該当しない」という意味を表す（①）。「（大したことではない、もしくは、当然のことなので）～するほどのことではない」という意味を表す（② ③）。この場合、感情を表す言葉と一緒に使う。

This means "is not considered ～" (①). It also can express "there is no need to ～ (since it's not a significant issue / since it's to be expected)" (② ③); in this case, it is used with words expressing an emotion. ／表示 "不属于～" (①)。另外也表示 "不是什么大事儿，没必要～"(② ③)。这种情况，要跟表达情感的词一起使用。／Diễn đạt ý nghĩa "không tương ứng với ～", như câu (①). Ngoài ra, diễn đạt ý nghĩa "(không phải chuyện to tát, ngược lại là chuyện đương nhiên) nên không đến mức làm ～" như câu (② ③). Trường hợp này, sử dụng cùng với từ diễn tả cảm xúc.

確認しよう

正しいほうを選びなさい。

1. 長い人生を考えれば、そのような小さいミスは（ 成功 ・ 失敗 ）には当たらない。
2. 莫大な製作費で話題になった映画が素晴らしかったとしても、（ 驚く ・ 驚かない ）には当たらない。

書いてみよう

_____に言葉を入れて、文を完成させなさい。

1. 警察に呼び止められたが、「青信号で渡ったのだから_____には当たらない」と主張した。

2. 後輩の間違いを指摘しただけで、彼の行為は_____には当たりません。

3. _____は悪いことだが、重大な校則違反には当たらない。

4. 彼女に振られたからといって、_____に当たらない。

5. 荷物を運ぶのを手伝っただけですから、そんなに_____には当たりません。

6. _____としても、仕方がないことで、怒るには当たらない。

7. 成功へのステップと考えれば、_____は_____に当たらない。

8. _____からといって、_____には当たらない。

118

62 てなるものか  ＿＿＿月＿＿＿日

例文

1. そんな自分勝手な意見、認め**てなるものか**。
2. 次の試合に負け**てなるもんか**と思いながら、練習に励んだ。
3. 1点たりとも取られ**てなるものか**と、必死にゴールを守った。

使い方

| Vて + | なるものか / なるもんか |

「絶対に～ない」という強い拒絶を表す。相手に直接言うことはほとんどなく、「～てなるものかと思う」という形で、心情を表す時に使うことが多い。

This strongly expresses the speaker's rejection of something. It is almost never directly spoken to the person involved. It is often used in the pattern ～てなるものかと思う to express the speaker's feelings. ／表示很强烈的拒绝，绝不～。一般不会对别人直接使用，常以「～てなるものかと思う」这个形式出现，用在表达心情上。／Diễn đạt sự từ chối mạnh mẽ là nhất định không ~. Hầu như không nói trực tiếp với đối phương mà phần lớn sử dụng khi thể hiện tình cảm bằng mẫu câu "～てなるものかと思う".

第8課 文法の練習

確認しよう

正しいほうを選びなさい。

1. あと1日学校へ行けば、皆勤賞がもらえる。（ 休んで ・ 休まずに ）なるものか。
2. 大好きな彼女の誕生日に花束を買って（ あげよう ・ なるものか ）と思っている。

書いてみよう

＿＿＿＿＿に言葉を入れて、文を完成させなさい。

1. 二度も試験に＿＿＿＿＿＿＿＿＿＿＿＿＿なるものかと思いながら、毎日5時間以上勉強している。

2. 政治家の汚職を＿＿＿＿＿＿＿＿＿＿＿＿＿なるものか。

3. いろいろな詐欺の手口があるらしい。＿＿＿＿＿＿＿＿＿＿＿＿＿なるもんか。

4. 唐揚げがお皿に1つ残っている。兄に＿＿＿＿＿＿＿＿＿＿なるものかと思って、急いで食べた。

5. がんだと言われたが、幼い子どもを残して＿＿＿＿＿＿＿＿＿なるものかと思い、治療を始めた。

6. 深夜のサッカー中継で眠くなったが、＿＿＿＿＿＿＿＿＿＿＿＿＿なるものかと、目をこすった。

7. 検事は、悪が許される社会が＿＿＿＿＿＿＿＿＿＿＿＿＿なるものかと、仕事をしている。

8. 泥棒は＿＿＿＿＿＿＿＿＿＿なるものか、警察は＿＿＿＿＿＿＿＿＿＿＿＿なるものかと必死だ。

119

63 〜ことはあっても…ことはない  ＿＿＿月＿＿＿日

例文

① 彼女はデートに遅れる**ことはあっても**、約束を忘れる**ことはない**。
② 彼は「僕は先生に叱られる**ことはあっても**、褒められる**ことはない**」と悲観している。
③ 祖父は人に悪口を言われる**ことはあっても**、決して人の悪口を言う**ことはなかった**。

使い方

| Vる ➕ ことはあっても、
Vる ➕ ことはない | 「Aことはあっても、Bことはない」で、Aという事実や可能性はあるが、Bという事実や可能性はないという意味を表す。AとBには対照的な事柄が来ることが多い。

Used in the pattern Aことはあっても、Bことはない, this expresses that while A is a fact or possibility, B is not true or likely. In many cases, A and B are contrasting characteristics/situations. ／「Aことはあっても、Bことはない」表示虽有A这样的可能，但是B这样的事实或可能性几乎为零。A跟B这里往往是相对的事情。／Diễn đạt ý nghĩa tuy có sự thật hay khả năng là A nhưng không có sự thật hay khả năng là B với "AことはあってもBことはない". A và B thường là hai sự việc mang tính đối lập. |

確認しよう

正しいほうを選びなさい。

1．私は人に迷惑を（　かける　・　かけない　）ことはあっても、かけられることは一度もなかった。
2．彼は薬を飲むことは（　あっても　・　なくても　）、病院にかかることはないぐらい丈夫だ。

書いてみよう

＿＿＿＿＿＿に言葉を入れて、文を完成させなさい。

1．あの人はお金を＿＿＿＿＿＿＿＿＿＿＿＿＿＿ことはあっても、貸すことは絶対にないね。

2．そんなに厳しくしすぎると、部下に＿＿＿＿＿＿＿＿＿＿＿ことはあっても、慕われることはない。

3．僕は彼女に＿＿＿＿＿＿＿＿＿＿＿＿＿ことはあっても、ご馳走になることはない。

4．不眠不休で働いたら、仕事の能率が＿＿＿＿＿＿＿ことはあっても、＿＿＿＿＿＿＿＿ことはない。

5．A「ケンさんは、学校に来ていないんですか。」

　　B「ええ。彼は＿＿＿＿＿＿ことはあっても、＿＿＿＿＿＿ことはなかったので、心配です。」

6．彼女とけんかした。これから彼女に＿＿＿＿＿＿ことはあっても、＿＿＿＿＿＿＿ことはないだろう。

7．＿＿＿＿＿＿＿＿＿＿＿ことはあっても、＿＿＿＿＿＿＿＿＿＿＿＿＿＿＿ことはない。

64 をきっかけに  ＿＿月＿＿日

例文

1. 彼女との交際**をきっかけに**、将来を真面目に考えるようになった。
2. 子どもの頃、日本のアニメを見たの**をきっかけとして**、日本留学を志した。
3. 東日本大震災**を契機に**、政府は避難計画の見直しや災害対応の訓練を推進している。

使い方

Vたの ／ N ＋ をきっかけに(して) ／ をきっかけとして ／ を契機に(して) ／ を契機として

「Aをきっかけに B」でAが原因や動機となって、Bをする／になるという意味を表す。「きっかけ」の場合、AにはBの始まりとなったことが入る。「契機」の場合、Aは大きな節目となる出来事が入ることが多く、書き言葉的である。

Used in the pattern AをきっかけにB, this expresses that A is the cause or motivation behind the action or situation in B. When きっかけ is used, A represents the event that initiated B. When 契機 is used, A is often a milestone event. Compared with きっかけ, 契機 is a literary expression.／「Aをきっかけに B」表示以A为契机，做B。当用「きっかけ」时，A这里往往是B的开端，而用「契機」时，A这里往往是比较大的事情或节点，相对比较书面语一些。／Diễn đạt ý nghĩa A là nguyên nhân, động cơ để làm B / trở thành B với "AをきっかけにB". Trường hợp là "きっかけ" thì vế A có việc trở thành khởi đầu của B. Trường hợp "契機" thì vế A phần lớn là những sự kiện trở thành dấu mốc to lớn, mang tính văn viết.

第8課 文法の練習

確認しよう

正しいほうを選びなさい。

1. 修学旅行（ に ・ を ）きっかけに、彼と仲良くなった。
2. 電気の発明を契機にして、我々の生活は（ 変わり始めた ・ 便利だ ）。

書いてみよう

＿＿＿＿に言葉を入れて、文を完成させなさい。

1. ＿＿＿＿＿＿＿＿＿をきっかけとして、たばこやお酒をやめた。
2. ＿＿＿＿＿＿＿＿＿をきっかけに、クラスのきずなが強まった。
3. 大雨の日、＿＿＿＿＿＿＿＿＿＿＿＿をきっかけに、彼女と親しくなった。
4. 社長交代を契機に、＿＿＿＿＿＿＿＿＿＿＿＿＿＿＿＿＿＿＿＿＿＿＿。
5. 新型ウイルスの拡大を契機として、＿＿＿＿＿＿＿＿＿＿＿＿＿＿＿＿＿。
6. 私は＿＿＿＿＿＿＿＿＿＿をきっかけに、＿＿＿＿＿＿＿＿＿＿＿＿。
7. ＿＿＿＿＿＿＿＿＿＿＿＿＿＿＿を契機に、＿＿＿＿＿＿＿＿＿＿＿＿。

まとめの練習  ＿＿月＿＿日

問題1　読解（内容理解 - 長文 Comprehension - Long passages）

次の文章を読んで、後の問いに対する答えとして最もよいものを、1・2・3・4から一つ選びなさい。

以下は、ケンさんがインターンシップ後に、大学の就職課に提出した報告書の文章である。

BD建設でのインターンシップを終えて

建築学部3年　ケン・ジョンソン

　BD建設で2週間のインターンシップに参加した。初日は、本社ビルの前で深呼吸をしながらビルを見上げ、その大きさに圧倒された。ビルの重厚さ**もさることながら**、中に入ると内装も素晴らしく、①緊張はマックスに達した。ロビーで、今回私の指導をしてくださるという大学OBの高山先輩が待っていた。高山先輩に連れられ、これから2週間お世話になる部署へ行くと、部の皆さんがこれから一緒に頑張ろうと言わ**んばかりの**拍手で迎えてくれ、緊張が少し和らいだ。

　最初の1週間は、主に資料整理や現場見学を行った。資料整理は単純作業だが、実際の設計図や計画書を見られる貴重な機会とあって、とてもわくわくした。現場見学では、高山先輩にビルの建設現場に連れて行ってもらい、工事の進行状況や安全管理について詳しく説明を受けた。その後、徐々にさまざまな業務を体験させてもらえるようになり、楽しさとやりがいを感じるとともに、少しずつ自信もついてきた。

　1週間が過ぎた頃、②大きなプロジェクトの補佐を担当することになった。いよいよ本格的な業務に携われるとあって、喜ばずにはいられなかった。ところが、実際に業務が始まってみると、任されたことを何一つ満足にできず、先輩方に迷惑をかけてしまう始末だった。自分の無力さを痛感し、自分はみんなの足を引っ張る**ことはあっても**役に立つ**ことはない**のだと、卑屈にさえなってしまった。

　そんなとき、高山先輩が建設中のダムの映像を見せてくれた。ダムは果てしないほど大きく、その中で作業する人やトラックはどんぶりの中の米粒のようだった。そして、高山先輩はこう言って励ましてくれた。「うまくいかないからといって、落ち込む**には当たらない**よ。ケンくんは僕たちを大きな存在だと思っているかもしれないけど、実際はこんなに小さなものにすぎないんだ。それに、どんなに経験を積んだ人であろうと、最初から完璧だったわけじゃない。」私はこの言葉**をきっかけに**立ち直ることができた。「ここでくじけ**てなるものか**。あと数日しかないのだから、1日**たりとも**無駄にはできない。」と自分に言い聞かせ、今できる最大限のことをした。

　最終日に、部署内でインターンシップの報告会が開かれた。そこで、2週間の学びを自分**なりに**まとめて発表するとともに、丁寧に指導してくださった皆さんに感謝の気持

122

ちを伝えた。報告会が終わると、高山先輩から「明日からケンくんがいなくなるなんて、寂しい限りだよ。」と言われ、思わず涙が出そうになったが、同時に少し誇らしい気持ちにもなった。

　このインターンシップを通じて、大学では学べない知識から心構えに至るまで、さまざまなことを学ぶことができた。また、先輩方の熱心な指導と励ましを受けることで、自分の可能性を信じて挑戦し続ける勇気を持つことができた。たった２週間だったが、自分でも実感できるほど、大きく成長できたと思う。

---

1 ①緊張はマックスに達したとあるが、なぜか。

1　インターンシップの初日だったから

2　ビルを見上げて予想以上に大きい会社だとわかったから

3　ビルの大きさや内装のすばらしさに圧倒されたから

4　これから一緒に働く部署の皆さんに盛大な拍手で迎えられたから

2 ケンさんが最初の一週間でしたことではないものはどれか。

1　資料を整理したり、現場を見学したりしたこと

2　設計図や計画書を見たこと

3　工事の安全管理の説明を受けたこと

4　大きなプロジェクトに参加したこと

3 ケンさんは②大きなプロジェクトでどんなことを感じたか。

1　大学で学んだ理論が現場で生かせると感じた。

2　自信がついてきて、楽しさとやりがいを感じた。

3　何も満足にできず、自分には能力がないと感じた。

4　自分は米粒のように小さい存在だと感じた。

4 インターンシップはケンさんにとってどのようなものだったか。

1　知識があっても現場で使えなければ意味がないということを知る機会となった。

2　一人一人は小さいが、力を合わせればどんな問題も乗り越えられるということが知れた経験となった。

3　自分には可能性があるのに、それを信じる気持ちや挑戦する勇気が足りないと気づかされるきっかけとなった。

4　知識だけでなく、心構えを学ぶことができ、自分でも成長を感じられる貴重な体験だった。

問題2 文法（文法形式の判断 Selecting grammar form）

次の文の（　　）に入れるのに最もよいものを、1・2・3・4から一つ選びなさい。

1 彼は会議で一言たり（　　）言葉を発しなかった。

1　とも　　　　　　2　すら　　　　　　3　さえ　　　　　　4　しか

2 彼は緊張しているのか、今にも（　　）んばかりの震えた声でスピーチを始めた。

1　泣き出し　　　　2　泣き出さ　　　　3　泣き出して　　　4　泣き出そう

3 優秀な彼女は仕事を頼まれることはあっても、（　　）。

1　一生懸命やる　　　　　　　　　　2　誰かに頼ることはない

3　全部できるわけではない　　　　　4　やらないこともある

4 人類初である彼の挑戦は、失敗したとしても、非難する（　　）。

1　に越したことはない　　　　　　　2　にかたくない

3　に決まっている　　　　　　　　　4　に当たらない

5 もう少しのところで試合に負けてしまった。あんな経験、（　　）なるものか。

1　忘れ　　　　　2　忘れる　　　　　3　忘れて　　　　　4　忘れないで

6 ケン　「私のレポートはどうでしたか。」

教授　「初めてにしては、それなり（　　）うまく書けていましたよ。」

1　の　　　　　　2　に　　　　　　3　とも　　　　　　4　より

7 ケン　「いつからアニメに興味を持ち始めたの？」

ルイ　「5歳のとき、初めて映画館でアニメを見たの（　　）、はまったんだよ。」

1　をきっかけに　　2　を皮切りに　　3　をいいことに　　4　をふまえて

8 社長　「今年の新入社員はどうですか。」

部長　「能力の高さ（　　）、礼儀正しくて、好感が持てる人ばかりです。」

1　にかわって　　　　　　　　　　2　なりに

3　はあっても　　　　　　　　　　4　もさることながら

124

問題3 文法（文の組み立て Sentence composition）

次の文の___★___に入る最もよいものを、1・2・3・4から一つ選びなさい。

1 あんなに強く反対するなんて、彼 _____ _____ __★__ _____ があったに違いない。

   1　の　　　　　　　　2　には　　　　　　　3　彼なり　　　　　　4　理由

2 その子どもは病院で、_____ _____ _____ __★__ 打たれてしまった。

   1　逃げ回っていたが　　　　　　　　　2　なるものかと
   3　注射_{ちゅうしゃ}を打たれて　　　　　　　　　4　すぐにつかまって

3 農家の方が _____ _____ __★__ _____ と思う。

   1　米だと思うと　　　　　　　　　　　2　残してはいけない
   3　一粒たりとも　　　　　　　　　　　4　一生懸命_{いっしょうけんめい}作った

4 不況による _____ _____ __★__ _____ が行われた。

   1　会社の業績不振_{ぎょうせき ふ しん}　　　　　　　　2　大胆_{だいたん}なリストラ
   3　を契機_{けい き}に　　　　　　　　　　　4　経営戦略の一つとして

5 記事の内容が事実 __★__ _____ _____ _____ とは限らない。

   1　としても　　　2　名誉毀損_{めい よ き そん}　　　3　に当_あたらない　　　4　に基_{もと}づいている

6 彼女は試験の結果を _____ _____ __★__ _____ 両手を上げた。

   1　言わんばかりに　　　2　否や　　　　3　「やったー」と　　　4　見るや

7 佐藤_{さ とう}　「旅行はどうでしたか。」
   戸田_{と だ}　「よかったよ。_____ _____ __★__ _____ にしてくれたよ。」

   1　さることながら　　　　　　　　　　2　旅を最高のもの
   3　地元の人の親切さが　　　　　　　　4　景色の美しさも

8 ルイ　「インターンシップ、どうだった？」
   ケン　「_____ _____ __★__ _____、よかったよ。」

   1　ことはあっても　　　　　　　　　　2　注意される
   3　ことはなくて　　　　　　　　　　　4　頭ごなしに怒られる

第8課 まとめの練習

125

問題4　聴解（概要理解　Summary comprehension）

　この問題は、全体としてどんな内容かを聞く問題です。話の前に質問はありません。まず話を聞いてください。それから、質問とせんたくしを聞いて、1から4の中から、最もよいものを一つ選んでください。

♪ N1-64

　　　　　　1　　　　　2　　　　　3　　　　　4

問題5　聴解（即時応答　Quick response）

　まず文を聞いてください。それから、それに対する返事を聞いて、1から3の中から、最もよいものを一つ選んでください。

1　♪ N1-65　　　1　　　2　　　3

2　♪ N1-66　　　1　　　2　　　3

3　♪ N1-67　　　1　　　2　　　3

4　♪ N1-68　　　1　　　2　　　3

5　♪ N1-69　　　1　　　2　　　3

6　♪ N1-70　　　1　　　2　　　3

7　♪ N1-71　　　1　　　2　　　3

8　♪ N1-72　　　1　　　2　　　3

126

第 9 課

単語

文法の練習に出てくる難しい単語の意味を確認しましょう。

名詞

□ 還暦	60th birthday	60 岁	thọ 60 tuổi
□ 危機	crisis	危机	khủng hoảng, nguy cơ
□ 劇中	background (music in a film)	剧中	trong vở kịch
□ 建築基準法	Building Standards Act	建筑基本法	Luật Tiêu chuẩn Kiến trúc
□ 憲法	Constitution	宪法	Hiến pháp
□ 純白	pure white	洁白	trắng tinh
□ 新刊	new/latest book	新作品	sách mới
□ スポーツマンシップ	sportsmanship	运动员精神	tinh thần thể thao, tinh thần thượng võ
□ 同窓会	class reunion	同窗会	hội đồng môn (cùng trường/lớp)
□ ブーム	craze	热潮	cơn sốt, trào lưu
□ 陽気	sunny weather	气候，阳气	ấm áp
□ ヨガ	yoga	瑜伽	yoga

な形容詞

□ 頑丈な	sturdy	结实的	bền chắc, kiên cố
□ 微妙な	tricky	微妙的	ẩm ương, mơ hồ
□ 不正な	fraudulent	不正当的	bất chính, gian lận
□ ポップな	pop	流行的	nổi/bật lên

動詞

□ 襲う	attack	袭击	tấn công, công kích
□ 逆切れ（する）	snapping back; snap back	明明是自己的错却生对方的气	sự giận ngược, tức giận ngược lại
□ 使いこなす	master	运用自如	sử dụng thành thạo
□ （判断などが）つく	can make (a decision, etc.), can tell	做出（判断）	đưa ra (kết luận, đánh giá v.v.)
□ 飛びかかる	spring at	扑上来	chồm đến, bay đến
□ （意味などを）とる	take/interpret (as meaning something, etc.)	理解为 ... 的意思	nắm bắt, hiểu (ý nghĩa v.v.)
□ 排出（する）	emission; emit	排出	sự thải ra, phát ra

副詞

□ 正々堂々と	fairly and squarely	堂堂正正地	đường đường chính chính
□ 無断で	without permission	无缘无故	không phép

その他

□ 成功を収める	achieve success	收获成功	đạt được thành công
□ 手が届く	be affordable	买得起	trong tầm tay
□ 不安に駆られる	feel anxious	陷于不安	rơi/lâm vào lo lắng

65　〜とも…とも

例文

1. 「都会に出て、有名になる」という彼の発言は、本気**とも**冗談**とも**つかなかった。
2. この料理はおいしい**とも**まずい**とも**言えない味だ。
3. 「モナリザ」は微笑んでいる**とも**悲しんでいる**とも**とれる絵だと思う。

使い方

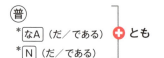

「AともBとも」で、AかBか断定できない時に使う。後ろには「つく」「言える」「とれる」などの動詞が使われる。ただし、「つく」は否定形しか使えない。

Used in the pattern AともBとも, this indicates that the speaker feels that it is not possible to determine which of A or B is true. It is followed by verbs like つく, 言える, and とれる. Note that つく can only be used in the negative.／「AともBとも」表示无法断定是A还是B。后面常跟「つく」「言える」「とれる」等动词。但是「つく」只能用作否定形式。／Sử dụng khi không thể khẳng định A hay B bằng "AともBとも". Vế câu sau sử dụng động từ như "つく", "言える","とれる" v.v. Tuy nhiên,"つく" thì chỉ có thể sử dụng thể phủ định.

確認しよう

正しいほうを選びなさい。

1. お土産ならチョコレート（　とか　・　とも　）クッキー（　とか　・　とも　）、いいんじゃない？
2. 娘は大人（　とか　・　とも　）子ども（　とか　・　とも　）つかない微妙な年齢になった。

書いてみよう

＿＿＿＿＿＿に言葉を入れて、文を完成させなさい。

1. 彼は彼女の意見に対し、＿＿＿＿＿＿＿＿＿＿とも反対ともつかない感想を言った。
2. 生まれたばかりの赤ちゃんは、＿＿＿＿＿＿＿＿＿＿とも母親似ともつかない顔をしている。
3. 彼女は合格したが、点数を見て、＿＿＿＿＿＿＿＿とも不満ともつかない微妙な表情を見せた。
4. 電話では、＿＿＿＿＿＿＿＿とも＿＿＿＿＿＿＿＿＿＿ともつかない声だった。
5. 試験の後で自己採点してみたが、＿＿＿＿＿とも＿＿＿＿＿＿＿とも言えない点数だった。
6. 台風が近づいており、今の段階で明日の運動会は＿＿＿＿＿とも＿＿＿＿＿とも言えない。
7. 「甘辛い」とは＿＿＿＿＿＿とも＿＿＿＿＿＿ともとれる味である。
8. 現段階で、＿＿＿＿＿＿＿＿は＿＿＿＿＿＿とも＿＿＿＿＿＿とも言えないらしい。

66 に則って

 ＿＿＿月＿＿＿日

例文

1. 学校の規則に則って、学校生活を送ってください。
2. すべての人が道路交通法に則って運転すれば、交通事故はなくなるでしょう。
3. （運動会の開会式で）我々はスポーツマンシップに則り、正々堂々と戦うことを誓います。

使い方

N ＋ に則って　「（規則・基準・規範）に基づいて／従って」という意味を表す。個人的な命令や指示には使わない。フォーマルな場面や書き言葉でよく使われる。

This means "based on / in accordance with (a rule, standard, or norm)" It is not used to express personal commands or instructions. It is often used in formal situations and in writing. ／表示基于或服从某种规则，基准或规范。不能用于个人的命令或指示上。常用于一些比较正规的场合或书面语。／Diễn đạt ý nghĩa "dựa vào / theo (quy tắc, tiêu chuẩn, quy phạm)". Không sử dụng trong mệnh lệnh, chỉ thị mang tính cá nhân. Thường được sử dụng trong các tình huống trang trọng và văn viết.

確認しよう

正しいほうを選びなさい。
1. 法律（　に　・　を　）則って、裁判が進められた。
2. この矢印（　に則って　・　のとおりに　）進むと、新幹線の改札に行けますよ。

書いてみよう

＿＿＿＿＿＿に言葉を入れて、文を完成させなさい。

1. すべてのスポーツは＿＿＿＿＿＿＿＿＿＿に則って行われるからこそ、おもしろいのだ。
2. 社員の有給休暇は、＿＿＿＿＿＿＿＿＿＿に則って与えられる。
3. 授業は＿＿＿＿＿＿＿＿＿＿に則って、進められます。
4. CO_2の排出量など、環境保護の基準に則って、製品を＿＿＿＿＿＿＿＿＿＿＿＿＿＿＿＿。
5. すべての建物は、建築基準法に則って、＿＿＿＿＿＿＿＿＿＿＿＿＿＿＿＿＿＿。
6. 学校の教育方針に則って、＿＿＿＿＿＿＿＿＿＿＿＿＿＿＿＿＿＿＿＿＿。
7. 憲法に則って、＿＿＿＿＿＿＿＿＿＿＿＿＿＿＿＿＿＿＿＿＿＿＿＿＿＿。
8. ＿＿＿＿＿＿＿＿＿は＿＿＿＿＿＿＿＿＿＿に則って、＿＿＿＿＿＿＿＿＿＿＿。

67 かたがた  ＿＿＿月＿＿＿日

例文

1. 年末に子どもが生まれたので、新年の挨拶かたがた親戚の家を訪問して報告した。
2. 先生のお宅の近くまで来たので、お礼かたがた、無事に大学を卒業できたことを伝えた。
3. 結婚の報告かたがた、久しぶりに恩師のいる学校を訪ねることにした。

使い方

 かたがた　「AかたがたB」の形で、「AのついでにB」という意味で、主目的Aに別の目的Bを加えることを示す。Aには「お礼」「お祝い」「おわび」「報告」「挨拶」などの名詞が入り、Bには移動を表す言葉がよく来る。

Used in the pattern AかたがたB, this expresses that B is a secondary action performed incidentally to the main action, A. Typically, A takes nouns like お礼, お祝い, おわび, 報告, and 挨拶, and B takes expressions of movement.／「AかたがたB」表示做A时顺便做B，A是主要目的。A这里常用「お礼」「お祝い」「おわび」「報告」「挨拶」等名詞，B这里常用表示移动的词汇。／Thể hiện thêm vào mục đích khác là B bên cạnh mục đích chính A với ý nghĩa nhân tiện A thì làm B bằng mẫu câu "AかたがたB". A có các danh từ như "お礼", "お祝い", "おわび", "報告", "挨拶" v.v. còn B thì thường có từ diễn tả sự di chuyển.

確認しよう

正しいほうを選びなさい。
1. （　出張　・　出張し　）かたがた、近くに住む友人を訪ねることにした。
2. 故郷の祖母のお見舞いかたがた、（　心配した　・　懐かしい場所を訪れた　）。

書いてみよう

＿＿＿＿に言葉を入れて、文を完成させなさい。

1. ＿＿＿＿＿＿＿＿＿＿＿＿かたがた、駅前の本屋でお気に入りの作家の新刊をチェックしてきた。
2. 還暦を迎える先生の＿＿＿＿＿＿＿＿＿＿＿かたがた、同窓会を開くことにした。
3. 留守の間ペットを預かってもらったので、＿＿＿＿＿＿かたがた庭でとれた野菜を持って行った。
4. A社部長　「新入社員の＿＿＿＿＿＿かたがた、新商品のサンプルをお持ちいたしました。」
   B社部長　「わざわざどうもありがとうございます。」
5. 先生に進路の相談かたがた、＿＿＿＿＿＿＿＿＿＿＿＿＿＿＿＿＿＿＿＿＿＿＿＿＿。
6. 引っ越しの後、隣近所の方に挨拶かたがた、＿＿＿＿＿＿＿＿＿＿＿＿＿＿＿＿＿＿＿＿。
7. 先日お世話になった＿＿＿＿＿＿＿かたがた、＿＿＿＿＿＿＿＿＿＿＿＿＿＿＿＿＿。
8. ＿＿＿＿＿＿＿＿＿＿ので、＿＿＿＿＿＿＿＿＿＿かたがた、＿＿＿＿＿＿＿＿＿＿＿＿。

68 ならまだしも

　　月　　日

例文

1. 子どもならまだしも、高校生になったんだから、自分の部屋の掃除ぐらい自分でしなさい。
2. 悪いことをして注意されたとき、素直に謝るならまだしも、逆切れなんてあり得ない。
3. 料理がまずいだけならまだしも、髪の毛が入っているのは許せない。

使い方

 ＋ ならまだしも

「AならまだしもB」で、Aなら、仕方がないと思って許したり理解したりできるが、Bは難しいということを表す。話し手の不満や非難の気持ちを含む。「だけならまだしも」という言い方がよく使われる。

Used in the pattern AならまだしもB, this expresses that the speaker can accept or tolerate a certain situation in the case of A, but not B. It conveys the speaker's dissatisfaction or criticism. The form だけならまだしも is also often used. ／「AならまだしもB」表示如果是A的话也就罢了，是可以理解的，B的话就很勉强了。含有说话人不满或责备等心情。常用「だけならまだしも」这个形式。／Diễn đạt việc nếu là A thì không còn cách nào khác, có thể tha thứ hoặc hiểu được nhưng B thì khó bằng "AならまだしもB". Bao gồm cảm xúc bất mãn, phê phán của người nói. Thường sử dụng cách nói "だけならまだしも".

確認しよう

「ならまだしも」の使い方が正しいものには○、間違っているものには×を書きなさい。

1. （　　）漢字ならまだしも、ひらがなも間違えるのは困ります。
2. （　　）息子はひらがなならまだしも、漢字も読めないので心配です。

書いてみよう

＿＿＿＿に言葉を入れて、文を完成させなさい。

1. ＿＿＿＿＿＿＿＿＿＿ならまだしも、台風が来ているときに、山に行くのは危険な行為だ。
2. アルバイトでも仕事でも、＿＿＿＿＿＿＿＿＿ならまだしも、無断で休むのは許されない。
3. ＿＿＿＿＿＿＿＿＿ならまだしも、テレビを見ているだけなら、家事を手伝ってほしい。
4. 使いやすくて＿＿＿＿＿ならまだしも、この製品は高価な上に使い方が複雑で使いこなせない。
5. ＿＿＿＿＿＿＿だけならまだしも、暴力的な行動に出るのは客であっても許してはならない。
6. 寒がりの私は、＿＿＿＿＿＿＿＿＿ならまだしも、＿＿＿＿＿＿＿＿＿は我慢できない。
7. ＿＿＿＿＿＿＿＿＿＿ならまだしも、何度も＿＿＿＿＿＿＿＿＿＿＿＿＿。
8. ＿＿＿＿＿＿＿＿＿＿＿＿ならまだしも、＿＿＿＿＿＿＿＿＿＿＿＿＿＿。

69 〜に限って…ない

_____月_____日

例文

1. ケンさんに限って、浮気をするはずがない。
2. 彼の会社に限って、不正を働くわけがない。
3. 「大丈夫、大丈夫」と言う人に限って、大丈夫ではないことが多い。

使い方

N ➕ に限って

「Aに限ってBない」の形で、(他はわからないが、)Aだけは絶対にBをしない／Bではないと信じているということを表す。Aには人や組織を表す言葉が入る。過去の出来事には使えない。

Used in the pattern Aに限ってBない, this expresses the speaker's firm belief that A, unlike others, would never do B or is not B. A takes a noun representing a person or group of people. This expression is not used for past events. ／「Aに限ってBない」表示虽不知道其他的怎么样，但就A来说的话绝对不会发生B这样的事情。A这里是表示人或组织的词汇。不能用于过去发生的事情。／Diễn đạt việc "(không biết yếu tố khác nhưng) tin rằng chỉ A là tuyệt đối không làm B / không phải B" bằng mẫu câu "Aに限ってBない". A có từ diễn đạt con người hay tổ chức. Không thể sử dụng cho sự việc trong quá khứ.

確認しよう

正しいほうを選びなさい。

1. うちの子（ に ・ を ）限って、理由なく人を殴るわけがない。何か理由があるはずだ。
2. 真面目なさくらさんに限って、無断で（ 休んでしまった ・ 休むはずがない ）。

書いてみよう

_____に言葉を入れて、文を完成させなさい。

1. 新入社員なら間違えるかもしれないが、_____に限って、そんなミスをするはずがない。

2. 中国人のセイセイさんに限って、_____。

3. _____に限って、高校生相手に負けることはないだろう。

4. _____に限って、双子の兄と弟を間違えないと思っていたが、よく間違えるらしい。

5. この会社の製品は頑丈だ。この会社の製品に限って、_____。

6. 他の人ならわかりませんが、私の友達に限って、_____。

7. 彼なら_____かもしれませんが、_____に限って、_____。

8. _____に限って、_____。

132

70 んがために

　　月　　日

例文

1. ケンさんは建築士の資格を取ら**んがために**、一生懸命勉強した。
2. 借金を返さ**んがために**、他からまた借金をするのは、間違っている。
3. 母熊は子熊を守ら**んがため**、人を襲うことが少なくない。

使い方

Vない ＋ んがために
　　　　んがため

「AんがためにB」の形で、AのためにBをするという意味の書き言葉的な表現。Aには特別な目的が入り、絶対にかなえたいという意志を含む。動詞「する」は「せんがために」という形になる。

Used in the pattern AんがためにB, this is a literary expression meaning that B is performed for the purpose of A. It conveys a strong aspiration to achieve A, which is a special purpose. When the verb する is used, it takes the form せんがために.／「AんがためにB」表示为了A而做B，是书面语。A这里是某种特别的目的，含有"一定想要实现"的意志在里面。动词"する"要变成"せんがために"。／Đây là cách diễn đạt mang tính văn viết, có nghĩa làm B để A bằng mẫu câu "AんがためにB". A có mục đích đặc biệt, bao gồm ý chí nhất định muốn đạt được. Động từ "する" sẽ là "せんがために".

確認しよう

正しいほうを選びなさい。

1. N1の試験に合格（　し　・　せ　）んがため、毎日遅くまで勉強している。
2. 母は野菜を（　買いに　・　買わんがために　）、いつものスーパーへ行った。

書いてみよう

＿＿＿＿に言葉を入れて、文を完成させなさい。

1. 選手たちはオリンピックに向け、より強く＿＿＿＿んがために、トレーニングに励んでいる。

2. 両親を早くに亡くし、兄は私たちを＿＿＿＿んがために、大学進学をあきらめて働いた。

3. ジャーナリストは真実を＿＿＿＿んがために、戦場など危険な場所にも行く。

4. タイタニック号の音楽隊は、沈みゆく船で乗客を＿＿＿＿んがために、演奏し続けた。

5. 地球の環境を守らんがために、＿＿＿＿＿＿＿＿＿＿＿＿＿＿＿＿。

6. けんかした友達と＿＿＿＿んがために、＿＿＿＿＿＿＿＿＿＿＿＿。

7. ＿＿＿＿という夢を＿＿＿＿んがため、＿＿＿＿＿＿＿＿＿＿。

8. ＿＿＿＿＿＿＿＿＿＿んがため、＿＿＿＿＿＿＿＿＿＿＿＿＿。

71 と相まって

📅 _____ 月 _____ 日

📋 例文

1. その映画は、劇中の音楽が俳優の名演技と相まって、人々に感動を与えた。
2. このポップな絵は、壁の白さと相まって、部屋の雰囲気をさらによくしている。
3. ここから見る富士山は、桜と青空とが相まって、さらに美しく見える。

👆 使い方

N ➕ と相まって
N と N（と）➕ が相まって

「Aと相まってB」の形で、Aが組み合わさることで、Bというさらに強い効果や影響が出ることを表す。

Used in the pattern Aと相まってB, this expresses that the effect or impact of B is made stronger by its combination with A. ／「Aと相まってB」表示通过跟A结合，使B获得了更佳的效果。／Diễn đạt việc bằng cách kết hợp A mà có hiệu quả hay ảnh hưởng mạnh hơn là B bằng mẫu câu "Aと相まってB".

確認しよう

正しいほうを選びなさい。

1. ヨガは最近の健康ブーム（ が ・ と ）相まって、人気が高まっている。
2. 彼は実力と運とが相まって、（ 成功を収めた ・ 不安に駆られている ）。

書いてみよう

_____に言葉を入れて、文を完成させなさい。

1. 教師の指導力と学生の_____が相まって、このクラスはすべての学生が試験に合格した。

2. _____と業績不良とが相まって、会社は倒産の危機を迎えている。

3. デザインのよさと_____とが相まって、その製品は大ヒットした。

4. 結婚式での彼女は、純白のドレスと相まって、_____。

5. この料理は_____と見た目が相まって、さらに_____。

6. 不規則な生活と_____が相まって、彼は_____。

7. 春の陽気と_____が相まって、公園は_____。

8. _____と相まって、_____。

134

72 ときたら

　　　月　　　日

例文

1. うちの夫**ときたら**、休みの日はずっとごろごろしていて、どこにも出かけようとしない。
2. 会議中の後輩の態度**ときたら**、あまりにもやる気がなくて、注意する気にすらならなかった。
3. 最近のスマホ**ときたら**、どれも高額で、新品はとても手が届かない。

使い方

N ＋ ときたら　「AときたらB」の形で、AはBだという意味を表す。Aに対する不満や非難を示す時に使う。
Used in the pattern AときたらB, this expresses that B is a negative characteristic or behavior of A. It conveys the speaker's dissatisfaction or criticism regarding A. ／「AときたらB」表示A是B这样的情况。在表示说话人对A的不满或责备时使用。／Diễn đạt ý nghĩa A là B bằng mẫu câu "AときたらB". Sử dụng khi thể hiện sự bất mãn hay phê phán đối với A.

確認しよう

正しいほうを選びなさい。
1．この店の店員（　が　・　と　）きたら、いつも注文を間違えるし、サービスも適当だ。
2．うちの息子ときたら、家に帰って来るや否や（　遊びに行く　・　家事を手伝ってくれる　）。

書いてみよう

＿＿＿＿＿＿に言葉を入れて、文を完成させなさい。

1．娘ときたら、宿題もしないで＿＿＿＿＿＿＿＿＿＿＿＿ばかりしている。

2．＿＿＿＿＿＿＿＿＿＿＿＿＿＿＿ときたら、みんな同じような内容でおもしろくない。

3．あのレストランの店員ときたら、＿＿＿＿＿＿＿＿＿＿＿＿＿＿＿＿＿＿＿＿＿。

4．＿＿＿＿＿＿＿＿＿＿＿＿＿ときたら、私を見ると飛びかかろうとする。

5．＿＿＿＿＿＿＿＿＿＿＿ときたら、電車で立っている老人を見ても席を譲ろうとしないんですよ。

6．私の恋人ときたら、自分にとって都合が悪い話になると、＿＿＿＿＿＿＿＿＿＿＿＿＿＿＿＿＿。

7．このサイトの情報ときたら、＿＿＿＿＿＿＿＿＿＿＿＿＿＿＿＿＿＿＿＿＿＿＿＿＿＿＿＿＿。

8．＿＿＿＿＿＿＿＿＿＿＿＿＿ときたら、＿＿＿＿＿＿＿＿＿＿＿＿＿＿＿＿＿＿＿＿＿＿。

まとめの練習  ＿＿月＿＿日

問題1　読解（内容理解 - 中文 Comprehension - Mid-size passages）

次の文章を読んで、後の問いに対する答えとして最もよいものを、1・2・3・4から一つ選びなさい。

以下は、セイセイさんが書いた日記である。

　今日は、日本語学校時代によく行っていた居酒屋で、久しぶりにルイとケンに会った。再会の喜びと相まって、料理が一段とおいしく感じた。ルイは専門学校を卒業し、アニメーション制作会社でアニメーターとして活躍している。この間も企画が通ったと喜んでいた。ケンは大学4年生で、卒論を完成させんがため、睡眠時間を削って頑張っているそうだ。私は卒論だけならまだしも、大学院進学に向けて研究計画書を書かなければならなくて、本当に大変だという話をした。

　努力家のケンに限って、卒論に悩むことはないと思っていたが、進捗状況を聞いてみると、順調とも順調じゃないともつかない微妙な返事をした。特に、引用部分は規定に則って書かなければならないので、その整理が大変だと言っていた。私とケンが卒論の悩みで盛り上がっていると、ルイときたら、私たちの話を遮って、「山下先生なら手伝ってくれるんじゃない？　会いに行ってくれば？」なんて軽々しく言った。私は「そんな図々しいこと、お願いできるわけないでしょう。」と間髪を入れず答えた。

　すると、ルイは「冗談だよ。山下先生も忙しいだろうから、卒論の手伝いなんて無理だよ。ねえ、懐かしくて楽しい話しない？　せっかく久しぶりに会ったのに、僕がわからない話をして、仲間外れにしないでよ。」と、ちょっとふてくされた様子で言った。私たちはルイを無視してつい話し込んでしまったことを謝った。

　その後は日本語学校時代の懐かしい話に花を咲かせ、あっという間に終電の時間になってしまった。解散する前、私とケンが無事に卒論を書き上げたら、三人で挨拶かたがた山下先生に会いに行く約束をした。今日は、成長した二人の姿を見て、私も頑張らなくちゃと思った。

1 セイセイはケンの卒論についてどう思っていたか。
　1　問題なく進んでいると思っていた。
　2　自分と同じように大変だと思っていた。
　3　順調とは言えないが、少しずつ進んでいると思っていた。
　4　手伝いがほしいほど進んでいないと思っていた。

2 ルイが、ケンとセイセイの会話を遮ったのはなぜか。
　1　二人の卒論のためになるいい考えが浮かんだから
　2　山下先生のことを思い出したから
　3　おもしろい話をしたのに、二人に無視されたから
　4　自分にもわかる話をしてほしいと思ったから

3 文章の内容に合うものはどれか。
　1　三人が食べた料理は再会の喜びがなければ、それほどおいしくはないものだった。
　2　セイセイは山下先生に卒論を見てもらおうとは思っていない。
　3　ルイは最近山下先生に電話して、久しぶりに会った。
　4　ケンとセイセイが卒業したら、三人で山下先生に会いに行くことにした。

第9課　まとめの練習

問題2　文法（文法形式の判断 Selecting grammar form）

次の文の（　　　）に入れるのに最もよいものを、1・2・3・4から一つ選びなさい。

1 お金がない（　　　）、あるのに払わないなんて、ひどい。

1　ときたら　　　　2　ならまだしも　　　3　ともなると　　　4　なりに

2 市民を（　　　）んがために、消防士は日々訓練をしている。

1　守り　　　　　　2　守れ　　　　　　　3　守ら　　　　　　4　守る

3 ポテトチップスにチョコレートをかけると、しょっぱさと甘さ（　　　）おいしくなる。

1　かたがた　　　　2　ときたら　　　　　3　ともつかなく　　4　が相まって

4 彼の言い訳（　　　）、自転車の故障とか電車の遅延とかいつも同じで、信じられない。

1　とあれば　　　　2　ときたら　　　　　3　ともなると　　　4　と相まって

5 あの人はいつも賛成（　　　）反対（　　　）つかないあいまいな返事をする。

1　とも／とも　　　2　だの／だの　　　　3　なり／なり　　　4　やら／やら

6 鈴木　「夏休みは何をなさるんですか。」

木村　「実家の母が入院したので、帰省（　　　）お見舞いに行こうと思っています。」

1　をいいことに　　2　かたがた　　　　　3　とあって　　　　4　にとどまらず

7 部長　「この安全マニュアルに（　　　）作業を進めてください。」

ケン　「はい、わかりました。」

1　ともに　　　　　2　とおりに　　　　　3　もとに　　　　　4　則って

8 ルイ　　　「ケン、遅いね。約束を忘れたのかな。」

セイセイ　「まさか。ケン（　　　）そんなことはないよ。」

1　に則って　　　　2　ときたら　　　　　3　ならまだしも　　4　に限って

138

問題3　文法（文の組み立て Sentence composition）

次の文の____★____に入る最もよいものを、1・2・3・4から一つ選びなさい。

1 裁判を _____　____★____　_____　_____ を踏む必要がある。

1　法律　　　　　　　2　適切な手続き　　　3　起こすには　　　　4　に則って

2 彼はプロジェクトを _____　_____　____★____　_____ 作業を続けた。

1　成功させ　　　　　2　休ま　　　　　　　3　んがため　　　　　4　ずに

3 真面目で _____　____★____　_____　_____ はずがない。

1　に限って　　　　　2　不正を働く　　　　3　山下先生　　　　　4　仕事熱心な

4 彼の _____　____★____　_____　_____ は明らかだったよ。

1　プレゼン　　　　　2　準備不足　　　　　3　しどろもどろで　　4　ときたら

5 本が出版されたので、取材に _____　____★____　_____　_____ かたがた本を差し上げに行こうと思います。

1　挨拶　　　　　　　2　してくださった　　3　方々へ　　　　　　4　協力

6 彼は先輩の提案 _____　_____　____★____　_____、みんなを戸惑わせた。

1　コメントをして　　　　　　　　　　　　2　本気とも冗談とも

3　に対して　　　　　　　　　　　　　　　4　つかない

7 ルイ　「セイセイに電話してみようか。」

　　ケン　「今、何時だと思っているんだよ。_____　____★____　_____　_____ んだよ。」

1　ならまだしも　　　2　を過ぎている　　　3　夜9時前　　　　　4　もう11時

8 アイン　「会社が移転したんだって？」

　　ズイ　「うん。事務所は新築だよ。____★____　_____　_____　_____ 気がするよ。」

1　社員のモチベーション　　　　　　　　　2　新しい環境

3　も上がった　　　　　　　　　　　　　　4　と相まって

第9課　まとめの練習

139

問題4　聴解（ポイント理解 Point comprehension）

まず質問を聞いてください。そのあと、問題用紙のせんたくしを読んでください。読む時間があります。それから話を聞いて、問題用紙の1から4の中から、最もよいものを一つ選んでください。

♪ N1-73
1　男の人を思い出したから
2　結婚の報告をしたかったから
3　クラス会を開きたいから
4　先生に電話をかけたかったから

問題5　聴解（即時応答 Quick response）

まず文を聞いてください。それから、それに対する返事を聞いて、1から3の中から、最もよいものを一つ選んでください。

1	♪ N1-74	1	2	3
2	♪ N1-75	1	2	3
3	♪ N1-76	1	2	3
4	♪ N1-77	1	2	3
5	♪ N1-78	1	2	3
6	♪ N1-79	1	2	3
7	♪ N1-80	1	2	3
8	♪ N1-81	1	2	3

140

第10課

単語

文法の練習に出てくる難しい単語の意味を確認しましょう。

名詞

☐ アートギャラリー	art gallery	艺术画廊	triển lãm nghệ thuật
☐ アニメオタク	anime nerd	动漫狂热粉	người đam mê anime
☐ クライマックスシーン	climax scene	高潮场面	cảnh cao trào
☐ 工学	engineering	工学	kỹ thuật công nghiệp
☐ 洪水	flood	洪水	lũ lụt
☐ 誤字	typos	错字	chữ sai
☐ 病床	sickbed	病床	giường bệnh
☐ 物理学	physics	物理学	vật lý học
☐ リモートワーク	remote work	线上工作	làm việc từ xa

な形容詞

☐ 強情な	stubborn	倔强	cứng đầu, bướng bỉnh
☐ 悲惨な	tragic	悲惨的	bi thảm
☐ 卑劣な	despicable	卑鄙的	hèn hạ, bỉ ổi

動詞

☐ 一定（する）	certain; be constant	一定的；统一	sự chắc chắn, nhất định, đảm bảo
☐ 老いる	grow old	上年纪	già
☐ 気取る	put on airs	显摆，作态	tự hào, tỏ vẻ
☐ 協調（する）	harmony, cooperation; cooperate	协调性；协调	sự hòa hợp, trợ giúp
☐ くわえる	hold in one's mouth	叼着	ngậm, ngoạm
☐ 公言（する）	declaration; declare, proclaim	对外宣称	lời tuyên bố, tuyên bố
☐ ごまかす	deceive	搪塞，敷衍	giả lả, đánh trống lảng
☐ 乱す	disturb	扰乱	gây rối

その他

☐ 怒りを覚える	be angered	感到愤怒	tức giận
☐ 時間を割く	take/spend time	匀出时间	dành thời gian
☐ 対策を講じる	take measures	采取对策	áp dụng biện pháp

73 にあって

 ＿＿＿月＿＿＿日

例文

1. 洪水という非常事態にあって、近所の人は協力し合い、避難を始めた。
2. 大地震でみんなが避難所で生活する状況にあって、彼は協調を乱すことをする。
3. その母親は病床にあっても、子どもたちの心配をしている。

使い方

N ＋ にあって / にあっても

「～という特別な状況や条件下で」という意味を表す。後ろの文と逆接的につながる場合は「にあっても」を使うことが多い。

This expresses that something occurs under the special circumstances or conditions mentioned in the preceding phrase. The form にあっても is often used when functioning as a contradictory conjunction with the clause following it. ／表示在某种特别的状况或条件下。后文是转折意思时，多用「にあっても」。／ Diễn đạt ý nghĩa "dưới tình trạng hay điều kiện đặc biệt là ~". Phần nhiều sử dụng "にあっても" trong trường hợp kết nối ngược lại với câu sau.

確認しよう

正しいほうを選びなさい。

1. 円安が進む状況（ に ・ が ）あって、外国からの観光客が増加している。
2. 少子高齢化（ にあって ・ にあっても ）、政府はそれに対しさまざまな対策を講じている。

書いてみよう

＿＿＿＿＿＿に言葉を入れて、文を完成させなさい。

1. 電車が止まるほどの＿＿＿＿＿＿＿＿＿にあって、学校から休校のメールが届いた。
2. 新型ウイルスの＿＿＿＿＿＿＿＿＿＿＿にあって、多くの企業がリモートワークを導入した。
3. ＿＿＿＿＿＿＿＿＿＿＿＿＿＿＿＿状況にあって、まだ会社を続けようとしている。
4. 建物が今にも＿＿＿＿＿＿＿＿＿＿＿状況にあっては、救助活動ができない。
5. 彼女は、＿＿＿＿＿＿＿＿＿＿にあっても、かなりの時間を割いて友達の相談に乗ってあげた。
6. 戦時中にあって、＿＿＿＿＿＿＿＿＿＿＿＿＿＿＿＿＿＿＿＿＿＿＿＿＿＿＿＿＿＿＿＿＿＿。
7. ＿＿＿＿＿＿＿＿＿＿＿＿＿＿にあって、＿＿＿＿＿＿＿＿＿＿＿＿＿＿＿＿＿＿＿＿＿＿＿＿。
8. ＿＿＿＿＿＿＿＿＿＿＿＿＿＿＿にあっても、＿＿＿＿＿＿＿＿＿＿＿＿＿＿＿＿＿＿＿＿＿。

142

74 を禁じ得ない  ＿＿月＿＿日

例文

1. そのニュースを聞いて、驚きを禁じ得なかった。
2. ミスを犯した後の彼の無責任な発言と態度に、怒りを禁じ得ない。
3. 映画のクライマックスシーンでの彼の演技に、観客は涙を禁じ得なかった。

使い方

 を禁じ得ない　「心から湧き上がってくる〜という感情が抑えられない」という意味を表す。「笑い」「涙」「疑問」など、感情がわかる名詞を使う。

This expresses the inability to contain a powerful emotion. It is preceded by a noun that represents a feeling, such as 笑い, 涙, and 疑問.／表示抑制不住心头涌上的某种感情。用在表达感情的名词上，例如「笑い」「涙」「疑問」等。／Diễn đạt ý nghĩa không thể kềm chế được tình cảm 〜 dâng trào từ trái tim. Sử dụng danh từ thể hiện tình cảm như "笑い", "涙", "疑問" v.v.

確認しよう

正しいほうを選びなさい。
1. 友人が交通事故で亡くなったという知らせを聞き、（　悲しい　・　悲しみ　）を禁じ得ない。
2. 念願だったＮ１の試験に合格して、（　喜べなかった　・　喜びを禁じ得なかった　）。

書いてみよう

＿＿＿＿に言葉を入れて、文を完成させなさい。

1. 彼の冗談はおもしろすぎて、その場にいた人はみんな＿＿＿＿＿＿＿＿＿＿を禁じ得なかった。
2. 初めて大地震を経験したときは、＿＿＿＿＿＿＿を禁じ得なかった。
3. 信じていた友人に裏切られ、＿＿＿＿＿＿＿を禁じ得ない。
4. 子どもの頃の幸せそうな自分の写真を見て、＿＿＿＿＿＿＿＿＿を禁じ得なかった。
5. ＿＿＿＿＿＿＿＿＿＿＿＿＿＿＿＿＿＿を見て、ショックを禁じ得なかった。
6. ＿＿＿＿＿＿＿＿＿＿＿＿＿＿＿＿＿＿＿＿＿と、涙を禁じ得ない。
7. ＿＿＿＿＿＿＿＿＿＿＿を考えると、＿＿＿＿＿＿＿＿＿＿を禁じ得ない。
8. ＿＿＿＿＿＿＿＿＿＿＿とき、＿＿＿＿＿＿＿を禁じ得ないような表情だった。

第10課　文法の練習

143

75 といえども

 ＿＿＿月＿＿＿日

例文

① 日本語教師といえども、知らない漢字はたくさんある。
② 父は老いたといえど、若い人に負けないぐらいの食欲がある。
③ いくら忙しいといえども、電話ぐらいはしてほしい。

使い方

「AといえどもB」で、事実はAだが、予想されることとは違ってBだという意味を表す。「といっても（N3 p.21）」と同じように使うが、「といえども」のほうが固い表現。「たとえ」「どんなに」「いくら」などと一緒に使うことが多い。

Used in the pattern AといえどもB, this expresses that B is a situation that differs from what would normally be expected from the fact stated in A. It is used in the same way as といっても (N3 p. 21), but has a stiff ring to it. It is often used with words like たとえ, どんなに, and いくら. ／「AといえどもB」表示虽然A是事实，却有令人意想不到的B。与「といっても（N3 p.21）」用法相同，但「といえども」更生硬一些。常与「たとえ」「どんなに」「いくら」等词一起使用。／ Diễn đạt ý nghĩa sự thật là A nhưng là B, khác với điều được dự đoán bằng "AといえどもB". Sử dụng giống với "といっても (N3, tr.21)" nhưng "といえども" là cách diễn đạt khô cứng hơn. Thường sử dụng với "たとえ", "どんなに", "いくら" v.v.

確認しよう

正しいほうを選びなさい。
1. 春といえども、（ 暖かくなった ・ まだまだ寒い ）。
2. ネパール語が（ わかる ・ わからない ）といえども、挨拶ぐらいです。

書いてみよう

＿＿＿＿＿＿＿に言葉を入れて、文を完成させなさい。

1. 優れた＿＿＿＿＿＿＿＿＿＿＿＿＿＿といえども、どんな病気もすぐに見つけられるわけではない。

2. ＿＿＿＿＿＿＿＿＿＿＿＿＿＿といえど、責任を持って行動すべきだ。

3. 製造会社がいくら＿＿＿＿＿＿＿＿＿＿＿といえども、不良品が出ないとは限らない。

4. その試験が＿＿＿＿＿＿＿＿＿＿＿＿といえども、しっかり準備するべきだ。

5. 私とあなたがいくら＿＿＿＿＿＿＿＿＿＿＿＿＿といえど、ある一定のマナーは守ってほしい。

6. ＿＿＿＿＿＿＿＿＿＿＿＿＿＿＿＿＿といえども、結果が伴わなければ意味がない。

7. 病気が＿＿＿＿＿＿＿＿といえども、＿＿＿＿＿＿＿＿＿＿＿＿＿＿＿＿＿＿＿＿。

8. ＿＿＿＿＿＿＿＿＿＿＿＿＿＿＿といえど、＿＿＿＿＿＿＿＿＿＿＿＿＿＿＿＿＿＿＿。

76 かたわら

___月___日

例文

① 子育ての**かたわら**、自宅からオンラインで仕事をする人が増えているそうだ。
② 「スーパーマン」の主人公は新聞記者として働く**かたわら**、地球のために悪と戦っている。
③ 彼は大学で建築を教える**かたわら**、コメンテーターとしてテレビに出演している。

使い方

「Aかたわら B」で、Aと並行してBをするという意味を表す。Aに主要な活動が、Bに副次的な活動が入る。「ながら」に言い換えられるが、「ながら」とは違って、同時に行われる動作には使わない。

Used in the pattern AかたわらB, this expresses that secondary action B is performed in parallel with main action A. It can be replaced with ながら, but it is not used to mean that the two actions are actually performed simultaneously. ／「AかたわらB」表示A与B并列进行。A这里是主要活动，B这里是次要活动。可与「ながら」相替换，但是不能用于同时进行的动作。／Diễn đạt ý nghĩa làm B song song với A bằng "AかたわらB". A là hoạt động quan trọng, B là hoạt động mang tính phụ. Có thể đổi sang cách nói "ながら" nhưng không sử dụng cho động tác tiến hành đồng thời.

確認しよう

正しいほうを選びなさい。
1．父は会社に（ 勤め ・ 勤める ）かたわら、祖父の畑の手伝いをしている。
2．車を運転（ するかたわら ・ しながら ）、音楽を聞いた。

書いてみよう

_____に言葉を入れて、文を完成させなさい。

1．彼女は大学で工学を_____かたわら、塾で子どもたちに数学を教えている。

2．英語教師だった母は退職後、_____のかたわら、近所の子どもに英語を教えている。

3．彼女は喫茶店の店長として_____かたわら、隣のビルでアートギャラリーを経営している。

4．彼女は歌手のかたわら、_____。

5．もともとイラストが上手だった彼女は、医者のかたわら、_____。

6．学生時代テニス部だった先生は_____のかたわら、子どもたちに_____。

7．父は大学で物理学を_____かたわら、YouTubeで_____。

8．_____かたわら、_____。

第10課 文法の練習

145

77 にたえる／にたえない

 ＿＿＿月＿＿＿日

例文

1. この絵は子どもが描いたものだが、見る**にたえる**ものだ。
2. 事故の現場は悲惨で、見る**にたえなかった**。
3. 先生には大変お世話になり、感謝**にたえません**。

使い方

① Vる ┐ にたえる
  N ┘ にたえない

② N ＋ にたえない

①「見る、読む、聞く」に関する動詞に接続し、「〜にたえる」の形で「〜の価値がある」という意味（①）を、「〜にたえない」で「〜する価値がない」「するのが辛い」（②）という意味を表す。②「〜にたえない」は感情を表す名詞に接続して、「非常に〜だ」という抑えられない気持ちを表す（③）。

① When joined with 見る, 読む, 聞く, or similar-meaning verbs, 〜にたえる means "be worth 〜" (①) and 〜にたえない means "not be worth 〜" or "be painful to 〜" (②). ② 〜にたえない can also be joined with a noun expressing an emotion to express that the emotion is too powerful to contain (③). ／①接在与「見る」「読む」「聞く」相关的动词后面，「〜にたえる」表示有做〜的价值（①）。「〜にたえない」表示没有做〜的价值或受不了做某事（②）。②另外，「〜にたえない」与表达感情的词一起用，表示非常〜，抑制不住〜的心情（③）。／① Kết nối với động từ liên quan đến "見る", "読む", "聞く", để diễn đạt ý nghĩa có giá trị 〜 bằng "〜にたえる" như câu (①), ý nghĩa không có giá trị làm 〜 / làm 〜 thì thật khổ sở bằng "〜にたえない"như câu (②). ② Ngoài ra, "にたえない" diễn đạt cảm xúc không thể kềm chế là cực kỳ 〜 cùng với danh từ thể hiện tình cảm như câu (③).

確認しよう

正しいほうを選びなさい。
1. 期待して見に行ったが、鑑賞に（　たえる　・　たえない　）映画だった。
2. 先日、父を亡くし、悲しみ（　を　・　に　）たえません。

書いてみよう

＿＿＿＿＿に言葉を入れて、文を完成させなさい。

1. この記事は誤字ばかりで、＿＿＿＿＿＿＿＿＿＿＿＿にたえません。

2. 留学生のスピーチはどれも＿＿＿＿＿＿＿＿＿＿＿＿にたえるものだった。

3. 先生に対する彼の態度は＿＿＿＿＿＿＿＿＿＿＿、見るにたえなかった。

4. 長男が昇進し、次男が結婚し、父である私は＿＿＿＿＿＿＿＿＿＿＿にたえません。

5. 彼にあんなことを言わなければ、こんなことにはならなかったと＿＿＿＿＿＿にたえません。

6. ＿＿＿＿＿＿＿＿＿＿＿＿＿＿＿＿は、＿＿＿＿＿＿＿＿＿＿にたえる作品ばかりだ。

7. ＿＿＿＿＿＿＿＿＿＿＿＿＿＿＿＿＿＿＿＿＿＿＿＿＿＿＿＿＿＿にたえない。

78 てはばからない

 ＿＿月＿＿日

例文

1. ルイさんは、自分はアニメオタクだと公言してはばからない。
2. ケンさんは、「僕の彼女は世界で一番美しい」とみんなに主張してはばからない。
3. 彼女はいつもブランド品を身につけ、金持ちを気取ってはばからない。

使い方

Vて ＋ はばからない	「堂々と～する」「何ら気にせず～する」という意味を表す。「言う」「語る」など伝えることを表す動詞や「気取る」「態度をとる」「～ぶる」など態度を表す言葉に接続することが多い。
	This means to do something confidently or without concern/hesitation. It is often joined with verbs like 言う and 語る, or words expressing an attitude, such as 気取る, 態度をとる, and ～ぶる.／表示不在乎别人怎么看，坦荡荡地～。常接在「言う」「語る」这样的动词或「気取る」「態度をとる」「～ぶる」这样表示态度的词后面。／Diễn đạt ý nghĩa "đường đường làm ~", "làm ~ mà không bận tâm điều gì". Phần nhiều đi theo động từ như "言う", "語る" v.v. hay từ thể hiện thái độ như "気取る", "態度をとる", "～ぶる" v.v.

確認しよう

正しいほうを選びなさい。
1. 彼は自分の成功を自慢げに（ 語って ・ 語った ）はばからない。
2. 周りは彼の計画に反対したが、彼は成功すると断言（ を ・ して ）はばからなかった。

書いてみよう

＿＿＿＿に言葉を入れて、文を完成させなさい。

1. 彼女は不合格だったのに、友人たちに合格したと＿＿＿＿＿＿＿＿＿＿はばからなかった。

2. 彼女は＿＿＿＿＿＿＿＿＿＿はばからないので、いつも親に注意されている。

3. 彼は自分のせいで遅刻したのに、＿＿＿＿＿＿＿＿＿＿はばからない。

4. ケンは将来＿＿＿＿＿＿＿＿＿＿と言ってはばからない。

5. 自分の失敗を＿＿＿＿＿＿＿＿＿＿せいにしてはばからない。

6. 彼は＿＿＿＿＿＿＿＿＿＿＿＿＿＿＿＿＿＿＿＿と言ってはばからない。

7. ＿＿＿＿＿＿＿＿＿＿＿＿＿のに、彼女は有名女優を気取ってはばからない。

8. ＿＿＿＿＿＿＿＿＿＿はばからない人だから、＿＿＿＿＿＿＿＿＿＿＿＿＿。

79 っこない

 ＿＿＿月＿＿＿日

例文

1. いくらケーキが好きでも、こんなに食べられ**っこない**。
2. 走ったところで、9時の電車には間に合い**っこない**よ。
3. 自己中心的な彼女が、他の人の仕事を進んで手伝い**っこない**よ。

使い方

「絶対に～しない／できない」という意味で、可能性を強く否定する時に使う。主観的な判断を表す。会話で用い、レポートなどには使わない。

This means "absolutely will not ~ / cannot ~" and is used to strongly reject the possibility that something will happen. The statement represents a subjective assertion. It is a conversational expression that is not used in reports and other such writings. ／表示绝对不做～，做不了～，用在强烈否定某种可能性时使用，表达一种主观判断。用于口语，不能用于报告等。／Sử dụng khi phủ định mạnh mẽ khả năng với ý nghĩa "tuyệt đối không làm / không thể làm ~". Diễn đạt phán đoán chủ quan. Dùng trong hội thoại, không sử dụng trong bài báo cáo v.v.

確認しよう

正しいほうを選びなさい。

1. ウサギなんだから、肉なんて（ 食べ ・ 食べて ）っこない。
2. 鳥じゃあるまいし、（ 飛べるだろう ・ 飛べっこない ）。

書いてみよう

＿＿＿＿＿＿に言葉を入れて、文を完成させなさい。

1. 今から勉強しても、＿＿＿＿＿＿＿＿＿＿っこないよ。

2. 彼に聞いても、きっとごまかすばかりで、本当のことを＿＿＿＿＿＿＿＿＿っこないよ。

3. 海に落として、＿＿＿＿＿＿っこないと思っていたスマホを、イルカがくわえて持って来た。

4. 彼は強情だから、自分が悪かったと気づいたとしても、私たちには＿＿＿＿＿＿っこないよ。

5. 50kgもする荷物を、子どもが一人で＿＿＿＿＿＿＿＿＿＿＿＿っこないよ。

6. ＿＿＿＿＿＿＿＿＿＿＿＿＿＿＿ば、誰もこの商品を買いっこない。

7. 彼は＿＿＿＿＿＿＿＿＿＿し、彼にこの問題を聞いても＿＿＿＿＿＿っこないよ。

8. ＿＿＿＿＿＿＿＿＿＿も、＿＿＿＿＿＿＿＿＿＿＿＿＿＿っこないよ。

80 極まる／極まりない

 ＿＿＿月＿＿＿日

例文

1. 首相の無責任極まる発言に、多くの国民が怒りを覚えた。
2. 彼の態度は失礼だ。言葉遣いに至っては、不愉快極まりない。
3. ここから見る富士山は美しいこと極まりない。

使い方

なAな ＋ 極まる

いAいこと ＋ 極まりない
なAな／なこと

「～極まる」も「～極まりない」もどちらも「非常に～だ」「これ以上なく～だ」という意味を表す。評価や感想を表す形容詞を使用する。マイナス評価を述べる時に使うことが多い。

Both ～極まる and ～極まりない mean "very ～" or "more ～ than anything else." It is combined with adjectives expressing an assessment or impression, and is often used to state a negative assessment. ／「～極まる」与「～極まりない」都表示"非常～""没有比这更～"的意思。接在表示评价或感想的形容词后，多在阐述负面评价时使用。／Cả "～極まる" và "～極まりない" đều diễn đạt ý nghĩa "cực kỳ ～", "～ không thể hơn nữa". Sử dụng tính từ diễn tả đánh giá hoặc cảm tưởng. Phần nhiều sử dụng khi trình bày đánh giá tiêu cực.

確認しよう

正しいほうを選びなさい。
1. 卒業生から（ 丁寧 ・ 丁寧な ）極まるお手紙をいただいた。
2. この映画は（ 悲しくて ・ 悲しいこと ）極まりない。

書いてみよう

＿＿＿＿＿に言葉を入れて、文を完成させなさい。

1. 金持ちの彼は、＿＿＿＿＿＿＿＿＿極まる生活をしている。
2. 制限速度を30キロもオーバーして車を運転するなんて、＿＿＿＿＿＿＿＿＿極まりない行為だ。
3. 昨日のバスケットボールの試合は1点差で負けてしまい、＿＿＿＿＿＿＿＿＿極まりない。
4. 校長先生の話はいつも長いし、＿＿＿＿＿＿＿極まりない。
5. 彼は取引先の社長に＿＿＿＿＿極まる発言をして、ビジネスチャンスを失った。
6. この漫画は＿＿＿＿＿＿＿極まりない。必ず映画化されるはずだ。
7. ＿＿＿＿＿＿＿＿＿＿＿＿＿＿＿＿は、卑劣極まる行為だ。
8. ＿＿＿＿＿＿＿＿＿＿＿＿＿＿なんて、＿＿＿＿＿＿＿＿＿極まりない。

第10課 文法の練習

149

まとめの練習

 ＿＿＿月＿＿＿日

問題1　読解（内容理解 - 短文 Comprehension - Short passages）

次の(1)と(2)の文章を読んで、後の問いに対する答えとして最もよいものを、1・2・3・4から一つ選びなさい。

(1)
以下は、ケンさんが書いた日記である。

> 今日はルイと、二人で一緒にN1の試験結果を見るためにカフェに集まった。一人で結果を見るのは怖いから、一緒に見ようと約束していたのだ。二人ともこれまで2度挑戦したが、どちらも残念**極まりない**結果だった。ルイは今度こそ合格すると言っ**てはばからない**ほど、謎の自信にあふれていたが、僕は卒論に追われる状況**にあって**、それほど勉強の時間が持てなかったので、今回も受かり**っこない**とあきらめていた。
> スマホで恐る恐る結果を見ると、僕もルイも合格。二人で手を取り合って喜んだ。卒論で論理的に文章を組み立てたり、いろいろな資料を読んだりしたことが結果につながったのかもしれない。

[1] ケンさんは、N1に合格したのはなぜだと思っているか。
1. 2度の失敗で出題の傾向がつかめたから
2. ルイさんが合格すると言い切ったから
3. 卒論の作業をする中で実力がついたから
4. 試験勉強に十分な時間が割けたから

150

(2)

以下は、ケンさんが書いた日記である。

> 今日は大学の卒業式だった。さくらと店長と、日本語学校でお世話になった山下先生が来てくれた。たかが大学の卒業**といえども**、誰かが祝いに来てくれるのは嬉しかった。
>
> 式典の最中、この4年間を思い起こしていた。入学当初は読む**にたえない**レポートばかり書いていた僕が、卒論を書き上げるなんて感慨深い。しかも、卒論の**かたわら**、就職活動をするのは非常に苦しいものがあった。これまでのことを思うと、涙**を禁じ得なかった**。

[1] ケンさんが涙を禁じ得なかったのはなぜか。

1　自分の卒業を祝うために、知り合いが卒業式に来てくれたから
2　書けないと思っていた卒論を完成させることができたから
3　卒論と就職活動を並行して進めるのが辛すぎたから
4　今までの努力や苦労が思い出されたから

問題2　文法（文法形式の判断 Selecting grammar form）

次の文の（　　　）に入れるのに最もよいものを、1・2・3・4から一つ選びなさい。

1 親（　　　）子どもの人生に干渉しすぎてはならない。

1　に限って　　　　2　といえども　　　　3　にあって　　　　4　ときたら

2 父は昔、高校で化学を（　　　）かたわら、子ども向けの理科の雑誌に記事を書いていた。

1　教え　　　　　　2　教えて　　　　　　3　教える　　　　　4　教えた

3 平和が乱れた社会（　　　）、私たちができることは何だろうか。

1　にあって　　　　2　にかけて　　　　　3　にわたって　　　4　によって

4 父は自分が正しいと（　　　）はばからない。

1　言い　　　　　　2　言う　　　　　　　3　言わ　　　　　　4　言って

5 まさか犯人が隣に住んでいたなんて、恐怖（　　　）禁じ得ない。

1　を　　　　　　　2　が　　　　　　　　3　に　　　　　　　4　で

6 審査員A　「いいスピーチばかりでしたね。さて、どのスピーチを優秀賞にしましょうか。」
　　審査員B　「みんな聞く（　　　）ものばかりで、難しいですね。」

1　にたえる　　　　2　にたえない　　　　3　のを禁じ得ない　　4　こと極まりない

7 伊藤　「目上の人に対する彼の言葉遣いは（　　　）ものでした。」
　　高橋　「そんなにひどかったんですか。」

1　自慢してはばからない　　　　　　　　2　感心せざるを得ない

3　失望してはならない　　　　　　　　　4　失礼極まりない

8 ケン　　「二度と遅刻しないから、今回だけ許して。」
　　さくら　「この間も同じこと言っていたじゃない。（　　　）っこないよ。」

1　信じさせ　　　　2　信じさせる　　　　3　信じられ　　　　4　信じられる

152

問題3　文法（文の組み立て Sentence composition）

次の文の　＿★＿　に入る最もよいものを、1・2・3・4から一つ選びなさい。

1　その飛行機が墜落した ＿＿＿　＿＿＿　＿★＿　＿＿＿ ものであった。

1　という　　　　　　　2　見る　　　　　　　3　ニュースは　　　　　4　にたえない

2　彼女は富も名声も ＿＿＿　＿＿＿　＿＿＿　＿★＿ いった。

1　と言って　　　　　　　　　　　　2　人は離れて

3　はばからなかったが　　　　　　　4　すべて手に入れた

3　何もチャレンジしないうちから ＿＿＿　＿★＿　＿＿＿　＿＿＿ かねる。

1　と言うのは　　　　2　でき　　　　　　　3　賛成し　　　　　　4　っこない

4　彼女は ＿＿＿　＿★＿　＿＿＿　＿＿＿ 働いている。

1　オリンピック選手として　　　　　2　建設会社の社員として

3　かたわら　　　　　　　　　　　　4　トレーニングに励む

5　彼は勤めていた ＿＿＿　＿＿＿　＿★＿　＿＿＿ 、前向きな姿勢を崩さなかった。

1　職を失う　　　　2　会社が倒産して　　3　にあっても　　　4　という困難

6　深夜に大音量で音楽を流してパーティーをする ＿＿＿　＿＿＿　＿★＿　＿＿＿ だ。

1　極まりない　　　　2　迷惑　　　　　　3　隣人　　　　　　4　なんて

7　（オリンピックのテレビ中継で）

アナウンサー　「残念ながら、日本チーム、負けてしまいましたね。」

解説者　　　　「ええ、でも、最後まで ＿＿＿　＿＿＿　＿★＿　＿＿＿ を禁じ得ません。」

1　あきらめずに戦った　　　　　　　2　尊敬の念

3　には　　　　　　　　　　　　　　4　選手の姿

8　母親　「いくら ＿＿＿　＿＿＿　＿★＿　＿＿＿ 体を壊すよ。無理をしないでね。」

ケン　「うん。ありがとう。気をつけるよ。」

1　といえども　　　　2　働いていたら　　　3　休まずに　　　　4　若い

| 問題4 | 聴解（ポイント理解　Point comprehension） |

まず質問を聞いてください。そのあと、問題用紙のせんたくしを読んでください。読む時間があります。それから話を聞いて、問題用紙の1から4の中から、最もよいものを一つ選んでください。

♪ N1-82

1　不合格になって落ち込んでいたから
2　慰め方がわからなかったから
3　体を壊すかもしれないと思っていたから
4　勉強しすぎで倒れてしまったから

| 問題5 | 聴解（即時応答　Quick response） |

まず文を聞いてください。それから、それに対する返事を聞いて、1から3の中から、最もよいものを一つ選んでください。

| 1 | ♪ N1-83 | 1 | 2 | 3 |

| 2 | ♪ N1-84 | 1 | 2 | 3 |

| 3 | ♪ N1-85 | 1 | 2 | 3 |

| 4 | ♪ N1-86 | 1 | 2 | 3 |

| 5 | ♪ N1-87 | 1 | 2 | 3 |

| 6 | ♪ N1-88 | 1 | 2 | 3 |

| 7 | ♪ N1-89 | 1 | 2 | 3 |

| 8 | ♪ N1-90 | 1 | 2 | 3 |

第11課

単語
文法の練習に出てくる難しい単語の意味を確認しましょう。

名詞

☐ 大食い	big eater	特别能吃	ăn nhiều
☐ おとぎ話	fairy tale	童话	truyện cổ
☐ 音感	sense of pitch	对音乐的感觉	sự cảm âm
☐ 時代錯誤	anachronism	落伍	sự lỗi thời
☐ 使命	mission	使命	sứ mệnh
☐ 照明	lighting	灯光	bóng đèn, sự chiếu sáng
☐ 私利私欲	self-interest	自私自利	ích kỷ, chỉ nghĩ cái lợi riêng
☐ 厨房	kitchen (in a restaurant, etc.)	厨房	nhà bếp
☐ つぼみ	flower buds	花蕾	nụ hoa

い形容詞

☐ 甚だしい	excessive, extreme	太甚	cực kỳ, quá mức

な形容詞

☐ 巨大な	enormous	巨大的	khổng lồ, lớn
☐ 皮肉な	sarcastic	讽刺的	châm chọc, mỉa mai
☐ 無礼な	rude	没有礼貌的	vô lễ, bất lịch sự

動詞

☐ 炎上（する）	blowing up; blow up	指话题在 SNS 上引来大量批判	sự bùng lên, làm bức xúc
☐ 心掛ける	keep in mind	留心，注意	lưu tâm, cẩn trọng
☐ 説教（する）	(giving someone) a lecture; preach, lecture	说教；训诫	sự thuyết giáo, răn dạy
☐ ドレスアップ（する）	dressing up; dress up	盛装；盛装打扮	sự chưng diện, ăn mặc cầu kỳ
☐ 長引く	persist	长期持续	kéo dài
☐ 膨らむ	swell	鼓起，膨胀	phồng lên, chớm nụ
☐ もたらす	cause	带来	mang lại, gây ra
☐ （秘密を）漏らす	reveal (a secret)	泄露（秘密）	rò rỉ (bí mật)

副詞

☐ 軽々と	easily	轻松地	nhẹ nhàng, dễ dàng

その他

☐ 音を立てる	make sounds/noise	发出声音	gây tiếng động, phát ra tiếng

81 を余儀なくさせる  ＿＿月＿＿日

例文

1. 農作物の輸入量の増加は、国内の多くの農家に廃業を余儀なくさせた。
2. 主演俳優の不祥事が発覚し、映画監督は映画の公開中止を余儀なくされた。
3. 彼は病気によって、大学の休学を余儀なくさせられた。

使い方

N ＋ を余儀なくさせる
　　 を余儀なくされる
　　 を余儀なくさせられる

「ある事象が人に～するしかない状況にさせる」(①)、「人がある事象によって～するしかないに状況にされる／させられる」(② ③)ということを表す。「～」にはその人にとって不本意なことが入る。

This expresses that some situation compels a person to do something (①) or that a person has no choice but to do something on account of a certain situation (② ③). The action mentioned is something that goes against the person's will. ／表示某种事象的发生使人不得不～（①），由于某种事象，人不得不～（② ③）。"～"这里往往是人不情愿发生的事情。／Diễn đạt việc một sự việc nào đó khiến cho con người trong tình trạng chỉ làm ~ như câu (①), con người bị / bị buộc thành tình trạng chỉ làm ~ do sự việc nào đó như câu (② ③). "~" là sự việc bất đắc dĩ đối với người đó.

確認しよう

正しいほうを選びなさい。

1. 巨大台風の上陸により、多くの住民が避難を余儀なく（　させた　・　された　）。
2. 父親の会社の倒産は、彼に大学進学をあきらめることを余儀なく（　させた　・　された　）。

書いてみよう

＿＿＿＿に言葉を入れて、文を完成させなさい。

1. 大震災の被災者は＿＿＿＿＿＿＿を余儀なくされた。

2. マンション建て替えのため、＿＿＿＿＿＿＿を余儀なくされた。

3. 台風の接近が、多くの交通機関の＿＿＿＿＿＿を余儀なくさせた。

4. 長引く不景気と業績の悪化は、＿＿＿＿＿＿＿を余儀なくさせた。

5. コンサートを目の前に照明の故障が起き、開演までに＿＿＿＿＿＿＿を余儀なくさせられた。

6. 新型ウイルスの流行により、多くの店は＿＿＿＿＿＿を余儀なくされた。

7. ＿＿＿＿＿＿＿は、＿＿＿＿＿＿＿＿＿＿＿＿を余儀なくさせた。

8. ＿＿＿＿＿＿＿＿＿＿＿＿＿＿＿＿＿＿＿＿＿＿を余儀なくされた。

82 めく

📅 ＿＿＿月＿＿＿日

📋 例文

① 彼の言葉はいつも皮肉めいて聞こえる。

② この歌手はメディアであまり多くを語らず、謎めいている。

③ そんな他人めいた頼み方をしなくても、手伝ってあげるよ。

👆 使い方

Ⓝ ➕ めく
めいた Ⓝ

「～ではないが、～のような感じがする」という意味を表す。通常「めく」の形ではなく、「めいて」「めいた」の形を使う。「皮肉、冗談、謎、大人、子ども、他人、春、秋」などの名詞と一緒によく使われる。

This expresses that someone or something gives a certain impression that is not true or intentional. It is normally used in the forms めいて or めいた, not めく. It is often combined with nouns like 皮肉, 冗談, 謎, 大人, 子ども, 他人, 春, and 秋. ／表示虽不是～，却感觉像是～。一般不用原形「めく」，而用「めいて」「めいた」的形式。常跟「皮肉，冗談，謎，大人，子ども，他人，春，秋」等词一起使用。／Diễn đạt ý nghĩa không phải ~ nhưng cảm giác như ~. Sử dụng hình thức "めいて","めいた" chứ không phải "めく" thông thường. Thường được sử dụng với các danh từ như "皮肉,冗談,謎,大人,子ども,他人,春,秋" v.v.

確認しよう

「めく」の使い方が正しいものには〇、間違っているものには×を書きなさい。

1．（　　　）　5歳の息子はときどき大人めいたことを言う。

2．（　　　）　5歳の息子の子どもめいた発言に和ませられる。

書いてみよう

＿＿＿＿＿＿＿に言葉を入れて、文を完成させなさい。

1．桜のつぼみが膨らみ、風も暖かくなって、＿＿＿＿＿＿＿＿＿＿めいてきましたね。

2．30歳にもなって、＿＿＿＿＿＿＿めいた考え方では将来が心配だ。

3．彼は＿＿＿＿＿＿＿めいた表情で「試験に不合格だった」と言ったのですぐに嘘だとわかった。

4．A「最近、＿＿＿＿＿＿＿＿＿＿めいてきましたね。」

　　B「ええ、朝晩は特に涼しくなってきましたね。」

5．＿＿＿＿＿＿＿＿＿＿＿＿＿のに、「説教めいたことを言わないで」と言われた。

6．彼女はSNSでの発言が炎上してから、＿＿＿＿＿＿＿＿めいたメールが来るようになった。

7．＿＿＿＿＿＿＿＿＿めいた服を着ていたので、＿＿＿＿＿＿＿＿＿＿＿。

8．＿＿＿＿＿＿＿＿＿＿＿＿＿＿＿＿＿＿めいてきた。

第11課

文法の練習

157

83 からある

 ＿＿月＿＿日

例文

1. 東京湾アクアブリッジは約4400メートル**からある**橋で、日本で一番長い。
2. この工場では1000人**からいる**社員が24時間体制で働いている。
3. 葛飾北斎が描いたこの絵は、5000万円**からしている**。

使い方

N ➕ からある
　　からいる
　　からする
　　からの N

「Aからある／からいる／からするB」の形で、Aと同等か、A以上のBという意味を表し、数量の多さや大きさを強調する時に使う。「ある」は距離・重量・高さ、「いる」は人数、「する」は金額に使う。

Used in the pattern Aからある／からいる／からするB, this expresses that B is as much as or exceeds A, and is used to emphasize a large quantity. ある is used when the quantity is a distance, weight, or height, いる is used for a number of people, and する is used for monetary amounts. ／「Aからある／からいる／からするB」表示B与A同等或超过A，在强调数量多或规模大时使用。「ある」用于表示距离，重量，高度，「いる」用于表示人数，「する」用于表示金额。／Sử dụng mẫu câu "Aからある／からいる／からするB" khi nhấn mạnh độ nhiều về số lượng, độ lớn, thể hiện ý nghĩa B bằng với A hoặc A trở lên. "ある" sử dụng cho khoảng cách, trọng lượng, độ cao, "いる" dùng cho số người, "する" dùng cho số tiền.

確認しよう

正しいほうを選びなさい。
1. 仙台から東京まで新幹線で約1万円（　かかります　・　からいます　）。
2. パーティーには100人（　からの　・　までの　）大勢の参加者が集まった。

書いてみよう

＿＿＿＿＿に言葉を入れて、文を完成させなさい。

1. 彼は＿＿＿＿＿＿＿＿＿＿からある荷物を軽々と持ち上げた。

2. 息子は6歳なのに、＿＿＿＿＿＿＿＿＿＿からある山道を歩いて学校に通っている。

3. 大食いの彼女は、5kgからの＿＿＿＿＿＿＿＿＿＿を30分かからずに食べてしまった。

4. ＿＿＿＿＿＿＿＿からいる観客の前で＿＿＿＿＿＿＿＿＿＿＿＿＿＿＿＿＿＿＿。

5. 指輪を買おうとしたが、この店の商品はどれも＿＿＿＿＿＿からするので、＿＿＿＿＿＿。

6. 今セール中で、＿＿＿＿＿＿からする＿＿＿＿＿＿＿＿が半額で売られていた。

7. ＿＿＿＿＿＿＿＿＿＿は、買うとなると、＿＿＿＿＿＿＿からするだろう。

8. この前の地震で＿＿＿＿＿＿＿からの人が＿＿＿＿＿＿＿＿＿＿＿＿＿＿＿＿。

84 ではあるまいし

＿＿＿月＿＿＿日

例文

1. 電話を持っていないのではあるまいし、遅れるなら連絡ぐらいできるでしょう。
2. 子どもじゃあるまいし、自分のことは自分でやりなさい。
3. テレビがないと不便なわけではあるまいし、無理して買う必要はないと思う。

使い方

「Aではあるまいし、B」の形で、Aではないのだからだと非難する気持ちを持って主張、注意、忠告、命令などをする時に使う。「わけではあるまいし」という形でも使う。

Used in the pattern Aではあるまいし、B, this is used to criticize someone by expressing an assertion, caution, admonition, or command in B that rests on the fact that A is not true. It is also used in the form わけではあるまいし. ／「Aではあるまいし、B」表示又不是A这样情况，就应该像B这样去做。B这里是说话人的主张，提醒，忠告，命令等，在表达不满时使用。也用「わけではあるまいし」这个形式。／Sử dụng mẫu câu "Aではあるまいし、B" khi có cảm xúc phê phán chủ trương, nhắc nhở, cảnh cáo, mệnh lệnh v.v. B vì không phải A. Cũng sử dụng "わけではあるまいし".

確認しよう

正しいほうを選びなさい。

1. （ ロボット ・ 人間 ）じゃあるまいし、休みなしで働けるわけがない。
2. ものすごく高い（ じゃあるまいし ・ わけじゃあるまいし ）、試しに１つ買ってみたら？

書いてみよう

＿＿＿＿＿に言葉を入れて、文を完成させなさい。

1. ＿＿＿＿＿＿＿＿＿＿＿＿＿＿＿ではあるまいし、音を立てて食べないで。

2. ＿＿＿＿＿＿＿＿＿＿＿＿＿＿＿＿＿＿＿＿＿ではあるまいし、ドレスアップする必要はないよ。

3. ＿＿＿＿＿＿＿＿＿＿＿＿＿＿＿じゃあるまいし、そんなにおいしい料理は作れない。

4. たった３日の出張だよ。＿＿＿＿＿＿＿＿＿＿＿＿＿＿＿＿ではあるまいし、そんなに泣くなよ。

5. A「ギャー！」

   B「私だよ！幽霊が＿＿＿＿＿＿＿＿＿＿＿＿＿＿じゃあるまいし、そんなにびっくりしないでよ。」

6. おとぎ話じゃあるまいし、＿＿＿＿＿＿＿＿＿＿＿＿＿＿＿＿＿＿＿＿＿＿＿＿＿＿＿＿＿＿＿。

7. ＿＿＿＿＿＿＿＿＿＿＿＿＿ではあるまいし、＿＿＿＿＿＿＿＿＿＿＿＿＿＿＿＿＿＿＿＿＿＿＿＿＿。

第11課 文法の練習

85 に至っては

📅 ＿＿＿＿月＿＿＿＿日

📋 例文

① 今回のテストはどの科目もよくなかったが、漢字に至っては30点しか取れなかった。

② 去年は売り上げが悪かった。12月に至っては例年の半分であった。

③ 先月の台風は各地で被害をもたらしたが、隣町に至っては死者も出てしまった。

👆 使い方

Ｎ ➕ に至っては 「Aに至ってはB」の形で、他と比較して、Aの場合は極端にBだという意味を表す。

Used in the pattern Aに至ってはB, this expresses that A is particularly B in comparison with others in the same category. ／「Aに至ってはB」表示A跟其他相比，是B这种极端的结果。／Diễn đạt ý nghĩa so sánh với cái khác, trường hợp A thì B một cách cực đoan bằng mẫu câu "Aに至ってはB".

確認しよう

正しいほうを選びなさい。

1. 最近は離婚する人が珍しくない。私の友人（　に　・　も　）至っては3度も経験している。

2. 日本の出生率は低下しているが、東京に至っては全国で（　最も高い　・　最も低い　）。

書いてみよう

＿＿＿＿＿＿＿＿＿＿に言葉を入れて、文を完成させなさい。

1. 私はスポーツが苦手で、＿＿＿＿＿＿＿＿＿に至ってはボールに足が当たったことがない。

2. ＪＬＰＴの結果はショックだった。＿＿＿＿＿＿＿＿＿に至っては10点に満たなかった。

3. 私の店はいつも暇だ。＿＿＿＿＿＿＿＿＿＿に至っては3時間ぐらい客が来ないこともある。

4. うちの家族はみんな優秀だ。＿＿＿＿＿＿＿＿に至ってはテストで100点以外取ったことがない。

5. このクラスは全然勉強しない。Aさんに至っては＿＿＿＿＿＿＿＿＿＿＿＿＿＿＿＿＿＿＿＿。

6. 昨日は日本全国で雨の予報だったが、九州地方に至っては＿＿＿＿＿＿＿＿＿＿＿＿＿＿＿＿。

7. 彼の成績は下がってきているが、＿＿＿＿＿＿＿＿＿に至っては＿＿＿＿＿＿＿＿＿＿＿。

8. ＿＿＿＿＿＿＿＿＿＿＿＿に至っては＿＿＿＿＿＿＿＿＿＿＿＿＿＿＿＿＿＿＿＿＿。

86 たるもの

例文

1. 指導者たるものは、常に公平でなければならない。
2. 男子たるもの、厨房に入ってはならないという考えは、時代錯誤も甚だしい。
3. 政治家たるもの、国民の幸せを第一に考えるべきで、私利私欲に走ってはいけない。

使い方

N ＋ たるもの

「～という立場や地位にある者」という意味を表す。「～なければならない」「～てはいけない」「～べきだ」「～べきではない」など、その者が守るべき態度や行動について述べる時に使う。

This indicates the status/position of someone and is combined with expressions like ～なければならない, ～てはいけない, ～べきだ, and ～べきではない to state a certain attitude or behavior that is expected of people in that position. ／表示处于某种立场或地位的人。跟「～なければならない」「～てはいけない」「～べきだ」「～べきではない」等放在一起，来阐述该立场的人应该要坚持的态度或行动。／Diễn đạt ý nghĩa "người ở vị trí hay địa vị là ~". Cùng với "～なければならない", "～てはいけない", "～べきだ", "～べきではない" v.v., sử dụng khi trình bày về thái độ hay hành động mà người đó phải giữ.

確認しよう

正しいほうを選びなさい。
1. 警察たるもの、（ 市民の安全を守る ・ 銃を持っている ）ことこそ、重要な使命だ。
2. （ 社長 ・ 新入社員 ）たるものは、経営のため、責任感と判断力を持たなければならない。

書いてみよう

＿＿＿＿＿に言葉を入れて、文を完成させなさい。

1. ＿＿＿＿＿＿＿＿＿＿たるもの、学生の手本になるような行動を心掛けたいものだ。

2. ＿＿＿＿＿＿＿＿＿＿たるもの、患者の信頼を裏切ってはいけない。

3. ＿＿＿＿＿＿＿＿＿＿たるもの、依頼人の秘密を外部に漏らすことがあってはならない。

4. 社員が働きやすいと思える環境を作るのは、＿＿＿＿＿＿＿＿＿＿たるものの責任である。

5. 親たるものは、＿＿＿＿＿＿＿＿＿＿＿＿＿＿＿＿＿＿＿＿＿＿＿＿＿＿＿＿＿＿＿＿。

6. リーダーたるものは、＿＿＿＿＿＿＿＿＿＿＿＿＿＿＿＿＿＿＿＿＿＿＿＿＿＿＿＿。

7. 学生たるものは、＿＿＿＿＿＿＿＿＿＿＿＿＿＿＿＿＿＿＿＿＿＿＿＿＿＿＿＿＿。

8. ＿＿＿＿＿＿＿＿＿＿たるもの、＿＿＿＿＿＿＿＿＿＿＿＿＿＿＿＿＿＿＿＿＿。

第11課 文法の練習

87 べからず

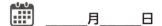 ＿＿月＿＿日

例文

① あそこに「このボタンに触る**べからず**」と書いてある。
② 「働かざる者、食う**べからず**」と、昔は言ったものだ。
③ 首相は発言する**べからざる**ことを言って、多くの国民から非難を浴びた。

使い方

Vる ＋ べからず
　　　　べからざる N

「べからず」は「べきではない」という強い禁止を表す。看板や掲示板などに使い、会話では使わない。「べからざる」は改まった会話や文章で使うが、前には「許す」「欠く」「言う」など、後ろは「こと」「人」「言葉」「態度」など、接続する言葉が限られる。

This is used to strongly prohibit something. It is not used in conversation, and is instead found on signs, bulletin boards, and the like. The form べからざる may be used in formal speech and writing, but only with a limited selection of expressions; it is preceded by verbs like 許す, 欠く, or 言う, and followed by nouns like こと, 人, 言葉, or 態度.／「べからず」表示强烈的禁止。用于广告板或公告栏等，不用于日常会话。「べからざる」可以用于比较严肃的场合的对话或文章里，使用时只能接在「许す」「欠く」「言う」等后面，而后面只能跟「こと」「人」「言葉」「態度」等词。／"べからず" diễn đạt sự cấm đoán mạnh mẽ. Sử dụng trong biển báo, bảng thông báo v.v., không sử dụng trong hội thoại. "べからざる" được sử dụng trong hội thoại trang trọng hay văn viết nhưng chỉ giới hạn với những từ tiếp nối ở trước là "許す", "欠く", "言う" v.v., ở sau là "こと", "人", "言葉", "態度" v.v.

確認しよう

正しいほうを選びなさい。
1. ここで犬に糞を（ させる ・ させず ）べからず！
2. 彼がやったことは許す（ べからず ・ べからざる ）行為である。

書いてみよう

＿＿＿＿＿＿に言葉を入れて、文を完成させなさい。

1. 禁煙は「たばこを＿＿＿＿＿＿＿＿＿＿＿＿べからず」という意味だ。

2. 橋を渡ろうとしたら、工事中のため、「この橋、＿＿＿＿＿＿＿＿＿べからず」と書いてあった。

3. 冷蔵庫に「＿＿＿＿＿＿＿＿＿＿＿べからず。兄より」という紙が貼ってあるプリンがあった。

4. （道の看板）「夜間注意。この道を＿＿＿＿＿＿＿＿＿＿べからず。」

5. 彼のように才能がある人は、このプロジェクト成功には＿＿＿＿＿＿＿＿べからざる人物だ。

6. ＿＿＿＿＿＿＿＿と言うのは、＿＿＿＿＿＿に対し、＿＿＿＿＿＿べからざる発言である。

7. ＿＿＿＿＿＿＿＿＿＿＿＿＿＿＿＿＿＿＿＿＿＿＿＿＿＿＿べからざる行為である。

88 はおろか  ＿＿＿月＿＿＿日

例文

① 彼は３年日本に住んでいるが、漢字**はおろか**、ひらがなすら読めない。
② この成績と出席率では、進学**はおろか**、卒業さえ危ないですよ。
③ 口の中をけがして、食べること**はおろか**、水を飲むことも難しい。

使い方

 はおろか　「AはおろかB」の形で、「Aはもちろん、Bという低いレベルでも」という意味を表す。否定的な内容やマイナス評価に使うことが多い。

Used in the pattern AはおろかB, this expresses "not just A of course, but even B." It is often used to state a negative impression or assessment. ／「AはおろかB」表示不仅仅是A，连B这样低要求的事情都难完成。多用于对某事持否定态度或消极评价时。／Diễn đạt ý nghĩa A là đương nhiên và cấp độ thấp là B cũng, bằng mẫu câu "AはおろかB". Phần nhiều sử dụng trong nội dung mang tính phủ định hoặc đánh giá tiêu cực.

確認しよう

正しいほうを選びなさい。
1．私は料理が下手で、野菜の皮を（　むく　・　むくこと　）はおろか、刻むこともできない。
2．娘は10歳なのに、（　足し算　・　掛け算　）はおろか、（　足し算　・　掛け算　）もできない。

書いてみよう

＿＿＿＿＿＿に言葉を入れて、文を完成させなさい。

1．高熱で、＿＿＿＿＿＿＿＿＿＿はおろか、家の中でも動くのがつらい。

2．勉強嫌いの彼は、＿＿＿＿＿＿＿＿＿＿はおろか、教科書を読むこともしない。

3．音感のない彼は、＿＿＿＿＿＿＿＿＿＿はおろか、手を叩いてリズムをとることもできない。

4．手をけがして、＿＿＿＿＿＿＿＿＿＿はおろか、鉛筆を握ることも難しい。

5．うちの犬は太りすぎて、＿＿＿＿＿＿＿＿＿＿はおろか、＿＿＿＿＿＿＿＿＿＿も嫌がる。

6．彼は＿＿＿＿＿＿＿＿＿＿はおろか、＿＿＿＿＿＿＿＿＿＿も知らない無礼な人だ。

7．スキーでけがして、＿＿＿＿＿＿＿＿＿＿はおろか、＿＿＿＿＿＿＿＿＿＿も大変だ。

8．お金がなくて、＿＿＿＿＿＿＿＿＿＿はおろか、＿＿＿＿＿＿＿＿＿＿＿＿＿＿。

まとめの練習　　　📅 ＿＿月＿＿日

問題1　読解（内容理解 - 短文 Comprehension - Short passages）

次の(1)と(2)の文章を読んで、後の問いに対する答えとして最もよいものを、1・2・3・4から一つ選びなさい。

(1)
以下は、ケンさんがSNSで書いた文章である。

ケン・ジョンソン
3月21日 20:35

　卒業式を無事に終え、来月から建設会社での仕事が始まる。春になり、公園の桜も色めいてきた。僕の就職を祝っているかのようだ。会社が始まると、早起きを余儀なくされる。朝にはからっきし弱い僕だが、もう学生じゃあるまいし、「社会人たるもの、遅刻・欠勤はするべからず」の精神で頑張りたい。しかも、インターンシップの甲斐あって入れた会社だ。お世話になった先輩たちの期待を裏切らないように、気を引き締めて頑張ろうと思う。

 スレスさん、他13人　　　コメント2件

 いいね！　　💬 コメントする　　↩ シェア

---

[1] ケンさんは就職を目の前にして、どんな気持ちか。
1　希望の会社に就職できたことを祝いたいという気持ち
2　公園の桜が祝っているようで、桜に感謝したいという気持ち
3　社会人として恥ずかしくない行動をしたいという気持ち
4　インターンシップをしてよかったという気持ち

(2)

以下は、日本の4月の風物詩について書かれたエッセイである。

日本において4月は始まりの季節だ。まさに門出を応援してくれているように、日本各地で桜が咲き誇る。桜の名所の一つである上野公園に至っては、週末はシートを敷いて座ることはおろか、歩けないほどの花見客が訪れる。昔は、会社の士気を上げたり、連帯感を強めたりするため、わざわざ花見の日を設ける会社も多くあったが、今ではそれはあまり見られなくなった。とはいえ、4月は始まりの季節。桜を見ながら、新たな目標に向かって頑張ろうと思っている人も多いことだろう。

1 文章の内容に合うものはどれか。
1 日本人は桜を見ると、応援されているように感じる。
2 上野公園には千本以上の桜の木があり、桜の季節には花見客で賑わう。
3 日本では花見は昔から会社の定番の行事で、社員の士気や連帯感を高めてくれる。
4 日本人にとって4月は始まりの季節であり、みんな新たな目標を立てる。

上野公園の花見

問題2　文法（文法形式の判断 Selecting grammar form）

次の文の（　　　）に入れるのに最もよいものを、1・2・3・4から一つ選びなさい。

1 彼の話し方は、どこか秘密（　　　）。

1　げだ　　　　　　2　がちだ　　　　　　3　めいている　　　　4　かけている

2 弁護士（　　　）守秘義務を厳守し、クライアントの信頼を裏切ってはならない。

1　に至っては　　　2　はおろか　　　　　3　にあって　　　　　4　たるもの

3 彼はバレーボール選手として、2メートル（　　　）身長を生かして、活躍している。

1　あっての　　　　2　からある　　　　　3　に至って　　　　　4　にわたる

4 森林伐採が世界的な問題になっているが、アマゾンの熱帯雨林（　　　）、毎年約1万平方キロメートルが消失していると言われている。

1　に至っては　　　2　に至って　　　　　3　に至るまで　　　　4　に至る

5 経営不振により、社長は株主総会で厳しい批判を受け、退任を余儀（　　　）。

1　なくされた　　　2　なくさせた　　　　3　された　　　　　　4　させた

6 セイセイ　「あ、入っちゃだめだよ。そこに（　　　）べからずって書いてある。」

　　ルイ　　　「あ、本当だ。」

1　入り　　　　　　2　入って　　　　　　3　入る　　　　　　　4　入るな

7 キュウ　「これ、賞味期限、切れてますよ。」

　　小野寺　「賞味期限ならちょっとぐらい過ぎていても大丈夫だよ。死ぬわけじゃあるまいし、

　　　　　　（　　　）よ。」

1　食べないほうがいい　　　　　　　　　2　食べられる

3　食べるわけにはいかない　　　　　　　4　食べられっこない

8 さくら　「あの人、知っている？　クラスメートだよね。」

　　ケン　　「うん。でも、会話はおろか、（　　　）よ。」

1　一度だけ挨拶したことがある　　　　　2　一度飲みに行ったことがある

3　一度も挨拶したことがない　　　　　　4　一度飲みに行きたいと思っている

166

問題3　文法（文の組み立て Sentence composition）

次の文の　★　に入る最もよいものを、1・2・3・4から一つ選びなさい。

1 アスリート＿＿＿＿　＿＿＿＿　★　＿＿＿＿続けなければならない。

1　自分の限界を　　　　2　たるもの　　　　3　努力を　　　　4　超えようと

2 我が家はみんな＿＿＿＿　＿＿＿＿　★　＿＿＿＿に一年中悩まされている。

1　兄　　　　　　　　2　花粉症で　　　　3　に至っては　　　4　くしゃみや鼻水

3 テロ行為など社会を＿＿＿＿　＿＿＿＿　★　＿＿＿＿ものである。

1　行為は　　　　　　2　許す　　　　　　3　べからざる　　　4　脅かす

4 ドラマや映画＿＿＿＿　★　＿＿＿＿　＿＿＿＿結婚するなんて、あり得ないよ。

1　ロマンチックで　　2　出会いをして　　3　運命的な　　　　4　じゃあるまいし

5 祖父の話では、戦時中は＿＿＿＿　＿＿＿＿　★　＿＿＿＿なかったらしい。

1　おろか　　　　　　2　十分では　　　　3　着るものは　　　4　食べるものも

6 ＿＿＿＿　★　＿＿＿＿　＿＿＿＿が大幅に遅れてしまった。

1　商品の納期　　　　　　　　　　　　　2　生産ラインの停止

3　突然の停電で　　　　　　　　　　　　4　を余儀なくされ

7 ケー　「ニュンさん、＿＿＿＿　★　＿＿＿＿　＿＿＿＿で買ったらしいよ。」

ホア　「そんなこと、私は宝くじに当たらない限り、無理だな。」

1　からする　　　　　2　200万円　　　　3　一括払い　　　　4　時計を

8 ケン　「引っ越し先のアパートはどう？」

ルイ　「外観は＿★＿　＿＿＿＿　＿＿＿＿　＿＿＿＿で、きれいだよ。」

1　古　　　　　　　　2　改装済み　　　　3　めいているけど　4　中は

167

問題4　聴解（ポイント理解 Point comprehension）

　まず質問を聞いてください。そのあと、問題用紙のせんたくしを読んでください。読む時間があります。それから話を聞いて、問題用紙の１から４の中から、最もよいものを一つ選んでください。

♪ N1-91
1　人間関係がよく、意見が言いやすい職場
2　昔からのルールを守っている職場
3　新人に厳しく指導する職場
4　新人の失敗に寛容な職場

問題5　聴解（即時応答 Quick response）

　まず文を聞いてください。それから、それに対する返事を聞いて、１から３の中から、最もよいものを一つ選んでください。

1	♪ N1-92	1	2	3
2	♪ N1-93	1	2	3
3	♪ N1-94	1	2	3
4	♪ N1-95	1	2	3
5	♪ N1-96	1	2	3
6	♪ N1-97	1	2	3
7	♪ N1-98	1	2	3
8	♪ N1-99	1	2	3

第12課

単語　文法の練習に出てくる難しい単語の意味を確認しましょう。

名詞

□ 荒波（あらなみ）	rough waves	激浪	sóng dữ
□ 音痴（おんち）	tone deafness	五音不全	kém/không giỏi về âm thanh
□ 火星（かせい）	Mars	火星	sao Hỏa
□ 感性（かんせい）	sensibilities	感受性	sự cảm nhận, cảm thụ
□ 犠牲者（ぎせいしゃ）	victim	牺牲者	nạn nhân, người hi sinh
□ 既製品（きせいひん）	off-the-rack/ready-made item	成品	hàng làm sẵn
□ 警察沙汰（けいさつざた）	a brush with the police	警察介入事件	vấn đề liên quan đến cảnh sát
□ 信念（しんねん）	beliefs	信念	lòng tin
□ 正義感（せいぎかん）	sense of justice	正义感	tinh thần chính nghĩa
□ 体格差（たいかくさ）	difference in physique	体格差异	sự chênh lệch hình thể
□ 蓄音機（ちくおんき）	phonograph	留声机	máy hát
□ 天職（てんしょく）	(one's) calling	天职	thiên chức
□ ドキュメンタリー	documentary	纪录片	tài liệu
□ バブル崩壊（ほうかい）	bursting of economic bubble	泡沫经济结束	sự sụp đổ của nền kinh tế bong bóng
□ メジャーリーガー	major leaguer	职业棒球联盟选手	vận động viên giải nhà nghề
□ 力士（りきし）	sumo wrestler	力士，相扑选手	võ sĩ, lực sĩ

な形容詞

□ 献身的（けんしんてき）な	dedicated	舍己的，舍身的	mang tính cống hiến

動詞

□ 一瞥（いちべつ）（する）	glance	一瞥；瞥一眼	sự liếc, liếc nhìn
□ 換気（かんき）（する）	ventilation; ventilate	换气	sự thông gió, thông gió
□ 専念（せんねん）（する）	devoting oneself; devote oneself	专注；专注于	sự chuyên tâm, tập trung
□ 貫（つらぬ）く	stick to	贯彻	xuyên suốt, kiên định, giữ vững
□ 照（て）りつける	blaze	阳光直射	chiếu sáng
□ 微動（びどう）（する）	slight movement; slightly move	微动	sự lay động nhẹ, lay động nhẹ
□ 崩落（ほうらく）（する）	collapse	坍塌	sự sụp, sập xuống
□ 夢想（むそう）（する）	dream	梦想	sự mộng tưởng, mơ mộng

その他

□ 心（こころ）が躍（おど）る	be thrilled	内心愉悦	trái tim nhảy múa, vui sướng
□ 耳（みみ）にする	hear	听到	nghe
□ 胸（むね）を締（し）めつける	be heart-wrenching	心痛	thắt lòng, xót xa

89 をものともせずに 　　　月　　　日

例文

① そのマラソン選手は、足のけがをものともせずに走り切り、自己新記録を出した。
② その船は荒波をものともせず、進んで行った。
③ 力士は相手がどんなに大きくても、その体格差をものともせずにぶつかっていく。

使い方

N ➕ をものともせずに
　　をものともせず

「Aをものともせずに B」で、Aという困難なことを恐れずに、Bをするという意味を表す。話し手自身の行為には使えない。

Used in the pattern AをものともせずにB, this expresses that someone does B without being deterred by hindrance A. It is not used to refer to one's own actions.／「AをものともせずにB」表示不畏惧A这样的困难，坚持做B。不能用于说话人自身的行为。／Diễn đạt ý nghĩa làm B mà không hề ngại khó khăn A với "AをものともせずにB". Không thể sử dụng cho hành vi của bản thân người nói.

確認しよう

「をものともせずに」の使い方が正しいものには○、間違っているものには×を書きなさい。

1. (　　　) 工事現場の作業員は、照りつける太陽をものともせずに、仕事をしている。
2. (　　　) 私は照りつける太陽をものともせずに、畑仕事をしている。

書いてみよう

＿＿＿＿＿に言葉を入れて、文を完成させなさい。

1. 子どもたちは＿＿＿＿＿＿＿＿＿をものともせずに、元気いっぱい外で遊んでいる。
2. 彼は＿＿＿＿＿＿＿＿＿＿＿＿＿をものともせず、自分の信念を貫いた。
3. 彼女は＿＿＿＿＿＿＿＿＿＿＿という障害をものともせず、弁護士になるという夢をかなえた。
4. 火事の現場では、消防士らが＿＿＿＿＿＿＿＿＿＿＿をものともせずに、人命救助を行った。
5. そのタレントは＿＿＿＿＿＿＿＿＿＿をものともせずに、活動を続けている。
6. 母は病気をものともせず、＿＿＿＿＿＿＿＿＿＿＿＿＿＿＿＿＿＿＿＿＿＿＿＿＿＿。
7. その学生は＿＿＿＿＿＿＿＿＿をものともせず、＿＿＿＿＿＿＿＿＿＿＿＿＿＿＿＿＿＿。
8. ＿＿＿＿＿＿＿＿＿＿＿＿＿をものともせずに、＿＿＿＿＿＿＿＿＿＿＿＿＿＿＿＿＿＿。

170

90 ならでは

 ＿＿＿月＿＿＿日

例文

1. こんな新鮮な魚を刺身で食べられるなんて、漁村**ならでは**だ。
2. 日本には日本**ならでは**の、外国には外国**ならでは**の文化や習慣がある。
3. そんな発想は、子ども**ならでは**だ。

使い方

N ＋ ならではだ
　　 ならではの N

「～だけが特別に持っている」という意味を表す。人や組織、場所などを表す言葉と一緒に使う。
This expresses a distinctive trait or quality. It is used with words indicating a person, organization, place, etc. ／表示"只有～特有"的。与表示人或组织、场所等词放在一起使用。／ Diễn đạt ý nghĩa "chỉ ~ đặc biệt có". Sử dụng cùng với từ diễn đạt con người, tổ chức, nơi chốn v.v.

確認しよう

正しいほうを選びなさい。

1. このデザインには、彼女（　ならでは　・　ならではの　）感性が詰まっている。
2. いかがでしょうか。この料理の上品な味は、当店（　ならでは　・　ならではの　）です。

書いてみよう

＿＿＿＿＿＿に言葉を入れて、文を完成させなさい。

1. せっかくイタリアまで来たのだから、＿＿＿＿＿＿＿＿＿＿ならではの料理が食べたい。
2. 既製品のセーターもいいが、母が編んだセーターは＿＿＿＿＿＿＿＿ならではの暖かさを感じる。
3. 何もない田舎ですが、川遊びや虫取りなど＿＿＿＿＿＿＿＿ならではの体験ができます。
4. これは＿＿＿＿＿＿ならではのユニークな絵だ。
5. 交通の利便性が高いのは、東京のような＿＿＿＿＿＿＿＿ならではだ。
6. ＿＿＿＿＿＿＿＿＿＿＿＿＿＿＿＿＿＿＿＿＿＿＿＿＿＿は、日本ならではだ。
7. ＿＿＿＿＿＿＿＿＿＿＿＿＿は、＿＿＿＿＿＿＿＿＿＿＿＿ならではの食べ物だ。
8. ＿＿＿＿＿＿＿＿＿＿は、＿＿＿＿＿＿＿ならではの＿＿＿＿＿＿＿＿＿＿だ。

91 べくもない

 ＿＿＿月＿＿＿日

例文

1. ペットの犬が私の留守中に部屋を散らかしたということは、疑う**べくもない**。
2. 勉強をせずに毎日遊んでいたのだから、N1合格は望む**べくもない**。
3. 自分の子どもが生まれるまで、親の気持ちは知る**べくもありませんでした**。

使い方

Vる ➕ べくもない

常識や状況からして「とても～することはできない」という意味を表す固い表現。「疑う」「望む」「知る」「考える」「想像する」「比べる」などの動詞がよく使われる。動詞「する」は「するべくもない」「すべくもない」の二通りがある。

This is a formal expression used to emphatically indicate that something can't be possible given the circumstances or when seen in the light of common sense. It is often combined with verbs like 疑う, 望む, 知る, 考える, 想像する, and 比べる. The verb する can be used in either of two forms: するべくもない or すべくもない. ／表示"从常识或客观情况来看，无法做某事"的生硬表达。常用「疑う」「望む」「知る」「考える」「想像する」「比べる」这样的动词。动词「する」有「するべくもない」跟「すべくもない」2种形式。／Đây là cách diễn đạt khô cứng thể hiện ý nghĩa không thể nào làm ~ nếu nhìn từ thông thường, tình trạng. Các động từ "疑う", "望む", "知る", "考える", "想像する", "比べる" v.v. thường được sử dụng. Động từ "する" có hai hình thức "するべくもない", "すべくもない".

確認しよう

正しいほうを選びなさい。
1. 音痴の彼が歌手になるなんて、（ 望む ・ 望まない ）べくもない。
2. 短気な彼が店でけんかをして警察沙汰になったという噂は、（ 想像 ・ 否定 ）すべくもない。

書いてみよう

＿＿＿＿＿＿に言葉を入れて、文を完成させなさい。

1. 母の料理は、誰とも＿＿＿＿＿＿＿＿＿べくもないほどおいしい。

2. こんなに似ているのだから、私とあなたが親子だということは＿＿＿＿＿＿＿＿＿べくもない。

3. 私たちが何人で戦おうと、あの力士に＿＿＿＿＿＿＿＿＿べくもない。

4. 試合時間は残り3分。10点差なんて、＿＿＿＿＿＿＿＿＿べくもない。

5. まさかあの内気だった子がメジャーリーガーになるなんて、＿＿＿＿＿＿＿＿＿べくもなかった。

6. こんなに愛しているのだから、＿＿＿＿＿＿＿＿＿かどうかは＿＿＿＿＿＿＿＿＿べくもない。

7. 犯人が＿＿＿＿＿＿＿＿＿ため、真実は何だったのか、＿＿＿＿＿＿＿＿＿べくもない。

8. ＿＿＿＿＿＿＿＿＿＿＿＿＿＿＿＿＿＿＿＿＿＿＿＿＿＿＿＿＿＿＿＿＿＿＿＿＿＿＿べくもなかった。

92 を限りに

 ＿＿＿月＿＿＿日

例文

① 今月を限りに閉店いたします。長い間ありがとうございました。
② 今回を限りに、もう彼の頼み事は引き受けないことにした。
③ 「また遅刻？ 今日を限りにあなたとはお別れよ」と言って、彼女は帰ってしまった。

使い方

N ＋ を限りに　「Aを限りにB」で、Aを最後にBをするという意味を表す。Aには期限を表す名詞が入り、Bには終わりを意味する表現が入る。話し手の決意を述べる時に使う。

Used in the pattern Aを限りにB, this expresses that A is the final instance of action B. A takes a noun that indicates a period or point in time, and B takes an expression indicating something that will end. It is used to state something the speaker has resolved to do. ／「Aを限りにB」表示B这件事情在A这里是最后一次做。A这里是表示期限的名词，B这里是表示结束的词汇。在表达说话人的决意时使用。／Diễn đạt ý nghĩa làm B với A là cuối cùng bằng "Aを限りにB". A có danh từ thể hiện kỳ hạn, B diễn đạt ý kết thúc. Sử dụng khi trình bày sự quyết tâm của người nói.

確認しよう

正しいほうを選びなさい。
1. 医者からの注意を受け、今日（　を限り　・　を限りに　）脂の多い食事を控えることにした。
2. たばこも酒もやめたが、正月（　を限りに　・　だけ　）お酒を飲んでもいいことにしている。

書いてみよう

＿＿＿＿＿＿に言葉を入れて、文を完成させなさい。

1. ＿＿＿＿＿＿＿＿＿＿を限りにお金の無駄遣いをやめようと思っています。

2. ＿＿＿＿＿＿＿＿＿＿を限りに会わなくなるクラスメートがほとんどだろう。

3. 勉強に専念したいので、＿＿＿＿＿＿を限りにアルバイトをやめさせていただきたいのですが。

4. 今年度を限りに＿＿＿＿＿＿＿＿＿＿＿＿、その後はコーチの道を歩もうと思っています。

5. 私が好きなロックバンドが、今年のツアーを限りに＿＿＿＿＿＿＿＿＿＿＿＿＿＿。

6. 今度の日曜日は合格発表だ。その日を限りに＿＿＿＿＿＿＿＿＿＿＿＿＿＿＿＿。

7. 帰国するので、＿＿＿＿＿＿＿を限りに＿＿＿＿＿＿＿＿＿＿＿＿＿＿＿＿＿。

8. ＿＿＿＿＿＿＿＿＿ので、＿＿＿＿＿＿を限りに＿＿＿＿＿＿＿＿＿＿＿＿＿＿。

93 っぱなし  ____月____日

例文

1. 窓を開け**っぱなし**で出かけてしまった。
2. 息子は食べたら食べ**っぱなし**、服を脱いだら脱ぎ**っぱなし**で困る。
3. 妻は隣の家の奥さんと玄関先でもう２時間も話し**っぱなし**だ。

使い方

Vます + っぱなし	「〜したまま、とるべき次の行動をとっていない状態」（①②）や、「長く〜し続けている」という意味（③）を表す。不満、非難の気持ちを含むことが多い。

This expresses that someone leaves something in a certain state and doesn't deal with it properly (①②) or continues doing something for a long time (③). It is often used to convey dissatisfaction or criticism.／表示某种状态的持续，接下来该做的事情没有做的状态(①②)，或长时间一直在做某事(③)。往往带有不满跟责备的语气在里面。／Diễn đạt tình trạng không làm hành động tiếp theo phải làm mà cứ ~ , như câu (①②) hoặc tiếp tục làm ~ lâu dài, như câu (③). Phần nhiều bao gồm cảm xúc bất mãn, phê phán.

確認しよう

正しいほうを選びなさい。

1. テレビを（　つけ　・　つけて　）っぱなしで寝てしまった。
2. 今日はまだ一度も休まずに（　働き　・　働く　）っぱなしだ。

書いてみよう

_____に言葉を入れて、文を完成させなさい。

1. 冷蔵庫のドア、_____っぱなしだったよ。これから注意してね。

2. 昨日カラオケに行ったんだけど、ルイがマイクを離さず_____っぱなしで、困ったよ。

3. 在学中は先生にお世話に_____っぱなしで、失礼しました。

4. 寒いからと言って、窓を_____っぱなしにするのはよくないよ。たまには換気しよう。

5. 今日は会議でずっと_____っぱなしだったので、疲れました。

6. 迷子になった子どもは、_____まで、_____っぱなしだった。

7. _____っぱなしだったよ。気をつけてね。

8. _____っぱなしになっているので、_____。

174

94 ずにはおかない

 ＿＿＿月＿＿＿日

例文

1. 今度デートに遅刻したら、彼にランチをおごらせ**ずにはおかない**。
2. いじめを見てしまった以上、先生に言わ**ないではおかない**。
3. このドキュメンタリー映画は、人々を感動させ**ずにはおかなかった**。

使い方

| Vない | ＋ | ずにはおかない
ないではおかない |

「絶対に～する」という意味を表す。人が主語の場合は「～しない状態を許さない」という強い意志を含む（①②）。物事が主語の場合は、「～になるのは必然だ」と述べる時に使う（③）。

This expresses that something must absolutely be done. When the subject is a person, it conveys strong determination to perform the action (①②). When the subject is a thing, it expresses a condition that must be fulfilled by that thing (③).／表示一定要～。当主语是人时，有"不做某事就不行"的强烈意志在里面（①②）。当主语是物时，表示"必然会～"（③）。／Diễn đạt ý nghĩa nhất định làm ~. Trường hợp người là chủ ngữ thì bao gồm ý chí mạnh mẽ không tha thứ cho tình trạng không làm ~, như câu (①②). Trường hợp sự vật là chủ ngữ thì sử dụng khi trình bày việc trở thành ~ là hiển nhiên, như câu (③).

確認しよう

正しいほうを選びなさい。
1. 約束をやぶった彼に（ 謝らせず ・ 謝らせない ）にはおかない。
2. 約束をやぶった彼を（ 怒らず ・ 怒らせず ）にはおかない。

書いてみよう

＿＿＿＿＿に言葉を入れて、文を完成させなさい。

1. 彼が最初に殴ったんだ。私も彼を＿＿＿＿＿＿＿＿＿＿ないではおかないのが当然だろう。
2. ルイさんは来週発売の限定品のフィギュアを何としても＿＿＿＿＿ずにはおかないだろう。
3. 彼女の失礼な態度は、周りの人を＿＿＿＿＿＿＿＿＿ずにはおかなかった。
4. 戦場で献身的に看護したナイチンゲールの姿は、人々の心を＿＿＿＿＿＿ずにはおかない。
5. 正義感の強い彼のことだから、困っている人を見て、＿＿＿＿＿＿ずにはおかないだろう。
6. インフルエンサーの発信は、＿＿＿＿＿＿＿＿＿＿＿＿＿＿＿＿ずにはおかない。
7. 大国のバブル崩壊は、＿＿＿＿＿＿＿＿＿＿＿＿＿＿＿＿＿ずにはおかないだろう。
8. ＿＿＿＿＿＿＿＿＿＿＿＿は、＿＿＿＿＿＿＿＿＿＿＿＿＿＿＿＿おかなかった。

95 でなくてなんだろう

 ＿＿月＿＿日

例文

1. 娘を助けるため、燃え盛る炎の中に飛び込んだ。これが親の愛でなくてなんだろう。
2. トンネル崩落事故で一人の犠牲者も出なかった。これが奇跡でなくてなんであろうか。
3. この国に来て、さくらという恋人に出会えたことは、運命でなくてなんだろうか。

使い方

N	＋ でなくてなんだろう	「絶対に～と言うしかない」「まさに～だ」という意味を表す。「愛」「幸せ」「運命」など、抽象的な名詞を強調して提言する時に使われる書き言葉である。 This means "can only be considered ～" or "is truly ～." It is a literary expression used to emphasize an abstract concept such as 愛, 幸せ, or 運命.／表示"只能说是～""正是～"。在强调"愛""幸せ""運命"这样的抽象名词，阐述意见时使用，是书面语。／Diễn đạt ý nghĩa nhất định chỉ có nói là ～, đúng là ～. Đây là văn viết được sử dụng khi nhấn mạnh danh từ mang tính trừu tượng như "愛","幸せ","運命" v.v. để khẳng định.

確認しよう

正しいほうを選びなさい。

1. ひょっとして、今すれ違った人はこの会社の社長（　だろう　・　でなくてなんだろう　）か。
2. 毎日家族そろってご飯を食べる。これが幸せ（　でなくてなんだろうか　・　ではないはずだ　）。

書いてみよう

＿＿＿＿に言葉を入れて、文を完成させなさい。

1. 夫は意識不明の妻のお見舞いに毎日病院へ行っている。これが＿＿＿＿でなくてなんだろう。
2. 電球や蓄音機など数々の発明をしたエジソンが、＿＿＿＿＿＿でなくてなんだろうか。
3. 思い切り勉強し、スポーツをし、恋愛する十代が、＿＿＿＿＿でなくてなんであろうか。
4. 朝起きて会社に行き、家に帰って暖かい布団で寝る。これが＿＿＿＿でなくてなんだろう。
5. 弟は母に怒られないのに、兄である僕だけ怒られる。これが＿＿＿＿でなくてなんだろう。
6. 私はこの仕事が＿＿＿＿＿＿＿＿。これが私の天職でなくてなんだろうか。
7. ＿＿＿＿＿＿＿＿＿＿。これが奇跡でなくてなんだろうか。
8. ＿＿＿＿＿＿＿＿＿＿。これが＿＿＿＿でなくてなんであろう。

96 だに

＿＿＿月＿＿＿日

例文

① 学校で一番怖いと言われている先生を怒らせたらどうなるか、考える**だに**恐ろしい。

② 明日は彼女との初めてのデートで、想像する**だに**ドキドキする。

③ 私がＮ１に合格するなんて、夢想**だにしませんでした**。

使い方

① Vる ➕ だに

② N ➕ だにしない

① 「AだにB」で、Aするだけでどという気持ちになるという意味を表す（①②）。
② 「〜だにしない」は、全く〜しないという意味で、「想像、夢想、予想、微動、一顧、一瞥」などの語に限られる（③）。

① Used in the pattern AだにB, this expresses that just doing A puts the speaker in a certain state of mind (B) (①②). ② 〜だにしない means "not do 〜 at all," and is combined with only a limited selection of words, such as 想像, 夢想, 予想, 微動, 一顧, or 一瞥 (③). ／① 「AだにB」表示只做A这件事就会出现B这样的心情 (①②)。② 「〜だにしない」表示 "完全不〜"，只接在「想像、夢想、予想、微動、一顧、一瞥」这样的词后面 (③)。／① Diễn đạt ý nghĩa trở nên có cảm xúc B chỉ với làm A bằng "A だにB", như câu (①②). Còn ② "〜だにしない" là với ý nghĩa hoàn toàn không làm 〜, từ tiếp nối giới hạn ở "想像、夢想、予想、微動、一顧、一瞥" v.v., như câu (③).

確認しよう

正しいほうを選びなさい。

1. 親友の幸せな話を耳にする（ しか ・ だに ）、自分と比較してしまい、情けなくなる。
2. 彼女は怒っているのか、名前を呼んでも、一瞥（ しか ・ だに ）しない。

書いてみよう

＿＿＿＿＿＿＿＿＿に言葉を入れて、文を完成させなさい。

1. 来月、１年ぶりに帰国する。家族に会うことを＿＿＿＿＿＿＿＿＿＿だに心が躍る。

2. 遠く離れて暮らす幼い娘を＿＿＿＿＿＿＿＿＿だに胸が締めつけられる。

3. 浮気が理由で別れた元彼の名前を＿＿＿＿＿＿＿＿＿だに、腹が立つ。

4. 明日は第一志望の会社の面接だ。考えるだに＿＿＿＿＿＿＿＿＿＿＿＿＿＿＿＿＿。

5. 人類が火星移住を計画しているとは、500年前には＿＿＿＿＿＿＿だにしなかったことだろう。

6. 息子が日本に行って恋愛をし、結婚するなんて、＿＿＿＿＿＿＿＿だにしていませんでした。

7. ＿＿＿＿＿＿＿＿＿＿＿＿＿＿＿＿＿＿＿あと、微動だにしなくなった。

8. ＿＿＿＿＿＿＿＿＿＿＿＿＿だに、＿＿＿＿＿＿＿＿＿＿＿＿＿＿＿＿＿＿＿。

第12課 文法の練習

177

まとめの練習

 ＿＿月＿＿日

問題1　読解（統合理解 Integrated comprehension）

次のAとBの文章を読んで、後の問いに対する答えとして最もよいものを、1・2・3・4から一つ選びなさい。

以下は、ケンさんが日本語学校の先生と大学のゼミの先生から受け取った手紙である。

A　日本語学校の先生からの返事

　就職おめでとうございます。念願の会社に入れて、よかったですね。仕事は覚えることが多くて大変だと思いますが、教え子が活躍する姿を想像する**だに**、誇らしい気持ちになります。日本語学校時代、さまざまな困難があったと思いますが、それ**をものともせず**努力し続けるケンさんの姿勢は、これまでのどんな学生よりも素晴らしく、先生たちを感心さ**せずにはおかない**ものでした。

　特に、向上心の高さと負けず嫌いなところは、ケンさん**ならでは**の強みです。日々の仕事において、この強みを最大限に活かし、自分を信じて挑戦し続けてください。ただ、頑張りすぎるところが唯一心配です。自分だけではどうしようもないときは、周りが協力してくれるということを忘れてはいけませんよ。

　ケンさんの成長をいつまでも見守っています。

B　大学のゼミの先生からの返事

　就職おめでとう。ケンさんが僕のゼミに入ってきた日のことを思い出します。最初は日本語力もまだまだで、ついていけるかどうか心配**しっぱなし**でした。しかし、持ち前の明るさと不屈の精神でやり遂げることができましたね。ケンさんが就職が決まったとき、「奇跡**でなくてなんだろう**」と言ったことを覚えていますか。僕は疑う**べくもなく**、ケンさんは採用されると思っていましたよ。

　仕事はうまくいくときと、そうでないときがあります。時には、前例がない、あるいは前例に照らしても解決す**べくもない**と感じる問題に直面することもあるかもしれません。そんなときは、インターンシップで学んだ一人ではないということを思い出し、チームを信じて挑戦してください。

　最後に私事ですが、今年度**を限りに**、大学を辞めることにしました。新たな挑戦として建築事務所を開く予定です。

　時間があったら、ぜひ大学に来て、後輩たちに経験を語ってください。

178

[1] АとBが共通して述べていることは何か。
1　ケンさんの仕事について
2　ケンさんの性格について
3　仕事の大変さについて
4　自分の近況について

[2] AとBは仕事についてどのように述べているか。
1　AもBも仕事で困難に直面したら、自分の力を信じて取り組むべきだと述べている。
2　AもBも仕事で困難に直面したら、周りと協力して取り組むべきだと述べている。
3　Aは、仕事では自分の力を信じて挑戦し続けることが大切だと述べているが、Bは、自分一人でやるのではなく、周りと協力して進めることが大切だと述べている。
4　Aは、仕事で解決できない問題はないので、あきらめず取り組むべきだと述べているが、Bは、解決できない問題は必ずあるので、あきらめることも時には必要だと述べている。

問題 2　文法（文法形式の判断 Selecting grammar form）

次の文の（　　　）に入れるのに最もよいものを、1・2・3・4から一つ選びなさい。

1 次のオリンピック（　　　）選手を引退し、後進の育成に専念することにしました。
　　1　限りで　　　　　　2　に限って　　　　　3　に限らず　　　　　4　を限りに

2 彼女は周囲からの（　　　）、自分の信念にしたがい、行動した。
　　1　批判をものともせず　　　　　　　　　2　批判もさることながら
　　3　批判にとどまらず　　　　　　　　　　4　批判いかんによらず

3 彼女のピアノの演奏を聞けば、彼女に才能があることは（　　　）べくもない。
　　1　疑う　　　　　　　2　疑い　　　　　　　3　疑わない　　　　　4　疑って

4 北海道の壮大な自然の景色は、見る人を（　　　）。
　　1　感動させずにはおかない　　　　　　　2　感動してはいられない
　　3　感動するには当たらない　　　　　　　4　感動を余儀なくさせる

5 ロミオとジュリエットの恋物語が悲劇（　　　）なくてなんであろう。
　　1　が　　　　　　　　2　を　　　　　　　　3　に　　　　　　　　4　で

6 金澤　「スレスさんが描く絵は、彼が持つ独特の感性（　　　）の作品ですね。」
　　杉山　「ええ、彼にしか描けないものですね。」
　　1　ずくめ　　　　　　2　ならでは　　　　　3　あって　　　　　　4　まみれ

7 ゴック　「今日は雨の予報だから、洗濯物は外に干し（　　　）にしないほうがいいよ。」
　　トゥイ　「そうなんだ。ありがとう。」
　　1　っきり　　　　　　2　かけ　　　　　　　3　っぱなし　　　　　4　まま

8 ケン　「昨日のデートはどうだった？」
　　ルイ　「最悪だよ。（　　　）だに悲しくなるよ。」
　　1　思い出し　　　　　2　思い出して　　　　3　思い出す　　　　　4　思い出さず

180

| 問題3 | 文法（文の組み立て Sentence composition） |

次の文の___★___に入る最もよいものを、1・2・3・4から一つ選びなさい。

1 苦楽を共にしながら _____ ___★___ _____ _____ でなくてなんだろうか。
　1　真実の愛　　　　　2　二人のきずな　　　3　生きてきた　　　4　が

2 _____ ___★___ _____ _____ に舌鼓を打った。
　1　野菜　　　　　　　2　ならではの　　　　3　産地　　　　　　4　みずみずしい

3 少年時代を _____ ___★___ _____ _____ ことです。
　1　幼馴染みが　　　　　　　　　　　　　　2　想像だにしていなかった
　3　一緒に過ごした　　　　　　　　　　　　4　首相になるなんて

4 部屋を片付けていたら、_____ _____ ___★___ _____ が出てきた。
　1　借りっぱなし　　　2　友達に　　　　　　3　本　　　　　　　4　だった

5 私は火災現場に出くわしたが、___★___ _____ _____ _____ 祈るしかなかった。
　1　べくもなく　　　　2　人の無事を　　　　3　助ける　　　　　4　ただ中にいる

6 校則違反の学生に対し、学校は正当な _____ _____ ___★___ _____ だろう。
　1　限り　　　　　　　2　ではおかない　　　3　処罰を与えない　　4　理由がない

7 店長　　「ケンは就職が _____ ___★___ _____ _____ 辞めることになりました。」
　ゴック　「おめでたいことだけど、寂しくなりますね。」
　1　今月を　　　　　　　　　　　　　　　　2　アルバイトを
　3　決まったため　　　　　　　　　　　　　4　限りに

8 さくら　「プロの登山家ってすごいね。私ならあんな山、登りたくもないよ。」
　ケン　　「うん。でも、彼らは _____ ___★___ _____ _____ 考えて挑むんだよ。」
　1　登頂すること　　　　　　　　　　　　　2　危険を
　3　のみを　　　　　　　　　　　　　　　　4　ものともせずに

第12課

まとめの練習

181

| 問題4 | 聴解（概要理解 Summary comprehension） |

この問題は、全体としてどんな内容かを聞く問題です。話の前に質問はありません。まず話を聞いてください。それから、質問とせんたくしを聞いて、1から4の中から、最もよいものを一つ選んでください。

♪ N1-100

        1   2   3   4

| 問題5 | 聴解（即時応答 Quick response） |

まず文を聞いてください。それから、それに対する返事を聞いて、1から3の中から、最もよいものを一つ選んでください。

1 ♪ N1-101   1   2   3

2 ♪ N1-102   1   2   3

3 ♪ N1-103   1   2   3

4 ♪ N1-104   1   2   3

5 ♪ N1-105   1   2   3

6 ♪ N1-106   1   2   3

7 ♪ N1-107   1   2   3

8 ♪ N1-108   1   2   3

第13課

単語 文法の練習に出てくる難しい単語の意味を確認しましょう。

名詞

□ いとこ	cousin	堂兄弟，堂姐妹，表兄弟，表姐妹	anh chị em họ
□ 公	public	公家，公众	công
□ 学問	learning	学问	học vấn
□ 汗顔	feeling ashamed	汗颜	sự xấu hổ, đỏ mặt tía tai vì xấu hổ
□ 金融	finance	金融	tài chính
□ 試み	attempt	尝试	thử nghiệm
□ 慈善活動	charitable activities	慈善活动	hoạt động từ thiện
□ プライバシー	privacy	隐私	sự riêng tư
□ わいろ	bribe	贿赂	hối lộ

な形容詞

□ 大胆な	bold	大胆的	táo bạo, can đảm

動詞

□ 安堵（する）	relief; feel relieved	放心	sự an tâm, an tâm
□ 強行（する）	pushing ahead with; push ahead with	硬干；强行	sự thúc ép, buộc
□ 恐縮（する）	feeling sorry; feel sorry	不好意思；惶恐	sự ngại ngần, ngại
□ 厳選（する）	rigorous selection; rigorously select	严格挑选	sự tuyển chọn, tuyển lựa nghiêm khắc
□ 参列（する）	attendance; attend	参加，出席	sự hiện diện, tham gia
□ 仕入れ（する）	procuring; procure (supplies)	采购	sự nhập hàng, nhập hàng
□ 侵害（する）	infringement; infringe	侵犯	sự xâm hại, xâm phạm
□ 推奨（する）	recommendation; recommend	推荐	sự ca ngợi, tán thưởng
□ すねる	sulk	闹别扭	hờn dỗi
□ 損ねる	harm	损害	làm tổn hại
□ 立ち上げる	launch	成立	khởi động, khởi nghiệp
□ 突き進む	push forward	奋勇前进	tiến về phía trước, xông lên
□ 投資（する）	investment; invest	投资	sự đầu tư, đầu tư
□ 歪曲（する）	distortion; distort	歪曲	sự biến dạng, bóp méo

その他

□ 暴力を振るう	be violent	施加暴力	dùng vũ lực
□ 目を通す	look over	过目	nhìn qua, xem qua

97 ところを  ＿＿月＿＿日

例文
① 風邪で熱のあるところを、無理して会いに来てくれなくても大丈夫だよ。
② ご多忙のところ、ご連絡いただきまして、恐縮です。
③ （雨の日に）本日はお足元の悪いところ、結婚式へのご参列ありがとうございます。

使い方

 ＋ ところを／ところ

「AところをB」で、Aという状況なのにBという意味を表す。Bでは相手がしてくれた行為について感謝、気遣い、おわびの気持ちを込めて述べる。

Used in the pattern AところをB, this expresses "B, despite A." B conveys the speaker's gratitude, concern, or apology regarding something the other person did for them. ／「AところをB」表示处于A这样的情况下却做B。B这里阐述对对方为自己做的事情而表达的谢意、关心问候、抱歉的心情。／ Diễn đạt ý nghĩa đang trong tình trạng A vậy mà B với "AところをB". B thể hiện với lòng biết ơn, sự giữ ý, cảm giác áy náy với hành vi mà đối phương đã làm cho mình.

確認しよう

「ところを」の使い方が正しいものには○、間違っているものには×を書きなさい。
1. （　　） 彼は仕事で疲れているところを、早く布団に入って寝てしまった。
2. （　　） 彼は仕事で疲れているところを、私に会いに来てくれた。

書いてみよう

＿＿＿＿に言葉を入れて、文を完成させなさい。

1. ＿＿＿＿＿＿＿＿＿＿ところ、手伝ってくれて、どうもありがとう。

2. （週末に）＿＿＿＿＿＿＿＿＿＿のところ、お電話してすみません。お願いがありまして……。

3. メールで用が＿＿＿＿＿＿＿＿ところを、彼女はわざわざ直接伝えに来てくれた。

4. 彼女に話しかけると、＿＿＿＿＿＿＿＿＿＿ところを、手を止めて私の話を聞いてくれた。

5. ＿＿＿＿＿＿＿＿＿＿＿＿＿ところを、来ていただいてありがとうございます。

6. ＿＿＿＿＿＿＿＿＿＿ところすみませんが、この資料に目を通していただけませんか。

7. 体調を崩してるところ悪いんだけど、＿＿＿＿＿＿＿＿＿＿＿＿＿＿＿＿。

8. ＿＿＿＿＿＿＿＿＿ところ、＿＿＿＿＿＿＿＿＿＿＿＿＿＿＿＿＿。

184

98 〜をおいて…ない  ＿＿＿月＿＿＿日

例文
1. おいしいカレーが食べたいなら、この店をおいて他にない。
2. 私が結婚する人は、あなたをおいて誰もいないと思いました。
3. 夏の暑さをしのぐには、アイスを食べることをおいて他にない。

使い方

N ＋ をおいて…ない 　「〜をおいて…ない」の形で、「〜が最もよい」ということを述べる。後ろには、「他にない／いない」などの否定の表現が来る。
This is followed by a negative expression like 他にない／いない to express that someone or something is the best. ／后面跟「他にない／いない」这样的否定形式，表示"～最好"。／Đi với cách diễn đạt phủ định như "他にない／いない" v.v. ở sau thì diễn đạt ý nghĩa "～ là tốt nhất".

確認しよう

「をおいて」の使い方が正しいものには〇、間違っているものには×を書きなさい。
1. （　　　）こんな完璧な仕事をする人は、彼をおいて誰もいない。
2. （　　　）こんな完璧な仕事をする人は、彼をおいてできない。

書いてみよう

＿＿＿＿＿＿に言葉を入れて、文を完成させなさい。

1. デートで食事するなら、＿＿＿＿＿＿＿＿＿＿＿＿＿＿＿＿＿＿＿＿をおいて他にないだろう。
2. 心配ごとを解決するなら、＿＿＿＿＿＿＿＿＿＿＿＿＿＿＿＿＿＿＿＿をおいて他にない。
3. 嫌なことを忘れたいなら、＿＿＿＿＿＿＿＿＿＿＿＿＿＿＿＿＿＿＿＿をおいて他にない。
4. 性能のいいパソコンがほしいなら、＿＿＿＿＿＿＿＿＿＿＿＿＿＿＿をおいて他にないでしょう。
5. ＿＿＿＿＿＿＿＿＿＿＿＿＿＿＿＿＿＿＿＿なら、この店をおいて他にない。
6. ＿＿＿＿＿＿＿＿＿＿＿＿＿＿＿＿＿のは、渡辺さんをおいて誰もいないと思う。
7. プロポーズするなら、＿＿＿＿＿＿＿＿＿＿＿＿＿＿＿＿＿＿＿＿をおいて他にない。
8. ＿＿＿＿＿＿＿＿＿＿＿＿＿＿＿＿＿＿＿＿＿＿＿＿＿をおいて他にない。

99 〜たら〜たで

＿＿＿月＿＿＿日

例文

1. 彼は学校をよくサボるし、学校に来たら来たで、授業中は寝ている。
2. 彼は誘っても来ないが、誘わなかったら誘わなかったですねるので、声をかけておこう。
3. 失敗したら失敗したで、もう一度やればいい。

使い方

「AたらAたで、B」で、Aの場合はBというよくない結果になるという意味で、AでもAでなくても結局よくないというニュアンスを含む（1 2）。また、Aの場合でもBするから、問題はないという意味を表す（3）。

Used in the pattern AたらAたで、B, this expresses that negative outcome B occurs when A is the case. It has the nuance that nothing good results no matter whether A happens or not (1 2). It can also mean that even if A is the case, it won't be a problem if B is performed (3). ／「AたらAたで、B」表示A这种情况会出现B这样不太好的结果，含有"无论A是否发生都会出现不好的结果"的意思在里面（1 2）。另外，也表示就算是A这样的情况也会做B，表示没关系的意思（3）。／ Diễn đạt ý nghĩa trường hợp A thì sẽ trở nên kết quả không tốt là B bằng mẫu câu "AたらAたで、B", bao gồm sắc thái dù là A hay không là A thì kết cuộc cũng không tốt, như câu (1 2). Ngoài ra, diễn đạt ý nghĩa vì sẽ làm B dù có là trường hợp A thì không có vấn đề, như câu (3).

確認しよう

正しいほうを選びなさい。

1. 手伝わないと妻は不機嫌になるが、やったらやったで（　雑だと叱られる　・　褒められる　）。
2. 雨が降ったら（　降った　・　降らなかった　）で、そのときに傘を買えばいい。

書いてみよう

＿＿＿＿に言葉を入れて、文を完成させなさい。

1. 息子は休みの日はあまり家にいないが、家に＿＿＿＿ら＿＿＿＿で、ゲームばかりしている。

2. 子どもがうるさくしているのは嫌だけれど、＿＿＿＿ら＿＿＿＿で、心配だ。

3. エアコンをつけなければ暑いが、＿＿＿＿ら＿＿＿＿で寒いので、室温調整が難しい。

4. 新しい靴がほしいが、買ったら買ったで、＿＿＿＿＿＿＿＿＿＿から、悩んでいる。

5. 恋人がいないと寂しいけど、＿＿＿＿ら＿＿＿＿で、面倒くさいこともある。

6. ＿＿＿＿は、＿＿＿＿ら＿＿＿＿で、＿＿＿＿＿＿＿＿。

100 まじき

 ＿＿＿月＿＿＿日

例文

1. お年寄りからお金をだまし取るなんて、許す**まじき**犯罪だ。
2. 歴史を歪曲する試みは、真実を尊重する学問の場にある**まじき**ことだ。
3. 裁判官がわいろを受け取るなど、許す**まじき**ことだ。

使い方

Vる ＋ まじき N

「AまじきB」の形で、絶対にAしてはならないBという意味を表す固い表現。Aの動詞は「ある」「許す」などに限られる。その立場の人が決してすべきではないことを非難の意味を込めて述べる。

Used in the pattern AまじきB, this is a formal expression meaning that a certain act is a B for which A must never occur. A is limited to verbs such as ある or 許す. This expression criticizes an act that someone in the position mentioned must never perform. It is a stiff expression. ／「AまじきB」表示"主题这件事是绝对不容许发生的"的生硬表达。A这里只能用「ある」「許す」这样的动词，带有责备"处在该立场的人绝不该做"之意。／Đây là cách diễn đạt khô cứng thể hiện ý nghĩa B mà tuyệt đối không được làm A bằng mẫu câu "AまじきB". Động từ A chỉ giới hạn là "ある", "許す" v.v. Bao hàm ý nghĩa phê phán việc người ở vị trí đó thì nhất định không được làm.

確認しよう

正しいほうを選びなさい。
1. 政治家が公の資金を私的に使うことは、（ 許す ・ 許せ ）まじき不正行為だ。
2. 国家が国民のプライバシーを侵害するのは、（ あって ・ ある ）まじきことである。

書いてみよう

＿＿＿＿＿に言葉を入れて、文を完成させなさい。

1. 児童労働を推奨するとは、現代社会において＿＿＿＿＿＿＿＿＿＿まじきことだ。
2. 教師が生徒に対して暴力を振るうなど、＿＿＿＿＿＿＿＿＿＿まじきことだ。
3. 警察官が＿＿＿＿＿＿＿＿＿＿＿＿なんて、あるまじき事態だ。
4. ＿＿＿＿＿＿＿＿＿＿という許すまじき事件が起こってしまった。
5. ＿＿＿＿＿＿＿＿＿＿は企業の信頼を損ねる許すまじき過ちだ。
6. ＿＿＿＿＿＿＿＿＿＿なんて、学者としてあるまじき行為だ。
7. ＿＿＿＿＿＿＿＿＿＿＿＿＿＿＿＿など、学生としてあるまじき態度だ。
8. ＿＿＿＿＿＿＿＿＿＿＿＿＿＿＿＿＿＿＿＿＿＿は、許すまじき行為だ。

第13課　文法の練習

187

101 あっての  ＿＿月＿＿日

例文
1. 日々の練習あっての勝利だから、怠けずに努力し続けよう。
2. お客様あってのビジネスだから、失礼に当たるようなことがあってはならない。
3. 私の幸せは家族あってのことだから、みんなに感謝しています。

使い方

N ＋ あっての N

「Aあっての B」の形で、Aがあるからこそ Bが成立する／存在しうるということを表す。

Used in the pattern A あっての B, this expresses that A is absolutely necessary for B to occur/exist.／「A あっての B」表示因为有了A才能使B成立或B才可能存在。／Diễn đạt việc chính vì có A mà B thành lập / có thể tồn tại bằng mẫu câu "A あっての B".

確認しよう

正しいほうを選びなさい。
1. 信用あって（ の ・ で ）金融業界だ。
2. 私の成功は、家族の支え（ なくて ・ あって ）のことだと思います。

書いてみよう

＿＿＿＿＿に言葉を入れて、文を完成させなさい。

1. ＿＿＿＿＿＿＿＿＿あっての優勝だったと思います。
2. 会社の発展は、＿＿＿＿＿＿＿＿＿あってのことだから、社員を大切にしよう。
3. ＿＿＿＿＿＿＿＿＿あってのおいしい料理なので、食材の仕入れ先を厳選している。
4. 信頼あっての＿＿＿＿＿＿＿＿＿だから、嘘をつくような人とは友達ではいられない。
5. コミュニケーションあっての＿＿＿＿＿＿＿＿＿＿＿＿＿＿＿＿＿＿＿。
6. 社員の協力あっての＿＿＿＿＿＿＿＿＿＿＿＿＿＿＿＿＿＿＿＿＿。
7. 自然あってのこの地球なのだから、＿＿＿＿＿＿＿＿＿＿＿＿＿＿＿。
8. ＿＿＿＿＿＿＿＿＿は、＿＿＿＿＿＿＿＿＿＿＿＿あってのことです。

102 の至り

📅 ＿＿＿月＿＿＿日

📋 例文

① お客様にご満足いただけたとは、喜びの至りです。

② 皆様からの温かい支援をいただき、感謝の至りです。

③ 長年の努力が認められるなんて、光栄の至りだ。

👆 使い方

N ➕ の至り

非常に〜だと感じていることを表す固い表現。「恐縮」「汗顔」「幸甚」「赤面」「光栄」「感謝」「感激」などの名詞がよく使われる。

This expresses that a certain feeling is of the highest degree. It is often paired with nouns like 恐縮, 汗顔, 幸甚, 赤面, 光栄, 感謝, and 感激. It is a stiff expression. ／表示感到非常〜。常跟在「恐縮」「汗顔」「幸甚」「赤面」「光栄」「感謝」「感激」这样的名词后面。是一种生硬的表达。／Diễn đạt việc cảm thấy cực kỳ 〜. Các danh từ như "恐縮" "汗顔" "幸甚" "赤面" "光栄" "感謝" "感激" v.v. thường được sử dụng. Đây là cách diễn đạt khô cứng.

確認しよう

正しいほうを選びなさい。

1. 健康診断で何も問題がなかったのは、安堵（ の ・ が ）至りです。

2. 私が酒に酔って木に登っていたと友人に聞かされ、汗顔の（ 至りです ・ 至ります ）。

書いてみよう

＿＿＿＿＿＿＿に言葉を入れて、文を完成させなさい。

1. 息子が大学に合格するなんて、＿＿＿＿＿＿＿＿＿＿の至りです。

2. 教え子が立派になった姿を見ることができて、教師として＿＿＿＿＿＿＿＿＿の至りだ。

3. 新しいプロジェクトが成功したことは、＿＿＿＿＿＿＿＿＿の至りだ。

4. 私がこのような素晴らしい賞をいただけるなんて、＿＿＿＿＿＿＿の至りです。

5. ＿＿＿＿＿＿＿＿＿＿＿＿＿＿＿＿＿＿＿＿できて、幸せの至りです。

6. ＿＿＿＿＿＿＿＿＿＿＿＿＿＿＿＿＿＿ことは、光栄の至りです。

7. ＿＿＿＿＿＿＿＿＿＿＿＿＿＿＿＿＿＿＿＿＿＿ことは、汗顔の至りだった。

8. ＿＿＿＿＿＿＿＿＿＿＿＿＿＿＿＿＿のは、＿＿＿＿＿＿＿＿＿＿の至りです。

第13課

文法の練習

103 てやまない　　📅 ＿＿＿月＿＿＿日

📑 例文

① 妹が入院してもうすぐ半年だ。一刻も早い回復を願ってやまない。

② 彼は成功を夢見てやまない若者だ。

③ その画家の墓は、彼が愛してやまなかった妻の墓の隣に作られた。

👆 使い方

Vて ➕ やまない	ずっと心から～していると述べる時に使う。「祈る」「願う」など希望を表す動詞や、「信じる」「愛する」「尊敬する」などの心情を表す動詞を伴う。

This is used to express a heartfelt yearning that the person has long held. It is combined with a verb expressing hope, such as 祈る or 願う, or a verb expressing a feeling/attitude, such as 信じる, 愛する, or 尊敬する. ／在表示"内心一直就想～"时使用。常跟在「祈る」「願う」这样表示愿望的动词或「信じる」「愛する」「尊敬する」等表示心情的动词后面。／Sử dụng khi muốn nói đang ～ từ tận trái tim. Dùng với các động từ thể hiện kỳ vọng như"祈る","願う" v.v., hay các động từ thể hiện tình cảm như"信じる","愛する","尊敬する"v.v.

確認しよう

正しいほうを選びなさい。

1．平和な世界が来ることを（　願うと　・　願って　）やみません。

2．私は彼の温かい言葉に（　感謝　・　感謝して　）やまない。

書いてみよう

＿＿＿＿＿＿＿＿に言葉を入れて、文を完成させなさい。

1．彼女は幼い頃からずっと、その犬を＿＿＿＿＿＿＿＿＿＿＿＿＿やまない。

2．私は皆さんが健康であることを＿＿＿＿＿＿＿＿＿＿＿＿＿やみません。

3．故郷の風景が＿＿＿＿＿＿＿＿＿＿＿＿＿やまない。

4．ケンさんは自分の夢がかなうと＿＿＿＿＿＿＿＿＿＿＿＿＿やみません。

5．私は病気の母親が＿＿＿＿＿＿＿＿＿＿＿＿＿＿＿＿を願ってやまない。

6．ミスによって事故を起こしてしまったことを＿＿＿＿＿＿＿＿＿＿＿＿＿＿＿＿＿＿＿＿＿。

7．＿＿＿＿＿＿＿＿＿＿＿＿＿＿＿＿＿＿＿＿＿＿＿＿＿＿＿を願ってやまない。

8．＿＿＿＿＿＿＿＿＿＿＿＿＿＿＿＿＿＿＿＿＿＿＿＿＿＿やみません。

190

104 をよそに

 ＿＿月＿＿日

例文

1. 彼は家族の心配**をよそに**、危険なスポーツに挑戦し続けている。
2. 彼女は周囲の反対**をよそに**、新しいビジネスを立ち上げた。
3. 私のいとこは経済的な困難**をよそに**、慈善活動に力を入れている。

使い方

| N | をよそに | 「AをよそにB」の形で、Aを気にしないで／問題としないで、Bをするということを表す。

Used in the pattern AをよそにB, this expresses that B will be done without worrying about A.／「AをよそにB」表示不在乎A这种情况，坚持做B。／Diễn đạt việc làm B mà không bận tâm đến A / không xem A là vấn đề bằng mẫu câu "AをよそにB".

確認しよう

正しいほうを選びなさい。

1. 彼は批判（ が ・ を ）よそに、自分の信じる道を突き進んでいる。
2. 父は病気をよそに、（ 活動的に行動している ・ 長いこと入院している ）。

書いてみよう

＿＿＿＿に言葉を入れて、文を完成させなさい。

1. 彼は＿＿＿＿＿＿＿＿＿＿＿をよそに、救助活動を続けた。
2. ケンさんは＿＿＿＿＿＿＿＿＿＿＿をよそに、試験の勉強を続けた。
3. 登山隊は＿＿＿＿＿＿＿＿＿＿＿をよそに、山登りを強行した。
4. その投資家は市場の＿＿＿＿＿＿＿＿＿＿＿をよそに、大胆な投資をすることを決断した。
5. 姉は失敗の経験をよそに、＿＿＿＿＿＿＿＿＿＿＿。
6. ゴックさんは疲労をよそに、＿＿＿＿＿＿＿＿＿＿＿。
7. 彼の母親は老いをよそに、＿＿＿＿＿＿＿＿＿＿＿。
8. ＿＿＿＿＿＿＿＿＿＿＿をよそに、＿＿＿＿＿＿＿＿＿＿＿。

まとめの練習

 ＿＿＿月＿＿＿日

問題1　読解（主張理解 - 長文 Thematic comprehension - Long passages）

次の文章を読んで、後の問いに対する答えとして最もよいものを、1・2・3・4から一つ選びなさい。

以下は、ある国際結婚をした人が書いた文章である。

　　皆さんの身近には国際結婚をしたカップルがいるだろうか。総務省の調査によると、2022年の日本人の婚姻件数は504,930件で、その内17,685件が国際結婚だったそうだ。国際結婚は少数派とはいえ、取り立てて珍しいことではないことがわかる。国際結婚は同国人同士の結婚と何が違うのか。たまたま相手の出身地が違っただけだと言えばそれまでだが、国際結婚には国際結婚ならではの難しさがある。

　　国際結婚の最大の関門といえば、お互いの母国との物理的な距離だろう。そもそも結婚の前に二人はどこかで出会うわけだが、住む国が違えば遠距離恋愛をすることになり、なかなか一緒に時間を過ごすことができない。場合によっては時差の問題もある。関係を深め、結婚をしようという決断に至ること自体が難しいかもしれない。同じ街に住めたら住めたで、今度はどちらかが自分の生まれ育った国を離れ、家族や友人に容易には会えない環境で暮らすことになる。そのため、母国の家族に何かがあってもすぐに駆け付けることができないということも覚悟しなければならない。①こういったことは、拭い去ることのできない心配事だ。

　　文化や言語の壁も無視することはできない。私も国際結婚をして海外へ渡った日本人の一人だが、義理の家族とのコミュニケーションでは、自分の語学力の低さもあり、もどかしい思いをすることが多い。家族の一員としてあるまじきことだとは知りながらも、外国語の会話のキャッチボールの中にずっといると、集中力が切れて②退屈してしまい、彼らの話をよそに他のことを考えていたりする。反対に、みんなが笑っている内容がわからなくて、談笑しているところを、「何と言ったの？　何で笑っているの？」と話の腰を折ってしまい、申し訳なく思うこともある。まさに不徳の至りだ。

　　さらに言えば、国際結婚は手続きにおいても面倒だ。私の場合は夫の母国で結婚したのだが、日本で取得しなければならない書類があったり、その書類を法定翻訳してもらう必要があったりと、同国人同士の結婚に比べて、格段に手間もお金もかかった。

　　さまざまな障害がありながらも、安心してのびのびと生活できているとしたら、それは本人の努力と、パートナーの全面的なサポートあってのことだろう。

　　このように一筋縄ではいかない国際結婚だが、どんな形であっても、「人生のパートナーはこの人をおいて他にいない」と思える人とともに生きられる幸せは何物にも代えがたい。国籍を超えてきずなを育むカップルたちが、これらの壁にくじけることなく、幸せな結婚をすることを願ってやまない。

1 ①こういったこととあるが、何か。
1 実家で問題があったときに、すぐにその場に行くことができないこと
2 自分の国際結婚によって、実家で問題が起きてしまうこと
3 母国の家族や友達に自分のことを忘れられてしまうこと
4 遠距離恋愛をするパートナーと結婚できないかもしれないこと

2 ②退屈してしまいとあるが、それはどうしてか。
1 夫が義理の家族とばかり話していて、筆者をサポートしてくれないから
2 外国人という立場では自分らしくふるまうことができないから
3 義理の家族が自分の知らないことについて話しているから
4 苦手な外国語での会話を聞き続けなければならないから

3 筆者によると、国際結婚で一番難しいことは何か。
1 物理的な距離
2 文化や言語の壁
3 義理の家族との関係
4 結婚の手続き

4 筆者の考えに合うものはどれか。
1 困難が多い分、同国人同士の結婚より得るものが多いので、もっと国際結婚をする人が増えてほしい。
2 面倒の多い国際結婚だからといって、大切な人との結婚をあきらめることなく、幸せを手に入れてほしい。
3 国際結婚でもそうでなくても同じような困難はあるものなので、特別に構えることなく国際結婚をしてほしい。
4 国際結婚には同国人同士の結婚とは異なる難しさがあるので、手続きを簡易にするような制度の整備をしてほしい。

問題2　文法（文法形式の判断 Selecting grammar form）

次の文の（　　　）に入れるのに最もよいものを、1・2・3・4から一つ選びなさい。

1 その歌手の歌声を聴くたびに、感動して（　　　）。

1　極まりない　　　　2　おかない　　　　3　かたくない　　　　4　やまない

2 彼女は東京には2日だけ泊まる予定の（　　　）、一泊延ばして家に遊びに来てくれた。

1　ところを　　　　2　手前　　　　3　ものを　　　　4　かたわら

3 思い通りにならないからといって、怒鳴り散らすなど、大人として（　　　）まじき行為だ。

1　あり　　　　2　ある　　　　3　あって　　　　4　あれ

4 技術の革新（　　　）現代社会の進歩です。

1　あっての　　　　2　あっても　　　　3　あったら　　　　4　あって

5 彼女は流行（　　　）、独自のファッションスタイルを貫いている。

1　ながらに　　　　2　のそばから　　　　3　をよそに　　　　4　にとどまらず

6 客　　「この前こちらのお店で買った靴、とても履きやすくて気に入っているんです。」

　　店員　「お気に召していただけたならば、満足（　　　）至りです。」

1　が　　　　2　の　　　　3　を　　　　4　も

7 沖田　「やせたいなあ。」

　　稲村　「ダイエットするなら、運動（　　　）他に方法はないよ。」

1　はおろか　　　　2　をよそに　　　　3　にひきかえ　　　　4　をおいて

8 アリサ　「セール中だとしても、無駄なものは買わないほうがいいよ。」

　　ユリカ　「でも、（　　　）後悔してしまいそうで……。」

1　買ったら買ったで

2　買わなかったら買わなかったで

3　買わされたら買わされたで

4　買わされなかったら買わされなかったで

問題3 文法（文の組み立て Sentence composition）

次の文の ★ に入る最もよいものを、1・2・3・4から一つ選びなさい。

1 皆さんの協力によってイベントが ＿＿＿ ＿＿＿ ★ ＿＿＿ 。

1 成功した 2 至りです 3 のは 4 感動の

2 夏休み中の子どもに思い出に残る ＿＿＿ ＿＿＿ ★ ＿＿＿ ないと思っている。

1 経験をさせる 2 キャンプをおいて

3 には 4 他に

3 深刻な ＿＿＿ ＿＿＿ ★ ＿＿＿ 続けている。

1 低迷をよそに 2 成長を 3 彼の会社は 4 日本経済の

4 私はこの美しい自然がずっと ＿＿＿ ＿＿＿ ★ ＿＿＿ 。

1 ことを 2 やまない 3 望んで 4 守られる

5 仕事の進め方を上司に聞くと、＿＿＿ ＿＿＿ ★ ＿＿＿ 困ってしまう。

1 自分で考えて進めたら進めたで 2 なぜ相談しないのか

3 と怒られるので 4 自分で考えろと言われ

6 先輩は、自分の博士論文の ＿＿＿ ★ ＿＿＿ ＿＿＿ 、私の研究を手伝ってくれた。

1 ところを 2 後輩である私のために

3 提出期限が迫っている 4 時間を作って

7 スポーツマンが競技中に不正を ＿＿＿ ＿＿＿ ★ ＿＿＿ 行為だ。

1 スポーツマンシップに 2 反する

3 あるまじき 4 するのは

8 上司 「健康 ＿＿＿ ＿＿＿ ★ ＿＿＿ 、体を大切にしてくださいね。」

部下 「はい。ありがとうございます。」

1 あっての 2 仕事だから 3 しすぎずに 4 無理を

195

問題4　聴解（ポイント理解 Point comprehension）

まず質問を聞いてください。そのあと、問題用紙のせんたくしを読んでください。読む時間があります。それから話を聞いて、問題用紙の1から4の中から、最もよいものを一つ選んでください。

♪ N1-109

1　社会人になって貯金ができたから
2　結婚するなら彼女しかいないと思っているから
3　さくらが早く結婚したいと言っていたから
4　仕事が忙しくなる前に家庭を築きたいから

問題5　聴解（即時応答 Quick response）

まず文を聞いてください。それから、それに対する返事を聞いて、1から3の中から、最もよいものを一つ選んでください。

| 1 | ♪ N1-110 | 1 | 2 | 3 |

| 2 | ♪ N1-111 | 1 | 2 | 3 |

| 3 | ♪ N1-112 | 1 | 2 | 3 |

| 4 | ♪ N1-113 | 1 | 2 | 3 |

| 5 | ♪ N1-114 | 1 | 2 | 3 |

| 6 | ♪ N1-115 | 1 | 2 | 3 |

| 7 | ♪ N1-116 | 1 | 2 | 3 |

| 8 | ♪ N1-117 | 1 | 2 | 3 |

第14課

単語

文法の練習に出てくる難しい単語の意味を確認しましょう。

名詞

□ あざ	birthmark	淤青，痣	vết bầm
□ 生贄	sacrifice	活祭品	sự tế thần
□ 基準	standards	标准	tiêu chuẩn
□ 緊急	urgency, emergency	紧急	khẩn cấp
□ スキャンダル	scandal	丑闻	vụ bê bối, xì căng đan
□ 寸前	being on the verge of	眼前，迫在眉睫	ngay trước khi
□ 認知症	dementia	老年痴呆	chứng suy giảm trí nhớ
□ 捕虜	prisoners of war	俘虏	tù binh
□ 見込み	likelihood	可能性	triển vọng

な形容詞

□ 楽観的な	optimistic	乐观的	mang tính lạc quan

動詞

□ 介入（する）	intervention; intervene	介入	sự can thiệp, can thiệp
□ 虐待（する）	abuse	虐待	sự ngược đãi, lạm dụng
□ 公約（する）	pledge	诺言；承诺	công ước, giao ước công khai
□ 腰掛ける	sit	坐，坐下	ngồi xuống
□ 倒壊（する）	collapse	倒塌	sự sụp đổ, sụp đổ
□ 途絶える	come to an end	断绝	ngừng
□ 蔑視（する）	contempt; look down on	蔑视	sự coi thường, miệt thị
□ 瞬き（する）	blinking; blink	眨眼	sự chớp mắt, chớp mắt
□ 見渡す	look out over	望眼看去	nhìn tổng thể, nhìn bao quát

その他

□ 行きつ戻りつ	going back and forth	来来回回	đi đi lại lại, đi tới đi lui
□ 浮きつ沈みつ	bobbing up and down	起起伏伏	lúc nổi lúc chìm
□ 追いつ追われつ	with the lead changing again and again	追追逐逐	lúc vượt qua lúc bị bỏ lại sau
□ 押しつ押されつ	pushing back and forth	推推挤挤	thay nhau dẫn điểm qua lại
□ 差しつ差されつ	pouring drinks for one another	推杯换盏	chén tạc chén thù, mời qua mời lại
□ 抜きつ抜かれつ	overtaking each other repeatedly	你追我赶	vượt qua vượt lại
□ 見えつ隠れつ	coming in and out of view	若隐若现	lúc ẩn lúc hiện
□ 持ちつ持たれつ	give-and-take	互帮互助	nâng đỡ lẫn nhau

105 きらいがある  ＿＿＿月＿＿＿日

例文
① 彼は人の話を聞かない**きらいがある**。
② 私たちの社会は技術に頼りすぎる**きらいがある**のではないだろうか。
③ 一昔前の社会は、女性蔑視の**きらいがあった**。

使い方

＋ きらいがある

「～というよくない傾向や性質がある」という意味。人や組織、社会について述べることが多い。

This expresses an undesirable tendency or habit. It is often used in regard to people, organizations, or society. ／表示有某种不好的倾向或性质。常用在叙述人或组织、社会上。／Ý nghĩa là có khuynh hướng hoặc tính chất không tốt là ~. Phần nhiều là trình bày về con người, tổ chức, xã hội.

確認しよう

正しいほうを選びなさい。
1. その教師は生徒に（　親切にする　・　厳しすぎる　）きらいがある。
2. 社長は結果重視（　が　・　の　）きらいがあるので、結果を出さないと評価されにくい。

書いてみよう

＿＿＿＿＿＿に言葉を入れて、文を完成させなさい。

1．彼は細かいことを＿＿＿＿＿＿＿＿＿＿＿＿＿きらいがあるので、仕事がなかなか終わらない。

2．その政治家は公約を＿＿＿＿＿＿＿＿＿＿＿＿＿きらいがあるので、信用できない。

3．ダイエットのせいか＿＿＿＿＿＿＿＿＿＿のきらいがあるので、注意するように医者に言われた。

4．彼は失敗すると、＿＿＿＿＿＿＿＿＿＿＿＿＿きらいがある。

5．彼はいつもはおしゃべりだが、女性と二人きりになると＿＿＿＿＿＿＿＿＿＿＿＿きらいがある。

6．私の妹は楽観的すぎるきらいがあり、将来について＿＿＿＿＿＿＿＿＿＿＿＿＿＿＿＿。

7．＿＿＿＿＿＿＿＿＿＿＿＿＿＿＿＿＿＿＿＿＿＿＿＿＿＿＿＿＿きらいがある。

8．＿＿＿＿＿＿＿＿＿＿＿＿＿きらいがあるので、＿＿＿＿＿＿＿＿＿＿＿＿＿＿＿＿。

106 たなり

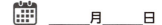 ＿＿＿月＿＿＿日

例文

1. 娘は学校から帰ってきて、部屋に入っ**たなり**出てこない。
2. 父は仕事から帰ると、いつもいすに腰掛け**たなり**、動こうとしない。
3. 彼女に遅刻の理由を問うと、彼女は下を向い**たなり**、黙ってしまった。

使い方

Vた ＋ なり

「AたなりB」の形で、Aの後に期待されることが起こらずAが続いていることを表す。Bには期待とは反する内容が入る。「きり（N2 p.147）」の例文①②の用法と同じように使う。

Used in the pattern AたなりB, this expresses that situation A continued without being followed by what would normally be expected; B represents the outcome that is contrary to expectation. This expression is used in the same way as in examples ① and ② of きり (N2 p. 147). ／「AたなりB」表示做了A之后并没有发生令人期待的事情，一直保持A的状态。B这里是与所期待相反的事情。与「きり（N2 p.147）」的例①，例②的用法相同。／Diễn đạt việc được kỳ vọng sau A không xảy ra và A vẫn tiếp tục bằng mẫu câu "AたなりB". B có nội dung ngược lại với kỳ vọng. Sử dụng giống với cách sử dụng của câu ví dụ ①② trong "きり (N2, tr.147)".

確認しよう

「たなり」の使い方が正しいものには〇、間違っているものには×を書きなさい。

1. （　　）兄はアメリカに行ったなり、次の日には仕事を見つけた。
2. （　　）兄はアメリカに行ったなり、30年も日本に帰ってこなかった。

書いてみよう

＿＿＿＿＿＿に言葉を入れて、文を完成させなさい。

1. 彼女は教科書を＿＿＿＿＿＿＿＿＿＿なり、寝てしまった。
2. 認知症の祖母が家を＿＿＿＿＿＿＿＿＿＿なり、帰ってこないので心配だ。
3. 彼は資料を＿＿＿＿＿＿＿＿＿なり、まだ課題のレポートをまとめていない。
4. 友達が薦めてくれた本を買ったなり、＿＿＿＿＿＿＿＿＿＿＿＿＿＿＿＿。
5. 私に抱かれた赤ちゃんは私を＿＿＿＿＿＿＿＿＿＿＿＿なり、しばらく瞬きもしなかった。
6. 彼女と駅で別れたなり、＿＿＿＿＿＿＿＿＿＿＿＿＿＿＿＿＿＿＿＿＿＿＿。
7. 息子はよほどおもちゃがほしいのか、＿＿＿＿＿＿＿＿＿＿＿＿なり、動こうとしない。
8. ＿＿＿＿＿＿＿＿＿＿＿＿＿＿＿＿＿＿＿＿＿＿なり、まだ返事を出していない。

107 にかこつけて

 ＿＿月＿＿日

例文

1. 彼女は寒さ**にかこつけて**、日課のジョギングに行かなかった。
2. 海外出張**にかこつけて**、現地のグルメを楽しんだ。
3. 釣りに誘われたが、私は魚に触れない。天気が悪いの**にかこつけて**、行かなかった。

使い方

N にかこつけて　「Aにかこつけて B」の形で、Aを口実にしてBをするという意味を表す。Aは正当な理由ではないが、Bをするのに都合がいい理由として述べる。

Used in the pattern AにかこつけてB, this expresses that action B is performed using A as a pretext/excuse; that is, A is just a pretense and not the true reason.／「AにかこつけてB」表示以A为借口做B。A虽然不是正当理由，但是对于B来说却是个很好的借口。／Diễn đạt ý nghĩa viện lý do A để làm B bằng mẫu câu "AにかこつけてB". Trình bày A không phải lý do chính đáng nhưng để làm B thì lấy đó làm lý do thuận tiện.

確認しよう

正しいほうを選びなさい。
1. 彼は緊急のメールが来たこと（　に　・　を　）かこつけて、会議中にスマホをいじった。
2. 受験勉強にかこつけて、図書館で（　恋人と毎日会っている　・　一生懸命勉強している　）。

書いてみよう

＿＿＿＿＿＿に言葉を入れて、文を完成させなさい。

1. 私は＿＿＿＿＿＿＿＿＿＿＿＿＿にかこつけて、説教されるであろう母からの電話を無視した。
2. 昨日は＿＿＿＿＿＿＿＿＿＿＿＿＿にかこつけて、会社を休んだ。
3. 姉は＿＿＿＿＿＿＿＿＿＿＿＿＿にかこつけて、面倒な会議に遅れて行った。
4. 彼は＿＿＿＿＿＿＿＿＿＿＿＿＿にかこつけて、両親への贈り物を買わなかった。
5. 兄はちょっとだけ体調が悪いことにかこつけて、＿＿＿＿＿＿＿＿＿＿＿＿＿。
6. 彼女は犬を留守番させていることにかこつけて、＿＿＿＿＿＿＿＿＿＿＿＿＿。
7. 子どもたちは母の日にかこつけて、＿＿＿＿＿＿＿＿＿＿＿＿＿。
8. ＿＿＿＿＿＿＿＿＿＿＿にかこつけて、＿＿＿＿＿＿＿＿＿＿＿＿＿。

108 にもほどがある

 ＿＿月＿＿日

例文

1. そんなにからかって妹を泣かせるなんて、冗談にもほどがある。
2. 父の喫煙量は、吸いすぎにもほどがある。
3. この部屋はどのくらい掃除していないのだろう。散らかっているにもほどがある。

使い方

Vる／Vない
いAい
なAな
N
＋ にもほどがある

「〜の常識的な許容範囲を超えている」という意味を表す。強い非難や驚きを含む。

This expresses that something exceeds a reasonable or acceptable limit. It strongly conveys criticism or surprise. ／表示超越了一般常识所容许的范围。含有强烈的抱怨或震惊之意。／Diễn đạt ý nghĩa vượt quá phạm vi cho phép mang tính thường thức là 〜. Bao gồm sự phê phán mạnh mẽ, kinh ngạc.

確認しよう

正しいほうを選びなさい。

1. 彼女は自分のことばかり優先させる。（　わがまま　・　わがままな　）にもほどがある。
2. あの店の接客態度は、（　いい　・　悪い　）にもほどがある。

書いてみよう

＿＿＿＿に言葉を入れて、文を完成させなさい。

1. 友人は約束の時間に3時間も遅れてきた。＿＿＿＿＿＿＿＿＿＿にもほどがある。
2. ラーメン1杯で1万円なんて、＿＿＿＿＿＿＿＿＿＿にもほどがある。
3. このテストは＿＿＿＿＿＿＿＿＿＿にもほどがあるね。合格点を取ったのは2人だけだって。
4. 彼女の運転は荒っぽすぎて、＿＿＿＿＿＿＿＿＿＿にもほどがある。
5. 会長ともあろう者が、＿＿＿＿＿＿＿＿＿＿。不適切にもほどがある。
6. 夫は＿＿＿＿＿＿＿＿＿＿。甘やかすにもほどがある。
7. ＿＿＿＿＿＿＿＿＿＿なんて、厳しいにもほどがある。
8. ＿＿＿＿＿＿＿＿＿＿は、＿＿＿＿＿＿＿＿＿＿にもほどがある。

109 ながらに  ＿＿月＿＿日

例文

1. 彼女は生まれ**ながらに**恵まれた環境で育った。
2. この定食屋では昔**ながらの**味が楽しめる。
3. 彼は涙**ながらに**両親に別れを告げた。

使い方

Ｖます ／ Ｎ ＋ ながら(に) ／ ながらにして ／ ながらの Ｎ

「AながらにB」で、Aの時からずっとB（①②）、Aの状態のままB（③）という意味を表す。「いながら」「生まれながら」「生きながら」「涙ながら」「いつもながら」「昔ながら」という表現にしかほぼ使われない。

Used in the pattern AながらにB, this expresses that state B has continued since A (①②), or that B occurs while A is happening (③). The selection of words that can be joined with it is basically limited to いる, 生まれる, 生きる, 涙, いつも, and 昔. ／「AながらにB」表示从A那个时候就一直是B（①②），在A的状态下做B（③）。基本上只接在「いる」「生まれる」「生きる」「涙」「いつも」「昔」这些词后面。／ Bằng "AながらにB", diễn đạt ý nghĩa từ khi A vẫn B suốt, như câu (①②), vẫn cứ tình trạng A mà B bằng như câu (③). Từ tiếp nối hầu như chỉ giới hạn ở "いる", "生まれる", "生きる", "涙", "いつも", "昔".

確認しよう

正しいほうを選びなさい。

1. 今は家に（ い ・ いる ）ながら、買い物ができる時代だ。
2. この映画監督の最新作を見たが、（ 毎日 ・ いつも ）ながらの質の高い作品だった。

書いてみよう

＿＿＿＿＿に言葉を入れて、文を完成させなさい。

1. 古代には、神への生贄として、＿＿＿＿＿＿＿＿＿ながら土へ埋められる者もいたそうだ。
2. 私は左腕に＿＿＿＿＿＿＿＿＿ながらにあざがある。
3. この街は＿＿＿＿＿＿＿＿＿ながらの町並みで、観光客に人気がある。
4. その老人は＿＿＿＿＿＿＿＿＿＿を涙ながらに語ってくれた。
5. あの先生はいつもながら、＿＿＿＿＿＿＿＿＿＿＿＿＿＿＿＿＿＿＿＿＿。
6. 彼女は捕虜虐待のニュースを見て、「これは＿＿＿＿＿ながらにして死んでいるのと同じだ」と叫んだ。
7. 僕は生まれながらにして才能がなくても、＿＿＿＿＿＿＿＿＿＿＿と信じている。
8. インターネットさえあれば、＿＿＿＿＿＿＿ながらにして、＿＿＿＿＿＿＿＿＿。

110 に至って

_____月_____日

例文

1. 彼は倒れるに至って、やっと医師の診察を受けた。
2. 警察が介入するに至って、彼はやっと罪を認めて謝罪した。
3. 試験の前日に至っても、彼はまだ勉強を始めていなかった。

使い方

Vる / N ＋ に至って / に至っても

「Aに至ってB」の形で、Aという状況になって、やっとBをするという意味を表す(①②)。また、「Aに至ってもB」の形で、Aというよくない状況になってもBだという意味を表す(③)。

Used in the pattern Aに至ってB, this expresses that B finally happens only after situation A comes about (①②). In the pattern Aに至ってもB, it expresses that negative situation B happens/continues even up to the point of A or even though situation A exists (③). ／「Aに至ってB」表示到了A这个地步才终于做B (①②)。「Aに至ってもB」表示即便到了A这样不太好的情况，也还是B (③)。／ Diễn đạt ý nghĩa trở thành tình trạng A, cuối cùng làm B bằng mẫu câu "Aに至ってB", như câu (①②). Ngoài ra, diễn đạt dù trở thành tình trạng không tốt A vẫn B bằng mẫu câu "Aに至ってもB", như câu (③).

確認しよう

正しいほうを選びなさい。

1. 彼女は貯金がゼロになるに至って、（ やっと働くことにした ・ 失業してしまった ）。
2. 彼が国外に移住するに（ 至って ・ 至っても ）、彼らの友情は途絶えなかった。

書いてみよう

_____に言葉を入れて、文を完成させなさい。

1. 彼は医者に_____と言われるに至って、たばこと酒をやめた。
2. _____が報道されるに至って、やっと政府は厳しい基準を設けた。
3. 感染症の流行が_____に至って、政府は緊急対策を発表した。
4. _____に至っても、彼は会社を見捨てなかった。
5. 彼女の健康が回復する見込みがなくなるに至っても、_____。
6. スキャンダルが週刊誌に出るという事態に至って、_____。
7. _____に至って、_____。
8. _____に至っても、_____。

111 限り

＿＿月＿＿日

例文

① 命の**限り**、彼女のことを愛していくつもりだ。
② 災害時、人々は持てる**限りの**荷物を持って避難した。
③ 両親は私のために、できる**限りの**ことをして育ててくれた。

使い方

Vる ＋ 限り
　　　限りの N

Nの ＋ 限り
　　　限りに

「A限りB」の形で、Aの限界までBをするという意味を表す。動詞は可能動詞を使うことが多い。名詞は「声」「力」「命」「贅沢」に限られる。

Used in the pattern A限りB, this expresses that action B is performed up to limit A. The verbs used with it are often potential verbs. The nouns that can be used with it are limited to 声, 力, 命, and 贅沢.／「A限りB」表示竭尽A所能来做B。动词常用可能形式。名词的话只接在「声」「力」「命」「贅沢」这些词后面。／Diễn đạt ý nghĩa làm B cho đến giới hạn A bằng mẫu câu "A限りB". Động từ thì phần nhiều sử dụng động từ khả năng. Danh từ thì giới hạn với "声","力","命","贅沢".

確認しよう

正しいほうを選びなさい。

1．さあ、決勝戦だ。力（　の　・　な　）限りに戦おう。
2．登山では、日が暮れる前に（　進む　・　進める　）限り進みたい。

書いてみよう

＿＿＿＿に言葉を入れて、文を完成させなさい。

1．社会人になると自分の時間が持てなくなるから、今のうちに＿＿＿＿限り遊んでおきなよ。

2．倒壊寸前のビルに取り残された人々は、助けを求めて＿＿＿＿限りに叫んだ。

3．荷物は、車に＿＿＿＿＿＿＿＿限り積んでください。

4．恋人が帰国することになった。帰国するまで、＿＿＿＿＿＿限り＿＿＿＿＿＿たい。

5．その大統領夫人は国民から集めた税金で＿＿＿＿＿＿の限りを尽くした生活を送っていた。

6．この公園には見渡す限りの＿＿＿＿＿＿＿＿が広がっている。

7．「命の限り君を守るよ」とプロポーズされ結婚したが、夫ときたら＿＿＿＿＿＿＿＿＿＿。

8．祖母に、＿＿＿＿うちに＿＿＿＿＿＿限り＿＿＿＿＿＿＿＿＿と言われた。

204

112 〜つ…つ

　　　　　　　　　　　　　　　　　　　　　　　　📅 ＿＿＿月＿＿＿日

 例文

① 二人は抜き**つ**抜かれ**つ**、成績を競い合っている。
② 私たちは持ち**つ**持たれ**つ**の関係だ。
③ その学生は廊下を行き**つ**戻り**つ**しながら、先生の帰りを待っている。

 使い方

 ＋つ　「ＡつＢつ」で、ＡしたりＢしたりしながらという意味を表す。慣用的な使い方が多い。

　　　　Used in the pattern ＡつＢつ, this expresses that actions A and B alternate. It commonly appears in idiomatic usages. ／「ＡつＢつ」表示A跟B同步在发生。有以下这样一些惯用表达。／Diễn đạt ý nghĩa khi làm A khi làm B bằng "ＡつＢつ". Nhiều cách sử dụng mang tính quán dụng.

確認しよう

「〜つ…つ」の使い方が正しいものには〇、間違っているものには×を書きなさい。

1. (　　) 追いつ追われつのカーレースを興奮しながら観戦した。
2. (　　) 追いつ追いつのカーレースを興奮しながら観戦した。

書いてみよう

＿＿＿＿＿に合う言葉を、□□□から選んで書きなさい。

> 行きつ戻りつ／浮きつ沈みつ／追いつ追われつ／押しつ押されつ／
> 差しつ差されつ／抜きつ抜かれつ／見えつ隠れつ／持ちつ持たれつ

1. その紙で作った船は、＿＿＿＿＿＿＿＿＿＿＿＿＿＿＿＿、川を流れていった。
2. 新幹線の窓から景色を眺めていたら、富士山が＿＿＿＿＿＿＿＿＿＿＿＿＿、近づいてきた。
3. 二人の選挙の得票数は＿＿＿＿＿＿＿＿＿＿＿＿＿＿の接戦で、最後まで結果が読めなかった。
4. 彼と彼女は＿＿＿＿＿＿＿＿＿＿＿＿＿＿＿＿、困難な時期を乗り切った。
5. 子どもの手術の日、親は手術室の前を＿＿＿＿＿＿＿＿＿＿＿＿＿＿＿＿していた。
6. その兄弟は＿＿＿＿＿＿＿＿＿＿＿＿＿＿＿＿、楽しそうに走っている。
7. ラッシュの電車を降りた後は、＿＿＿＿＿＿＿＿＿＿＿＿＿＿＿改札口へ向かった。
8. 歓迎会では、先輩後輩が＿＿＿＿＿＿＿＿＿＿＿＿＿＿＿＿＿＿＿＿＿酒を飲んでいた。

第14課　文法の練習

まとめの練習

 ＿＿＿月＿＿＿日

問題1　読解（内容理解 - 短文 Comprehension - Short passages）

次の(1)と(2)の文章を読んで、後の問いに対する答えとして最もよいものを、1・2・3・4から一つ選びなさい。

(1)

以下は、ケンさんの日記である。

> 明日はついにさくらにプロポーズをする日だ。さくらといると、僕は大らかな人間になれる気がする。僕はよく家族や友達から何かに熱中すると、周りが見えなくなるきらいがあると言われていた。でも、いつでも周囲の人たちに気を配るさくらと付き合っていくうちに、彼女のそういうところを見習いたいと思い、自分も気をつけるようになった。
> 　それでも最近は、仕事の忙しさにかこつけて、連絡を怠ってしまい、さくらに寂しい思いをさせてきたかもしれない。でも、もしさくらがプロポーズを受けてくれたら、僕は命の限りさくらを愛し、いかなる場合でも、ともに生きて行こうと思っている。

1　ケンさんはさくらさんと付き合って、どう変わったか。

1　熱中できることが見つかった。
2　仕事が充実するようになった。
3　周りの人のことが気にならなくなった。
4　周りの人を大切にするようになった。

(2)

以下は、ケンさんの日記である。

> 今日、思い出の山下公園で、僕はさくらにプロポーズをした。真面目な顔で話があると言ったら、さくらは下を向いたなり顔を上げてくれなかった。プロポーズを受けてもらえないのではないかと緊張したが、後で聞いたら、さくらは振られてしまうと思っていたそうだ。心配性にもほどがあると思ったが、そんなところもまた愛おしいと思った。
> 僕が膝をつき指輪を見せるに至って、やっとさくらは顔を上げた。そして、涙ながらに、これからも持ちつ持たれつ頑張っていこうとプロポーズを受けてくれた。
> 二人で歩むこれからの人生は、素晴らしい冒険になるに違いない！

1　さくらさんが下を向いたのはなぜか。
1　ケンさんからのプロポーズに戸惑ってしまったから
2　ケンさんの緊張した様子を見て心配になってしまったから
3　ケンさんとの付き合いが終わってしまうと思ったから
4　ケンさんが膝をついて下のほうにいたから

| 問題2 | 文法（文法形式の判断 Selecting grammar form） |

次の文の（　　　）に入れるのに最もよいものを、1・2・3・4から一つ選びなさい。

1　弟は勉強に（　　　）、家族の食事会に参加しなかった。

　　1　限って　　　　　　2　至って　　　　　　3　したところで　　　4　かこつけて

2　彼女は涙（　　　）、遠く離れた国に住む息子からの手紙を読んでいた。

　　1　つつ　　　　　　　2　つつも　　　　　　3　ながらに　　　　　4　ながらも

3　彼はテーブルに料理を並べた（　　　）、手をつけずにスマホをいじっている。

　　1　始末で　　　　　　2　ものを　　　　　　3　なり　　　　　　　4　だに

4　この2社は市場でのシェアをめぐって、（　　　）の戦いを続けている。

　　1　押すやら押されるやら　　　　　　　　2　押して押されて

　　3　押そうが押されようが　　　　　　　　4　押しつ押されつ

5　経営危機に（　　　）、その社長は従業員を解雇することを拒否した。

　　1　至っても　　　　　2　至って　　　　　　3　相まっても　　　　4　相まって

6　課長　「新人の彼のレポート、ちゃんと見てあげてくださいね。」

　　係長　「はい、彼は大事なことを（　　　）きらいがありますからね。」

　　1　見落とす　　　　　2　見落とした　　　　3　見落としそうな　　4　見落としている

7　藤川　「日本代表は予選落ちしてしまったそうですね。」

　　野村　「どの選手も力（　　　）限り戦ったんですが、惜しい試合でしたね……。」

　　1　を　　　　　　　　2　が　　　　　　　　3　の　　　　　　　　4　に

8　妻　「こんな遅い時間なのに、あの人たち公園で騒いでるよ。」

　　夫　「やかましいにも（　　　）ね。」

　　1　かなわない　　　　2　かたくない　　　　3　ほどがある　　　　4　やまない

| 問題3 | 文法（文の組み立て Sentence composition）|

次の文の ___★___ に入る最もよいものを、1・2・3・4から一つ選びなさい。

1 彼は _____ _____ _★_ _____ 知人との約束をキャンセルした。
　　1　会いたくない　　　2　かこつけて　　　　3　忙しいことに　　　4　仕事が

2 彼女は _____ _★_ _____ _____ を主張するのが苦手だ。
　　1　自分の意見　　　　2　に流される　　　　3　人の意見　　　　　4　きらいがあって

3 その旅館は _____ _____ _★_ _____ つつ、設備を一新した。
　　1　昔　　　　　　　　2　を残し　　　　　　3　雰囲気　　　　　　4　ながらの

4 木の葉が _____ _____ _____ _★_ いった。
　　1　流れて　　　　　　2　小川に　　　　　　3　浮きつ沈みつ　　　4　落ちた後

5 _____ _____ _★_ _____ は一時停止せざるを得なかった。
　　1　予算不足に　　　　2　深刻な　　　　　　3　プロジェクト　　　4　至って

6 彼は試験が間近に _____ _★_ _____ _____ しまった。
　　1　なり　　　　　　　2　迫っているのに　　3　寝て　　　　　　　4　教科書を開いた

7 梅田「遅刻の理由？ 犬に吠えられて、木の上に追い詰められていたものだから……。」
　　加山「その言い訳は _____ _____ _★_ _____ よ。」
　　1　ばかげている　　　2　にもほどがある　　3　無理があって　　　4　あまりにも

8 昌代　「こんなにたくさんのリンゴ、どうしたの？」
　　美香子「母が送ってくれたんだ。_____ _____ _★_ _____ いいからね。」
　　1　持って帰って　　　　　　　　　　　　2　食べきれないから
　　3　限り　　　　　　　　　　　　　　　4　持てる

第14課

まとめの練習

209

問題4　聴解（課題理解 Task-based comprehension）

まず質問を聞いてください。それから話を聞いて、問題用紙の1から4の中から、最もよいものを一つ選んでください。

♪ N1-118

1　結婚式のお返しを注文する
2　招待客の人数を数える
3　カードのデザインを決める
4　カードに書く文章を考える

問題5　聴解（即時応答 Quick response）

まず文を聞いてください。それから、それに対する返事を聞いて、1から3の中から、最もよいものを一つ選んでください。

1	♪ N1-119	1	2	3
2	♪ N1-120	1	2	3
3	♪ N1-121	1	2	3
4	♪ N1-122	1	2	3
5	♪ N1-123	1	2	3
6	♪ N1-124	1	2	3
7	♪ N1-125	1	2	3
8	♪ N1-126	1	2	3

文法さくいん

| あ | あっての | 188 |
| | いかん | 88 |

か	限り（第2課）	36
	限り（第14課）	204
	限りだ	105
	限りでは	36
	限りに	204
	限りの	204
	かたがた	130
	かたわら	145
	がてら	45
	が早いか	21
	からある	158
	からいる	158
	からする	158
	からの	158
	～かれ…かれ	30
	きらいがある	198
	極まりない	149
	極まる	149
	～ことはあっても…ことはない	120

さ	始末だ	31
	ずくめ	78
	ずにはおかない	175
	ずにはすまされない	89
	ずにはすまない	89
	すら	35
	そばから	77

| た | たが最後 | 47 |
| | たなり | 199 |

	だに	177
	だにしない	177
	～たら～たで	186
	たら最後	47
	たりとも	117
	たるもの	161
	～つ…つ	205
	っこない	148
	ったらありゃしない	86
	ったらない	86
	っぱなし	174
	～であれ…であれ	30
	てからというもの	18
	でなくてなんだろう	176
	てなるものか	119
	てなるもんか	119
	ては	61
	ではあるまいし	159
	てはいられない	73
	てはかなわない	63
	てはばからない	147
	手前	74
	てやまない	190
	～と…が相まって	134
	～と…とが相まって	134
	と相まって	134
	とあって	58
	とあっては	58
	～といい…といい	19
	といえど	144
	といえども	144
	といったところだ	46
	といったらありゃしない	86

211

といったらない	86	
〜といわず…といわず	48	
と思いきや	44	
ときたら	135	
ところ	184	
ところを	184	
とて	16	
とでもいうべき	37	
とでもいうべきだ	37	
とは	65	
〜とも…とも	128	
ともあろう	22	
ともいうべき	37	
ともいうべきだ	37	
ともなく	75	
ともなしに	75	
ともなると	106	
ともなれば	106	

な

ないではおかない	175
ないではすまされない	89
ないではすまない	89
ないでもない	79
ないまでも	102
ないものでもない	79
ながらに	202
ながらにして	202
ながらの	202
なくして	76
なくしては	76
なしで	76
なしでは	76
なしに	76
なしには	76
ならいざしらず	50
ならではだ	171
ならではの	171

ならまだしも	131
なり	32
〜なり…なり	60
なりに	114
なりの	114
に当たらない	118
にあって	142
にあっても	142
に至って	203
に至っては	160
に至っても	203
に至るまで	72
〜に限って…ない	132
に限る	103
にかこつけて	200
にかたくない	91
にかまけて	59
にしたって	93
にしたところで	93
に即した	87
に則した	87
に即して	87
に則して	87
にたえない	146
にたえる	146
に足る	104
にとどまらず	100
に則って	129
には当たらない	118
にひきかえ	49
にまつわる	107
にもほどがある	201
にもまして	34
の至り	189
のにひきかえ	49
のをいいことに	20

は	はおろか	163
	ばこそ	92
	べからざる	162
	べからず	162
	べく	101
	べくして	62
	べくもない	172

ま	まじき	187
	まみれ	51
	めいた	157
	めく	157
	もさることながら	115
	ものと思われる	23
	ものを	33

や	～ようか～まいか	90

わ	わけではあるまいし	159
	～をおいて…ない	185
	を限りに	173
	を皮切りとして	17
	を皮切りに	17

	を皮切りにして	17
	をきっかけとして	121
	をきっかけに	121
	をきっかけにして	121
	を禁じ得ない	143
	を契機として	121
	を契機に	121
	を契機にして	121
	をふまえた上で	64
	をふまえて	64
	をものともせず	170
	をものともせずに	170
	を余儀なくさせられる	156
	を余儀なくさせる	156
	を余儀なくされる	156
	をよそに	191

ん	んがため	133
	んがために	133
	んばかりだ	116
	んばかりに	116
	んばかりの	116

別冊

文法からひろげる
日本語トレーニング

文法Buddy
バディ
JLPT|N1
日本語能力試験

Grammar Buddy for the Japanese-Language Proficiency Test N1

解答／聴解スクリプト

- 確認しよう ………… 2
- まとめの練習 ………… 8

確認しよう ● 解答

第1課

1 とて (p.16)
1．だ
2．休むわけにはいかない

2 を皮切りに (p.17)
1．○
2．×

3 てからというもの (p.18)
1．○
2．×

4 ～といい…といい (p.19)
1．×
2．○

5 のをいいことに (p.20)
1．○
2．×

6 が早いか (p.21)
1．×
2．○

7 ともあろう (p.22)
1．部長
2．加担する

8 ものと思われる (p.23)
1．明白な
2．もの

第2課

9 ～であれ…であれ (p.30)
1．であれ／であれ
2．何

10 始末だ (p.31)
1．×
2．○

11 なり (p.32)
1．×
2．○

12 ものを (p.33)
1．治っていた
2．許してもらえた

13 にもまして (p.34)
1．○
2．×

14 すら (p.35)
1．初級
2．いない

15 限りでは (p.36)
1．調べた
2．知る

16 とでもいうべき (p.37)
1．一流ホテルの料理
2．運命

第3課

17 と思いきや (p.44)
1．上着が必要
2．未成年

18 がてら (p.45)
1．歩き
2．お客様の家に伺った

2

19 といったところだ (p.46)
1．100
2．財産

20 たが最後 (p.47)
1．話し続ける
2．難しい

21 〜といわず…といわず (p.48)
1．国外
2．した

22 にひきかえ (p.49)
1．である
2．楽しい

23 ならいざしらず (p.50)
1．歩けない
2．実用的

24 まみれ (p.51)
1．油
2．泥

第4課

25 とあって (p.58)
1．円安だ
2．行列ができている

26 にかまけて (p.59)
1．×
2．○

27 〜なり…なり (p.60)
1．×
2．○

28 ては (p.61)
1．叱れない
2．壊し

29 べくして (p.62)
1．す・する
2．売れる

30 てはかなわない (p.63)
1．×
2．○

31 をふまえて (p.64)
1．○
2．×

32 とは (p.65)
1．起きられる
2．元気だ

第5課

33 に至るまで (p.72)
1．×
2．○

34 てはいられない (p.73)
1．○
2．×

35 手前 (p.74)
1．×
2．○

36 ともなく (p.75)
1．する
2．から

37 なしに (p.76)
1．一人暮らしはできない
2．聞くこと

38 そばから (p.77)
1．×
2．○

3

39 ずくめ (p.78)

1．黒（くろ）
2．残業（ざんぎょう）

40 ないものでもない (p.79)

1．読（よ）まない
2．でき

第6課

41 といったらない (p.86)

1．退屈（たいくつ）
2．素晴（すば）らしさ・素晴（すば）らしいこと

42 に則して／に則して (p.87)

1．即（そく）して
2．則（そく）して

43 いかん (p.88)

1．×
2．○

44 ないではすまない (p.89)

1．取（と）らされない
2．非難（ひなん）されず

45 〜ようか〜まいか (p.90)

1．話（はな）す
2．来（く）る

46 にかたくない (p.91)

1．予想（よそう）
2．推測（すいそく）する

47 ばこそ (p.92)

1．親切（しんせつ）であれば
2．笑（わら）って

48 にしたって (p.93)

1．食事（しょくじ）
2．ある

第7課

49 にとどまらず (p.100)

1．大人（おとな）
2．する

50 べく (p.101)

1．減（へ）らす
2．勉強（べんきょう）に励（はげ）んでいる

51 ないまでも (p.102)

1．言（い）わない
2．外食（がいしょく）したい

52 に限る (p.103)

1．しない
2．鍋（なべ）

53 に足る (p.104)

1．に
2．足（た）る結果（けっか）ではなかった

54 限りだ (p.105)

1．悲（かな）しそうだ
2．心配（しんぱい）な

55 ともなると (p.106)

1．×
2．○

56 にまつわる (p.107)

1．○
2．×

第8課

57 なりに (p.114)

1．ない
2．悩（なや）みがある

4

58 もさることながら (p.115)
1．運も影響した
2．天気

59 んばかり (p.116)
1．ばかりの
2．せ

60 たりとも (p.117)
1．一日
2．一瞬

61 には当たらない (p.118)
1．失敗
2．驚く

62 てなるものか (p.119)
1．休んで
2．あげよう

63 ～ことはあっても…ことはない (p.120)
1．かける
2．あっても

64 をきっかけに (p.121)
1．を
2．変わり始めた

第9課

65 ～とも…とも (p.128)
1．とか／とか
2．とも／とも

66 に則って (p.129)
1．に
2．のとおりに

67 かたがた (p.130)
1．出張
2．懐かしい場所を訪れた

68 ならまだしも (p.131)
1．○
2．×

69 ～に限って…ない (p.132)
1．に
2．休むはずがない

70 んがために (p.133)
1．せ
2．買いに

71 と相まって (p.134)
1．と
2．成功を収めた

72 ときたら (p.135)
1．と
2．遊びに行く

第10課

73 にあって (p.142)
1．に
2．にあって

74 を禁じ得ない (p.143)
1．悲しみ
2．喜びを禁じ得なかった

75 といえども (p.144)
1．まだまだ寒い
2．わかる

76 かたわら (p.145)
1．勤める
2．しながら

77 にたえる／にたえない (p.146)
1．たえない
2．に

確認しよう

解答

5

78 **てはばからない** (p.147)

1．語って

2．して

79 **っこない** (p.148)

1．食べ

2．飛べっこない

80 **極まる／極まりない** (p.149)

1．丁寧

2．悲しいこと

第11課

81 **を余儀なくさせる** (p.156)

1．された

2．させた

82 **めく** (p.157)

1．○

2．×

83 **からある** (p.158)

1．かかります

2．からの

84 **ではあるまいし** (p.159)

1．ロボット

2．わけじゃあるまいし

85 **に至っては** (p.160)

1．に

2．最も低い

86 **たるもの** (p.161)

1．市民の安全を守る

2．社長

87 **べからず** (p.162)

1．させる

2．べからざる

88 **はおろか** (p.163)

1．むくこと

2．掛け算／足し算

第12課

89 **をものともせずに** (p.170)

1．○

2．×

90 **ならでは** (p.171)

1．ならではの

2．ならでは

91 **べくもない** (p.172)

1．望む

2．否定

92 **を限りに** (p.173)

1．を限りに

2．だけ

93 **っぱなし** (p.174)

1．つけ

2．働き

94 **ずにはおかない** (p.175)

1．謝らせず

2．怒らず

95 **でなくてなんだろう** (p.176)

1．だろう

2．でなくてなんだろうか

96 **だに** (p.177)

1．だに

2．だに

第13課

97 ところを (p.184)
1．×
2．○

98 ～をおいて…ない (p.185)
1．○
2．×

99 ～たら～たで (p.186)
1．雑だと叱られる
2．降った

100 まじき (p.187)
1．許す
2．ある

101 あっての (p.188)
1．の
2．あって

102 の至り (p.189)
1．の
2．至りです

103 てやまない (p.190)
1．願って
2．感謝して

104 をよそに (p.191)
1．を
2．活動的に行動している

第14課

105 きらいがある (p.198)
1．厳しすぎる
2．の

106 たなり (p.199)
1．×
2．○

107 にかこつけて (p.200)
1．に
2．恋人と毎日会っている

108 にもほどがある (p.201)
1．わがまま
2．悪い

109 ながらに (p.202)
1．い
2．いつも

110 に至って (p.203)
1．やっと働くことにした
2．に至っても

111 限り (p.204)
1．の
2．進める

112 ～つ…つ (p.205)
1．○
2．×

確認しよう

解答

7

まとめの練習 ● 解答／聴解スクリプト

第1課

問題1 (pp.24-25)

(1) ☐1 2 (2) ☐1 3

問題2 (p.26)

1	2	2	4	3	2	4	1	5	2
6	2	7	1	8	4				

問題3 (p.27)

1	4	2	2	3	2	4	4	5	4
6	1	7	1	8	3				

問題4 (p.28)

🎵 N1-1　答え　3

家で夫婦が話しています。妻は何に困っていると言っていますか。

男：行ってきます。

女：ねえ、今夜も遅くなるの？ 転職してからというもの、ずっと残業続きだよね。

男：うん。来週の新製品発表会を皮切りにイベントが続くから、その準備で今バタバタしてるんだ。来週はもっと忙しくなると思う。

女：そっか。あのね、子どもたちのことでちょっと気になることがあって……。最近、私も仕事で遅くなる日が多いでしょう？

男：うん、それがどうしたの？

女：それで、新一といいランといい、私たちの帰りが遅いのをいいことに、全然勉強してないみたいなんだ。受験前だっていうのに困ったよ。新一なんて、晩ご飯を食べ終わるが早いか、すぐに自分の部屋に行って寝ちゃうから、話す機会さえないんだから。

男：それは困ったね。忙しいからとて、子どもたちとコミュニケーションを取らないのはよくないよ。

女：そうだよね。二児の親ともあろう者が、子ど

もに向き合わないなんて、だめだよね。考えてるだけじゃなくて、ちゃんと行動に移そう。

男：じゃあ、今夜できるだけ早く帰って、一緒に子どもたちと話さない？

女：うん、そうしよう。

妻は何に困っていると言っていますか。

問題5 (p.28)

1 🎵 N1-2　答え　2

男：このコーヒーは香りといい、味といい、申し分ないね。

女：1　うん、本当に申し訳ないよ。
　　2　うん、完璧だね。
　　3　うん、私の分はないんだよ。

2 🎵 N1-3　答え　1

女：彼はジョッキを持つが早いか、あっという間にビールを飲み干しちゃったんだよ。

男：1　へー、きっと喉が渇いていたんだね。
　　2　へー、君がそんなにお酒に強いとは知らなかったよ。
　　3　へー、全部飲めなくて残しちゃったんだ。

3 🎵 N1-4　答え　3

男：パーティーに参加しないからとて、返事をしないのは失礼だと思うよ。

女：1　うん、それは失礼だと思って、参加しなかったよ。
　　2　だよね。パーティーに行かないのは失礼だよ。
　　3　そっか。じゃあ、すぐに連絡しておくよ。

4 🎵 N1-5　答え　3

男：ねえ、このニュース見て。教授ともあろう人が万引きをするなんて、信じられない。

女：1　そうだね。先生だからとて、それは理解

8

できないだろうね。

2　そうだね。大学で教授の物を盗むなんて、想像できないよ。

3　そうだね。このまま教授を続けられるのかな。

---

5 ♪ N1-6　答え　**1**

女：昨日の会議はなかなか意見が出なかったらしいけど、主任の発言を皮切りに、みんなが意見をし始めたそうだよ。

男：1　初めに自分が意見を出すなんて、さすが主任だね。

2　まあ、主任が話した後だと意見は言いにくいよ。

3　へー、そんなに意見が出なかったんじゃ、会議の意味がないね。

6 ♪ N1-7　答え　**2**

男：そういえば、梅田さん、昨日のプレゼンうまくいったのでしょうか。

女：1　うまくいくかどうかは、準備次第ですから、頑張ってください。

2　何も聞いていませんから、特に問題はなかったものと思われますよ。

3　誰にしたって、プレゼントを選ぶのは難しいことですよね。

7 ♪ N1-8　答え　**1**

女：日本に来てからというもの、きちんとごみを分別するようになったんだ。

男：1　それは、いい変化だね。

2　それは、困った習慣だね。

3　それは、珍しい文化だね。

8 ♪ N1-9　答え　**3**

男：腕をけがしたのをいいことに、家事をすべて子どもたちに代わってもらってます。

女：1　本当、子どもたちが代わってくれればいいのにね。

2　お子さん、腕のけがだけで済んで本当によかったね。

3　たまには子どもたちに甘えてもいいんじゃない？

第2課

問題1 (pp.38-39)

1	2	2	3	3	2	4	4

問題2 (p.40)

1	1	2	3	3	2	4	4	5	2
6	3	7	3	8	4				

問題3 (p.41)

1	1	2	2	3	4	4	1	5	2
6	1	7	4	8	3				

問題4 (p.42)

♪ N1-10　答え　**3**

喫茶店で男の人と女の人が話しています。男の人は、おばあさんが被害に遭ったのはどうしてだと考えていますか。

男：ねえ、「オレオレ詐欺」って知ってる？

女：もちろん知ってるよ。電話で息子や娘のふりをして高齢者を騙して、お金を振り込ませる手口のことだよね。私が聞いた限りでは、日本で年間5000件近く発生してるらしいよ。

男：そうそう。この間テレビで、被害に遭ったおばあさんのインタビューを見たんだけど、息子のふりをした男が、「会社のお金を失くしてしまって、困ってるんだ！」って電話をかけてきたんだって。それで、おばあさん、電話を切るなり慌てて銀行に行って、息子のためだと思って1000万円を振り込んじゃったって。

女：そのインタビュー、私も見た。おばあさん、本当にかわいそうだった。老後のために貯めてたお金をすべて失ってしまう始末で……。

その犯人はまさに悪魔とでもいうべき人だよね。

男：うん、ご本人の辛い気持ちを想像すると、怒りすら覚えるよ。被害に遭わないように、僕たちも何か対策をしたほうがいい気がする。例えば、怪しい電話がきたら必ず誰かに相談するようにするとか。そのおばあさんも、お金を振り込む前に誰かに相談できれば被害に遭わなかったものを、家に一人でいたせいで、騙されてしまったのかもしれない。

女：確かに。どんなに少額であれ、振り込んでしまってからでは遅いからね。被害の件数は年々増えてるらしいし、警察には以前にもまして対策を強化してもらいたいな。

男の人は、おばあさんが被害に遭ったのはどうしてだと考えていますか。

問題5 (p.42)

1 🎵 N1-11　答え　1

男：彼女のダンスは、神様からの贈り物とでもいうべき才能を感じるよね。

女：1　うん。本当に見る人を魅了するよね。
　　2　うん。こんなにひどいダンスじゃ、当然だよ。
　　3　うん。贈り物を選ぶセンスはさすがだよね。

2 🎵 N1-12　答え　3

男：ねえ、この辺においしいケーキ屋があるって聞いたんだけど、知ってる？

女：1　ちゃんと開店時間を調べておけばいいものを。
　　2　また遠回りして迷子になる始末だよ。
　　3　私の知る限り、そんな店ないと思うよ。

3 🎵 N1-13　答え　2

女：昨日ずいぶん飲んでたけど、大丈夫？ちゃんと記憶ある？

男：1　飲めないなら、無理して飲まなければよ

かったものを。
　　2　それがさ、お金を払ったかすら覚えてないんだ。
　　3　心配なら、記憶を失くすまで飲まないでよ。

4 🎵 N1-14　答え　1

男：おっ、いい匂いだね。今日の料理はいつにもましておいしそうだね。

女：1　はいはい、またそんなお世辞を言って。
　　2　そんなー、朝からおにぎりすら食べてないんだよ。
　　3　でしょう？　もっと早く帰ってくれば食べられたものを。

5 🎵 N1-15　答え　2

女：ねえそれ、水であれお酒であれ、ここは持ち込み禁止だよ。

男：1　そうか。じゃ、お茶を持ってきて正解だったよ。
　　2　そうなんだ。じゃ、これはロッカーに預けてくるよ。
　　3　そうだよ。ジュース以外は飲んじゃいけないんだ。

6 🎵 N1-16　答え　3

女：弟は会社をサボってばかりいて、ついにクビになる始末なんだ。

男：1　へー、そんなに休んでも問題にならないなんて、うらやましいよ。
　　2　へー、やっとサボるのをやめて、真面目になったんだね。
　　3　へー、さすがにそれは反省したんじゃない？

7 🎵 N1-17　答え　3

男：昨日久しぶりに会った友達に、顔を見るなりお金を貸してくれって言われて、何だかがっかりしちゃった。

女：1　やっとお金が返せてよかったね。
　　2　なんで別れ際にそんなことを言うんだろうね。
　　3　よほどお金に困ってるんじゃないの？

8 🎵 N1-18　答え　1

女：コーチの言うとおりにしていればよかったものを、勝手なことをするから試合に負けちゃったんだよ。

男：1　そのときはそうすることが最善だと思ったんだよ。
　　2　コーチが何も言ってくれなかったから、仕方がないよ。
　　3　コーチですら勝手なことをしたんだから、負けて当然だよ。

第3課

問題1 (pp.52-53)

1	4	2	2	3	3

問題2 (p.54)

1	2	2	3	3	1	4	4	5	2
6	3	7	1	8	4				

問題3 (p.55)

1	4	2	4	3	1	4	4	5	3
6	1	7	2	8	3				

問題4 (p.56)

🎵 N1-19　答え　3

職場の休憩時間に、男の人と女の人が話しています。男の人は何がひどいと言っていますか。

男：昨日、散歩がてら、息子と公園へ行ったんだ。息子は砂場で砂まみれになって楽しそうに遊んでたんだけど、急にその公園の入り口に、子どもといわず大人といわず、たくさんの人が集まりだしてさ。

女：え？　何かあったの？

男：うん、悲鳴も上がったから、何か事故でも起きたのかと思いきや、なんとドラマの撮影が始まったんだ。

女：ドラマ？

男：そう、今人気の「いつか桜の木の下で」の。ちょっとひどいと思わない？

女：ひどい？　どうして？　有名な俳優たちに会えたんでしょう？　むしろラッキーじゃない。

男：そりゃあ、有名な俳優に会えた人はラッキーだっただろうね。それにひきかえ、僕はスタッフの背中しか見られなかったよ。

女：ははは、だから怒ってるんだ？　もし主役の女優さんに会えてたら、きっと喜んでたに違いないと思うけど。

男：違うよ。僕が言いたいのはそういうことじゃなくて、早朝の人がいない時間帯に撮影するならいざしらず、わざわざ混雑する時間帯に撮影しなくてもいいんじゃないのってことだよ。公園には僕みたいにのんびり過ごしたい人だって少なからずいるっていうのにさ。

女：確かにそうだね。有名人が来てるなんて知られたが最後、人が集まるに決まってるよね。

男の人は何がひどいと言っていますか。

問題5 (p.56)

1 🎵 N1-20　答え　3

男：遅れてごめん！　予定通りに着くと思いきや、渋滞に巻き込まれてちゃって。

女：1　さすが、渋滞でも予定通りだね。
　　2　事故に巻き込まれるなんて、危なかったね。
　　3　私も今来たところだから、大丈夫だよ。

2 🎵 N1-21　答え　2

男：ねえ、天気がいいから散歩がてら、飲みに行かない？

女：1　うん。散歩しながら飲むなんて嫌だよ。
　　2　いいね。ちょうど行ってみたい店があるんだ。

まとめの練習　解答／聴解スクリプト

11

3　わかった。散歩用に飲み物準備するね。

3　♪N1-22　答え　1

女：ねえ、聞いてよ。私アルバイトなのに、店長がボーナスをくれたんだよ。

男：1　本当？　それにひきかえうちの店は正社員にもボーナスがなかったみたいだよ。
　　2　本当？　アルバイトだからってボーナスがもらえないのは嫌だね。
　　3　本当？　店長になったら、毎回ボーナスを払わなきゃいけないなんて、大変。

4　♪N1-23　答え　2

女：小川さん、ギャンブルに手を出して借金まみれなんだって。

男：1　まだ借金があるのかと思いきや、全額返済したんだよね。
　　2　へー、そんなふうには見えないけどね。
　　3　彼に借金したが最後、一生恩着せがましく言われちゃうね。

5　♪N1-24　答え　2

男：お金に困っているならいざしらず、遊ぶお金があるのに家賃を払わないなんて信じられないよ。

女：1　お金に困っているのを知らなかったからって、それは言いすぎだよ。
　　2　人に迷惑をかけてまで遊びたい人の気持ちはわからないよね。
　　3　家賃が払えないほどお金がないのは困ってしまうね。

6　♪N1-25　答え　1

女：ご自宅から海まで、そんなに近いんですか。

男：1　まあ、歩いて5分といったところです。
　　2　ええ。近いならいざしらず、1時間もかけて海には行きませんね。
　　3　そうですね。知る限り海はありませんよ。

7　♪N1-26　答え　2

女：彼に秘密を知られたら最後、みんなに言いふらすから気をつけてね。

男：1　彼とて、みんなに伝わらないのは困るよね。
　　2　秘密をばらされるのは気分が悪いよね。
　　3　みんな彼を知っているかと思いきや、誰も知らないそうだよ。

8　♪N1-27　答え　3

男：彼女の日本語は発音といわず、文法といわず、まったく問題がありませんよ。

女：1　ええ。上手なのかと思いきや、全然話せませんでしたよ。
　　2　そうですね。せいぜい初級レベルといったところですよ。
　　3　へー、すごいですね。彼女にひきかえ私は……。

第4課

問題1 (pp.66-67)

(1) 1 2　(2) 1 3

問題2 (p.68)

1	4	2	2	3	2	4	3	5	1
6	3	7	4	8	1				

問題3 (p.69)

1	1	2	2	3	2	4	4	5	1
6	2	7	2	8	3				

問題4 (p.70)

♪N1-28　答え　4

ボランティア活動で男のスタッフが話しています。

男：皆さん、本日はお忙しい中、防犯パトロールのボランティアにご参加くださり、ありがとうございます。これからグループに分かれ

て、住宅街を中心に地域の見回りを行います。今日は連休中とあって、留守の家が多いかと思いますので、より入念な見回りをお願いします。パトロール中は、地域の方への積極的な声かけが重要です。すれ違う方と、できるだけ挨拶するなり、目線を合わせるなりするようにしましょう。犯罪を計画している人は、周囲の目を非常に警戒しますから、挨拶するだけでも防犯につながります。ただし、中には凶悪犯もいるということをふまえて、不審者を見かけても、決して近寄らないようにしてください。パトロール中にトラブルに巻き込まれてはかないません。万が一、犯行の現場を目撃した場合は、すぐに警察への通報をお願いします。

男の人は何について話していますか。

1 この街で犯罪が増えている要因
2 不審者の見分け方と通報の仕方
3 住民と警察が協力することの重要性
4 防犯パトロールの仕方と注意点

問題5 (p.70)

1 🎵 N1-29 　答え　3

男：毎日肉ばかり食べてちゃ体に悪いから、野菜も食べたほうがいいよ。

女：1 うん。最近野菜ばかりだから、肉も食べたいよ。
　　2 うん。そう聞いたから、肉を中心に食事してるよ。
　　3 うん。わかってるけど、我慢のほうが体に悪いでしょ。

2 🎵 N1-30 　答え　1

男：サッカー観戦でたまたま隣に座った人に、友人の誕生日会で再会するとは、世の中狭いよね。

女：1 それを運命と呼ぶんじゃないの？
　　2 約束どおり会えてよかったね。
　　3 もっと広い場所へ出かければいいんじゃない？

---

3 🎵 N1-31 　答え　2

女：うちの親、私の帰りが遅くなると、誰とどこで何をしていたのか、うるさく聞いてくるんだよね。

男：1 そんな話、興味ないから聞きたくないよね。
　　2 心配してくれるのはありがたいけど、いちいち聞かれちゃかなわないよね。
　　3 へー、珍しいね。うちの親はあれこれしつこく聞いてくるよ。

4 🎵 N1-32 　答え　1

男：先生は学生の試験の結果をふまえて、今後の授業の計画を立てるべきだよね。

女：1 そうだね。学生の能力をよく考えて進めてほしいよね。
　　2 そうかな。学生からの評価を気にしていたら、いい授業なんてできないんじゃない？
　　3 そうだよ。どんな授業でも、試験で結果が出せればいいんだよ。

5 🎵 N1-33 　答え　3

女：せっかくの休日に引っ越しの手伝いに行くなんて、私には理解できないよ。

男：1 わからないなら、何度も引っ越す必要ないんじゃないの？
　　2 引っ越しをする理由までは、私もよくわからないよ。
　　3 お世話になった先輩の頼みとあって、断れなかったんだよ。

6 🎵 N1-34 　答え　2

女：最近、勉強の忙しさにかまけて、運動不足気味だよ。

男：1 運動ばかりして、全然勉強していないね。
　　2 勉強も大事だけど、たまには体を動かさないと。
　　3 僕もスポーツは勉強より大事だと思うよ。

13

7 ♪ N1-35　答え　1

男：彼女と友達になりたいなら、自分で話しかけるなり、誰かに紹介してもらうなり、何か行動しなきゃ。

女：1　うん。勇気を出して話しかけてみるよ。
　　2　ううん。紹介してあげてもいいと思ってるよ。
　　3　うん。話しかけられて、ちょっと迷惑だったんだ。

8 ♪ N1-36　答え　3

女：試験の結果をもらって、今までの努力が報われたと思いました。

男：1　そんなに無理して頑張ってもダメだったとは、残念でしたね。
　　2　弱音を吐かず、努力していれば結果は違ったかもしれませんね。
　　3　おめでとうございます。N1に合格するべくして合格したと言えますね。

第5課

問題1 (pp.80-81)

1	2	2	3

問題2 (p.82)

1	3	2	2	3	4	4	3	5	1
6	3	7	1	8	4				

問題3 (p.83)

1	1	2	4	3	2	4	1	5	2
6	3	7	3	8	1				

問題4 (p.84)

♪ N1-37　質問1：2　質問2：4

ラジオでアナウンサーが健康食品について話しています。

女1：皆さん、今日は4つの健康サプリをご紹介します。本日ご紹介する商品はすべて、一つ一つの成分に至るまで、厳しい検査をクリアした商品です。まず1つ目は「ゲンキング」です。このサプリは、寝てもなかなか疲れが取れないという方にお勧めです。寝る前に1袋飲むだけで、目覚めスッキリです。次にご紹介するのは「パクパクモリモリ」です。こちらは弱った胃を助け、消化不良、食欲不振などに悩む方にお勧めです。調子が悪いと感じたときに1錠飲むだけで、すっきりします。そして、3つ目の「ツルリンパ」は、老廃物を体の外に流して、艶のあるお肌が取り戻せます。約1か月分で25000円と少々お値段は張りますが、愛用者は多く、品切れ状態が続いています。最後は「コツコツボーン」です。年齢とともに低くなっていく骨密度を、カルシウムの吸収率を上げることによって防ぎます。漢方薬なので体への刺激が少なく、妊娠中の方でも安心です。さて、皆さんの症状に合うサプリはございましたか。

女2：何か気になるサプリはあった？

男　：うーん、サプリを信じないでもないんだけど、あんまり効果的だとは思っていないんだよね。だってさ、適度な運動なくして、健康ではいられないでしょう？ なんかコマーシャルっていいことずくめのことしか言わないから、ちょっと胡散臭いよね。

女2：確かに。でも、骨の老化はいつからともなく、始まってるじゃない？ だから、予防として飲むのはいいと思うな。お肌のも気になるけど、私には高すぎる。

男　：きみは元々肌がきれいだから必要ないと思うよ。僕は目覚めもいいし、試すなら、胃腸のかな。ついつい食べすぎちゃうから。

女2：ははは、そうだね。私はやっぱり負担が少ない漢方薬だな。えっ！ それドーナツ？ もしかして、またドーナツ食べてるの？ お昼ご飯食べたばかりなのに？ 食べすぎちゃうから気をつけなきゃって言ったそばからお菓子とは……。

14

男　：ばれちゃったか。

質問1　男の人はどの健康サプリを試してみたい
　　　　と思っていますか。

質問2　女の人はどの健康サプリを試してみたい
　　　　と思っていますか。

問題5 (p.84)

1 🎵 N1-38　答え　1

男：ねえ、部長って、真面目すぎて話しにくくない？

女：1　そう？ 冗談を言わないでもないよ。

　　2　そうかな。いつにもまして真面目だった
　　　　よ。

　　3　そうだね。ふざけないでちゃんとしてほ
　　　　しいよね。

2 🎵 N1-39　答え　3

女：聞いた？ 駅前のコンビニで強盗事件が起き
　　たんだって。

男：1　何か事件が起きたならいざしらず、何も
　　　　ないのに起こさないでよ。

　　2　駅前のコンビニだけあって品ぞろえがい
　　　　いらしいね。

　　3　犯人は黒ずくめの服装だったらしいよ。

3 🎵 N1-40　答え　1

男：お互いに歩み寄る気持ちなくして、和解はあ
　　りえないよ。

女：1　そうだね。お互いの立場になって考えな
　　　　くちゃ。

　　2　うん。そんなに寄ってこられたら驚くよ
　　　　ね。

　　3　もちろん。仲直りしたい人が謝らなく
　　　　ちゃ。

4 🎵 N1-41　答え　2

女：うちの息子は、私が唐揚げを揚げたそばから
　　つまみ食いしていくんですよ。

男：1　食欲がないなら、唐揚げがいいですよ。

　　2　それだけおいしいってことでしょう？

　　3　私も揚げた蕎麦を食べてみたいです。

5 🎵 N1-42　答え　2

男：手遅れになる前に病気が見つかってよかった
　　ね。

女：1　ミスを見つけたそばから、消していった
　　　　んだよ。

　　2　うん。見るともなく体を見ていたら、あ
　　　　ざを見つけて検査を受けたんだ。

　　3　病気かどうか検査をしてもらうのに、遅
　　　　刻はできないからね。

6 🎵 N1-43　答え　3

女：あれ？ 残業？ 今日は遅くまで頑張ってるん
　　だね。

男：1　手伝うと言ったそばからサボっているよ
　　　　うです。

　　2　ええ、誰からともなく帰りましたよ。

　　3　明日までに仕上げると言った手前、終わ
　　　　るまで帰れないんです。

7 🎵 N1-44　答え　1

男：以前、飛行機の手荷物検査で、下着に至るま
　　で検査されたことがあるんだよ。

女：1　そんなに厳重に検査することもあるんだ
　　　　ね。

　　2　へー、電車に乗るときも手荷物検査をす
　　　　るんだ？

　　3　もっと厳しくチェックするべきだよね。

8 🎵 N1-45　答え　3

女：あなたがけんかするなんて珍しいよね？ 何
　　かあったの？

男：1　そうだよ。僕は我慢できないものでもな
　　　　いよ。

　　2　うん。子どもが見ている手前、けんかす
　　　　るわけにはいかなかったんだ。

　　3　親の悪口を言われて、我慢してはいられ
　　　　なかったんだ。

第6課

問題1 (pp.94-95)

1	3	2	4	3	4

問題2 (p.96)

1	3	2	4	3	3	4	2	5	2
6	3	7	1	8	2				

問題3 (p.97)

1	1	2	1	3	3	4	1	5	3
6	1	7	2	8	4				

問題4 (p.98)

🎵 N1-46　答え　1

会社で女の人と男の先輩が話しています。女の人は何が不安だと言っていますか。

女：スレス先輩、ちょっとご相談があるんですが、今お時間ありますか。

男：大丈夫だよ。どうしたの？

女：実は、部長から次回のプロジェクトリーダーに指名されたんですが、私に務まるかどうか不安で、引き受けようか引き受けるまいか悩んでるんです。正直、ものすごいプレッシャーで……。

男：部長はきみに期待すればこそ、そんな大役を任せたんでしょ。部長の考えは想像するにかたくないよ。もっと自信を持って。

女：でも、プロジェクトの結果いかんでは、責任を取らないではすまされないですよね。最悪の事態を考えると、恐ろしいといったらないんです。

男：そんなこと気にしたところで、なるようにしかならないんだから。まずは企画に即したアイディアを出して、思い切りやってみなよ。僕にもできることがあれば手伝うからさ。

女：そうですか。じゃ、頑張ってみます。ありがとうございます。

女の人は何が不安だと言っていますか。

問題5 (p.98)

1 🎵 N1-47　答え　1

男：ちょっと、あの車、あんなにスピード出して危ないったらないよ。

女：1　事故にならなきゃいいけど。
　　2　安全のためには仕方がないよね。
　　3　いくら危ないからってあれはやりすぎだね。

2 🎵 N1-48　答え　3

男：新入社員の僕が会議で意見するなんて、生意気だと思われちゃうよ。

女：1　うん、黙っていたら生意気だと思われるよね。
　　2　まあね、新入社員は意見を出さなきゃならないからね。
　　3　そう？　新人であればこそ、恐れず発言できるんじゃない？

3 🎵 N1-49　答え　2

女：この仕事は、経験のいかんを問わず応募できるそうだよ。

男：1　へー、じゃ、やったことがない私には無理なんだね。
　　2　へー、じゃ、未経験の私でも挑戦できるんだね。
　　3　へー、じゃ、ベテランしか応募してこないってことだよね。

4 🎵 N1-50　答え　1

女：結婚するのに、相手の家族にご挨拶しないではすまないでしょう？

男：1　そうだね、ちゃんと顔合わせしないとね。
　　2　そうなんだ、家族に会わないで結婚式を済ませちゃったんだ。
　　3　そうだよ、近くに住んでるのに誰も挨拶しないんだ。

5 🎵 N1-51　答え　3

男：あれ？　犬を飼い始めたんですか。うちも飼いたいんですが、なかなか……。

女：1　ええ、まだ決心が着かなくて悩んでいるんですよ。

　　2　いいえ、うちの中で飼っているので、毛の掃除が大変ですよ。

　　3　ええ、飼おうか飼うまいか、ずいぶん迷ったんですけどね。

6 🎵 N1-52　答え　2

男：子どもを守るために、罪を犯した母親の気持ちは理解にかたくないよ。

女：1　うん、理解するなんて無理だよね。

　　2　うん、理解できるよね。

　　3　うん、理解したくないわけじゃないよ。

7 🎵 N1-53　答え　2

女：コーチは試合の状況に即して、指示を出すことが大事だよね。

男：1　そうだね、コーチが状況に影響されるようじゃ勝てないよね。

　　2　そうだね、コーチの判断いかんで結果が変わると言えるよね。

　　3　そうだね、コーチの指示にしたって完璧とは言えないからね。

8 🎵 N1-54　答え　1

女：課題の提出期限が過ぎていても、出すだけ出してみたら？

男：1　どちらにしたって、単位は取れないだろうけど、そうするよ。

　　2　出すつもりでいたんだけど、期限が切れていたんだ。

　　3　課題を受け取ろうか受け取るまいか、ずいぶん迷ったんだよ。

第7課

問題1 (pp.108-109)

1	3	**2**	1	**3**	4

問題2 (p.110)

1	1	**2**	1	**3**	3	**4**	2	**5**	3
6	2	**7**	2	**8**	4				

問題3 (p.111)

1	1	**2**	3	**3**	2	**4**	2	**5**	2
6	1	**7**	1	**8**	3				

問題4 (p.112)

🎵 N1-55　答え　3

ホテルの人事部で男の部長と女の課長が話しています。女の課長はこの後最初に何をしますか。

男：来月から実習生が来ますね。

女：はい。今年は12名を予定しております。

男：去年は3人だったから、ずいぶん増えましたね。

女：ええ、実習生が通っている専門学校の先生の話によると、うちの募集人数より希望者が多くて、抽選で決めたそうですよ。去年の説明会で、社員たちが仕事にまつわる失敗談をしたのが、よかったようです。

男：それは嬉しい限りですね。でも、12名ともなると一人で指導をするのは難しいから、4人ずつ3つのグループに分けて、フロント、客室、レストランの仕事をローテーションで回ってもらいましょう。実習生たちには部署の希望があるとは思いますが、1つの部署にとどまらず、ホテル全体の仕事を知ってもらいたいですからね。

女：はい。期間は10日間なので、3日ずつでよろしいですね。

男：そうですね。10日目の最終日は反省会をしますから、それでかまいません。

女：では、各部署から指導員となる社員を決めて、各部署にお願いに行きます。

男：それも必要ですが、まずは実習生のグループ分けをして、どのグループがどの部署の実習から始めるか計画して、名簿を作ってください。

女：わかりました。

男：決まったら、各部署に名簿を配るとともに、指導員も決めてください。

女：はい。では、さっそく準備します。

男：この実習でホテルの仕事のすべてがわからないまでも、実習生たちにとって満足に足る実習になるべく、計画してください。よろしく頼みます。

女：はい。わかりました。

女の課長はこの後最初に何をしますか。

問題5 (p.112)

1 ♪ N1-56　答え　1

男：ルイは日本のアニメにとどまらず、世界のアニメにも詳しいんだよ。

女：1　へえ、私の国のアニメも知っているかもしれないね。
　　2　へえ、日本のアニメのほうが詳しいんだね。
　　3　へえ、アニメのこと以外も知っているんだね。

2 ♪ N1-57　答え　1

女：運動始めたんだってね。

男：1　うん、痩せるべく、頑張っているよ。
　　2　へえ、どんな運動をしようと思っているの？
　　3　うん、始めるべく、ジムを探しているよ。

3 ♪ N1-58　答え　3

女：毎日とは言わないまでも、一週間に1回ぐらいきちんと掃除したら？

男：1　毎日、掃除しろってうるさいよ。
　　2　家事は1週間交代でしているよ。
　　3　そう思っていても、できないんだよ。

4 ♪ N1-59　答え　2

男：毎日毎日暑いよね。今日も猛暑だって。

女：1　今日に限って、こんなに暑くなるなんてね。
　　2　こんな日はどこも出かけないに限るね。
　　3　昨日まで涼しかったのにね。

5 ♪ N1-60　答え　3

男：今日の映画、とてもよかったね。

女：1　そうだね。満足に足るものではなかったね。
　　2　そうだね。見るまでもなかったね。
　　3　そうだね。満足に足る作品だったよ。

6 ♪ N1-61　答え　3

男：部長、退職されるなんて、寂しい限りです。

女：1　それは失礼だよ。
　　2　退職して、何をするんですか。
　　3　そんなことを言ってくれるなんて、嬉しいよ。

7 ♪ N1-62　答え　2

女：休日ともなると、駅前のバスターミナルは観光客で混雑して、乗れないことがあるんだよ。

男：1　それは、観光客にとって便利ですね。
　　2　それでは、地元の方が困っていませんか。
　　3　それでは、平日を避けたほうがいいですね。

8 ♪ N1-63　答え　1

男：おばけにまつわる話なら、セイセイさんに聞くといいよ。

女：1　へえ、セイセイさんはおばけに詳しいんですね。
　　2　へえ、セイセイさんはおばけを見たことがないんですね。
　　3　へえ、セイセイさんは怖がりなんですね。

第8課

問題1 (pp.122-123)

1	3	2	4	3	3	4	4

問題2 (p.124)

1	1	2	2	3	2	4	4	5	3
6	2	7	1	8	4				

問題3 (p.125)

1	1	2	4	3	3	4	4	5	4
6	3	7	3	8	4				

問題4 (p.126)

♪ N1-64　答え　2

中学校で校長先生が、これから教育実習をする大学生に話しています。

男：皆さん、こんにちは。いよいよ教育実習が始まります。教育実習はこれから教師になる皆さんにとって貴重な機会です。担当教師の指導のもと、自分なりに工夫して楽しい授業ができるように心掛けてください。失敗することもあると思いますが、落ち込むには当たりません。何事も経験です。経験というものは、得ることはあっても失うことはありません。ですから、思い切りやってみましょう。それから、授業のやり方だけでなく、この実習を契機に、生徒たちとコミュニケーションをとることの大切さも学んでください。2週間しかありませんから、1分1秒たりとも無駄にしないように頑張りましょう。

校長先生は何について話していますか。
1　教育実習を担当する教師の紹介
2　教育実習をするにあたっての心構え
3　教育実習が失敗する主な原因
4　教育実習のこれからの予定

問題5 (p.126)

1 ♪ N1-65　答え　1

女：このレポート、引用が多すぎますよ。
男：1　すみません。私なりの考えを入れて書き直します。
　　2　そうですね。批判するには当たりませんね。
　　3　ありがとうございます。自分らしさが出せたと思います。

2 ♪ N1-66　答え　1

男：彼は約束の時間に遅れることはあっても、忘れることはないと思うよ。
女：1　そうですね。もう少し待ってみましょう。
　　2　そうですね。最近忘れっぽいですからね。
　　3　そうですね。遅れるわけがないですよね。

3 ♪ N1-67　答え　1

男：聞いた？ルイがN1に合格したらしいね。
女：1　うん、あきらめてなるもんかって、頑張っていたからね。
　　2　うん、合格できないまでも、受けるだけ受けるつもりなんだって。
　　3　うん、一度たりとも合格すると思ったことはないよ。

4 ♪ N1-68　答え　2

女：昨日のミュージカル、ユニークな演出もさることながら、役者たちの演技が素晴らしかったですね。
男：1　ええ、演出が今一つでしたね。
　　2　ええ、観るに足るものでしたね。
　　3　ええ、演技さえよければ、最高でしたね。

5 ♪ N1-69　答え　3

女：先生。娘さんの体調はいかがですか。
男：1　心配してはいられませんよ。
　　2　心配なわけではありませんよ。
　　3　心配には当たりませんよ。

6 ♪ N1-70　答え　2

女：スピーチ大会はどうでしたか。
男：1　年齢、国籍を問わず、参加できますよ。
　　2　終わった後、割れんばかりの拍手をもらって驚いたよ。
　　3　緊張することはあっても、楽しむ余裕はないはずですよ。

7 ♪ N1-71　答え　3

男：妻の妊娠を契機に、たばこをやめることにしたんです。
女：1　それは心配ですね。
　　2　そうですか。お大事に。
　　3　それはいいことですね。

8 ♪ N1-72　答え　2

男：昨日ラーメン屋に行ったんだけど、一滴たりともスープを残さなかったよ。
女：1　スープなしのラーメンなんて、珍しいですね。
　　2　そんなにおいしかったんですか。
　　3　それはほめるには当たらないってことですね。

第9課

問題1 (pp.136-137)

1	1	2	4	3	2

問題2 (p.138)

1	2	2	3	3	4	4	2	5	1
6	2	7	4	8	4				

問題3 (p.139)

1	1	2	2	3	3	4	4	5	2
6	4	7	1	8	2				

問題4 (p.140)

♪ N1-73　答え　1

女の人と男の人が話しています。女の人はどうして男の人に電話をしましたか。

女：久しぶり、スレスさん。元気？
男：うん、相変わらずだよ。どうしたの？
女：部屋の片づけをしてたら、日本語学校時代の写真が出てきて、懐かしくなってさ。
男：それで、電話してくれたんだ。で、どんな写真を見たの？　僕がかっこよく映ってる写真？
女：違うよ。仮装パーティーの写真だよ。スレスさんときたら、かわいいウサギの格好で参加するから楽しみにしててってみんなに言って。でも、ウサギともクマともつかない格好になっちゃって、みんな大笑いしてるときのやつ。猫に間違えられるならまだしも、クマだよ。あれは本当にひどかったよね。
男：恥ずかしいな。でも、楽しかったよね。
女：みんなどうしてるかな。ビダンさんとか、結婚してたりして。
男：就職してまだ2年でしょ？　結婚願望が強かったカウンさんならまだしも、バリバリ働きたいって言ってたビダンさんに限ってそれはないと思うよ。
女：ねえ、今思いついたんだけど、クラス会、開かない？

20

男：うん、僕も今それを言おうとしてた。金澤先生も呼んで、近況のご報告かたがた挨拶しようよ。

女：いいね。私、みんなに声をかけてみる。先生の電話番号知ってる？

男：ううん。わからないから、学校に電話してみるよ。

女の人はどうして男の人に電話をしましたか。

問題5 (p.140)

1 ♪ N1-74　答え　2

男：合格せんがために、カンニングをするなんて……。

女：1　合格すべくして合格したんですね。
　　2　許しがたい行為ですよね。
　　3　カンニングのため、不合格になったんですね。

2 ♪ N1-75　答え　1

女：彼の料理ときたら、焼くか煮るかだけなんです。

男：1　作ってくれるだけましですよ。僕の彼女は何もしないですよ。
　　2　焼くだけならまだしも、その後、煮なければならないんですか。
　　3　料理が得意なんですね。食べてみたいな。

3 ♪ N1-76　答え　3

男：壁の向こうから人の泣き声とも動物の鳴き声ともつかない声が聞こえてくるんだけど。

女：1　壁には何もついていないよ。
　　2　うん、簡単に区別できるね。
　　3　じゃ、ちょっと見てくるよ。

4 ♪ N1-77　答え　3

男：ここから見る山の景色は最高だね。

女：1　うん、山の頂上しか見えないね。
　　2　うん、一度たりとも見たことはないよ。
　　3　うん、青空と相まって、一段と美しいね。

5 ♪ N1-78　答え　1

男：接客は、このマニュアルに則って行ってください。

女：1　はい。よく読んでおきます。
　　2　はい。自分なりに考えます。
　　3　はい。お客様にお渡しします。

6 ♪ N1-79　答え　1

女：ゴックのことなんだけど、卒論が思うように進まなくて、卒業できるかどうか心配していたよ。

男：1　ゴックに限って、卒業できないことはないでしょう。
　　2　ゴックときたら、卒論を書かないでをしているんだろう。
　　3　ゴックのことだから、卒論のアドバイス、してくれるんじゃない？

7 ♪ N1-80　答え　2

女：来週の京都出張かたがた観光もできればいいなと思っています。

男：1　京都へは観光でいらっしゃるんですね。
　　2　ぜひ、観光名所を巡ってくださいね。
　　3　前回は観光でいらっしゃったんですよね。

8 ♪ N1-81　答え　3

男：ちょっと、聞いた？　さくら、海外旅行ですりに遭ったんだって。

女：1　うん、聞いたよ。有名人に会ったって自慢していたよ。
　　2　うん、聞いたよ。海外で知り合いに会うなんて運命だね。
　　3　うん、聞いたよ。財布だけならまだしも、パスポートも盗られたらしいね。

第10課

問題1 (pp.150-151)

(1) 1 3 (2) 1 4

問題2 (p.152)

1	2	2	3	3	1	4	4	5	1

6	1	7	4	8	3

問題3 (p.153)

1	2	2	2	3	4	4	4	5	4

6	1	7	3	8	3

問題4 (p.154)

♪ N1-82　答え　3

女の人と男の人が話しています。女の人はどうして心配していましたか。

女：ケン、N1合格、おめでとう。

男：ありがとう。

女：本当によかった。前回、不合格だったときのこと、覚えてる？ 落ち込んでるケンの姿は見るにたえなかったよ。「一生無理だー」って嘆いてたもんね。今度もだめだったら、どうやって慰めたらいいかって思ってたよ。

男：ええっ！ それって落ちると思ってたってこと？

女：冗談、冗談。今回は大丈夫って思ってたよ。でも、体の心配はしてたよ。卒論にも追われてて、そのかたわらN1の勉強もなんて、いくら体が丈夫なケンといえども、倒れないかって思うぐらい忙しそうだったから。

男：かわいいさくらが応援してくれてるんだから、絶対に倒れっこないよ。

女：もうふざけないでよ。

男：いやー、めちゃくちゃ忙しかったけど、充実してたな。

女：そんな状況にあっても、楽しめるって、さすがケンだね。

男：前回は残念極まりなかったけど、今回で汚名を晴らせたよ。

女：そうだね。改めて、おめでとう。

女の人はどうして心配していましたか。

問題5 (p.154)

1 ♪ N1-83　答え　1

女：病床にあって子どもの心配をするなんて、彼女は親の鑑だね。

男：1　うん、自分も相当辛いはずなのにね。

　　2　うん、病院で働くかたわら子どもの面倒を見るなんて素晴らしいね。

　　3　うん、聞くにたえない話だね。

2 ♪ N1-84　答え　3

男：彼女の上からの物言いは、不愉快極まりないよ。

女：1　上に置いてあったものは何だったの？

　　2　ずいぶん謙虚な人だからね。

　　3　今度は何を言われたの？

3 ♪ N1-85　答え　2

男：先輩とカラオケに行ったんだけど、聞くにたえなかったよ。

女：1　そんなにうまいんだ。

　　2　そんなにひどかったの？

　　3　そんなに歌ったの？

4 ♪ N1-86　答え　3

女：私なんかが、N1に受かりっこないよ。

男：1　結局、合格せずじまいだったね。

　　2　受かると言ってはばからないんだね。

　　3　そんなことないよ。あきらめたらそれまでだよ。

5 ♪ N1-87　答え　1

男：子どもといえども、悪いことをしたら、罰を与えるべきですよ。

女：1　反省させるには必要かもしれませんね。

　　2　子どもなりに反省しているかもしれませんね。

　　3　これをきっかけに反省するでしょう。

22

6 ♪ N1-88　答え　2

男：彼は何をするにしてもお金が必要だと言って
　　はばからないんです。
女：1　彼の言うとおり、お金で買えないものも
　　　　ありますよね。
　　2　彼の言うとおり、お金がないと何もでき
　　　　ませんからね。
　　3　彼の言うとおり、何とかしてお金がほし
　　　　いものですね。

7 ♪ N1-89　答え　3

女：佐藤さんは駅前の書店で働くかたわら、小説
　　を書いて賞を取ったんですよ。
男：1　小説を書くために、仕事を辞めたんです
　　　　ね。
　　2　どこでそんな小説を買ったんですか。
　　3　どちらもやれるってすごいですね。

8 ♪ N1-90　答え　2

女：首相の発言には疑問を禁じ得ないよ。
男：1　うん、いつも納得させるものがあるよね。
　　2　うん、いつも理解しかねるよね。
　　3　うん、いつも尊敬の念にたえないよ。

第11課

問題1 (pp.164-165)

(1) ⬜1 ⬜3 (2) ⬜2 ⬜1 ⬜2

問題2 (p.166)

⬜1	3	⬜2	4	⬜3	2	⬜4	1	⬜5	1
⬜6	3	⬜7	2	⬜8	3				

問題3 (p.167)

⬜1	4	⬜2	3	⬜3	2	⬜4	1	⬜5	4
⬜6	2	⬜7	1	⬜8	1				

問題4 (p.168)

♪ N1-91　答え　1

男の人と女の人が話しています。女の人の職場は
どんな職場ですか。
男：就職して1か月経つけど、ゴックの職場は
　　どう？
女：先輩たちも親切だし、意見も言いやすい雰囲
　　気で楽しいよ。昔は、新人たるもの、先輩よ
　　り遅く出勤するべからずっていう慣習とか、
　　雑用は後輩の仕事だっていう暗黙のルールが
　　あったようだけど、そういうことはまったく
　　なくて、働きやすいよ。
男：失敗はしてない？　遅刻とか忘れ物とか……。
　　学生時代はたまにしてたよね。
女：もう学生じゃあるまいし、そんな子どもめい
　　た失敗なんかしないよ。そう言うケンはどう
　　なの？
男：うーん、実はこの間、仕事で大失敗しちゃっ
　　て……。
女：どんな？
男：新商品のパンフレットの作成を任されたんだ
　　けど、価格を一桁間違えて印刷しちゃって、
　　1万枚からあるパンフレットの訂正を余儀な
　　くされたんだ。でも、先輩は僕を叱るどころ
　　か、チェックが甘かった自分の責任だって言
　　うし、部長に至っては、忙しいにもかかわら
　　ず、訂正の間、僕の仕事もやってくれたんだ。
女：新人のミスをみんなでカバーするなんて、い
　　い会社じゃない。
男：そうなんだけど、とても申し訳なくて……。
　　怒られたほうがましだったかなって。
女：ちゃんと謝ったんでしょ？
男：うん。謝罪と感謝の気持ちは伝えたつもり。
　　仕事はおろか、反省もできないなんて思われ
　　たくないし、せめて礼儀正しいと思ってほし
　　いもん。
女：そっか。あんまり気にせず、頑張って。
女の人の職場はどんな職場ですか。

問題5 (p.168)

1 ♪ N1-92　答え　3

男：最近、春めいてきましたね。
女：1　ええ、冬に戻ったかのようですね。
　　2　ええ、夏はもうすぐですね。
　　3　ええ、そろそろ桜も咲くんじゃないですか。

2 ♪ N1-93　答え　2

女：プロになるわけじゃあるまいし、こんな厳しい練習をしなくてもいいんじゃない？
男：1　うん。だから、頑張っているんだよ。
　　2　うん。でも、できるだけ頑張りたいんだよ。
　　3　うん。プロになったからには、甘えられないよ。

3 ♪ N1-94　答え　2

男：きれいな桜が咲いているけど、「柵の中に入るべからず」って書いてあるよ。
女：1　へえー、中に入って、写真を撮ってもいいんだ。
　　2　えー、中に入って、桜の下で写真撮りたかったのに。
　　3　残念だね。桜が咲いてから、また来よう。

4 ♪ N1-95　答え　2

女：実は体を壊し、休職を余儀なくされたんです。
男：1　新しい仕事は何をするんですか。
　　2　回復したら、また一緒に頑張りましょう。
　　3　誰にそんなことをされたんですか。

5 ♪ N1-96　答え　1

女：クラスのリーダーたるもの、クラスを盛り上げるようにって先生に言われちゃった。
男：1　じゃ、リーダーとして頑張らないと。
　　2　次はきっとリーダーになれるよ。
　　3　じゃ、みんなに静かにするように言わないと。

6 ♪ N1-97　答え　3

男：オーバーツーリズムで、週末に至っては、ひどい渋滞で全然前に進まないんです。
女：1　じゃ、週末にそこに出かけたほうがよさそうですね。
　　2　じゃ、平日はスムーズに進むということですね。
　　3　じゃ、週末にそこへの外出は避けたほうがよさそうですね。

7 ♪ N1-98　答え　3

男：消防隊は、火災現場で20キロからある装備を身に着けて、救助に当たるらしいよ。
女：1　20キロ以下だといっても、重いのには変わりないですね。
　　2　20キロを軽いと思っているんですか。私は重いと思いますよ。
　　3　毎日のトレーニングが欠かせないというわけですね。

8 ♪ N1-99　答え　2

女：けがの状態がよくないと聞いたんですが、いかがですか。
男：1　ええ、けがをしないように気をつけています。
　　2　ええ、走ることはおろか、歩くこともまだ難しいんです。
　　3　ええ、走ったり、歩いたりするに越したことはないですよ。

第12課

問題1 (pp.178-179)

1	2	2	2

問題2 (p.180)

1	4	2	1	3	1	4	1	5	4
6	2	7	3	8	3				

問題3 (p.181)

1	2	2	2	3	1	4	4	5	3
6	3	7	1	8	4				

問題4 (p.182)

♫ N1-100　答え　2

退職する社員が同僚の前で挨拶をしています。

女：えー、今月を限りに退職することとなりました。今後は、国に帰り、父の建築会社を継ぎます。5年間という短い間でしたが、いろいろなことを学ばせていただきました。まず、日本の建物は震度6の揺れをものともせず、倒れない構造になっていることに驚かされました。これは日本ならではのことだと思います。また、私の国では、道路が壊れても、壊れっぱなしになっていることが多いのですが、日本では迅速に修繕されます。これも私を驚かせずにはおかなかったことです。こういったことは、私の国ではまだ望むべくもないことかもしれませんが、今後はここで培った知識と技術をもとに、私なりに頑張っていけたらと思っています。5年前に入社した頃は知識も技術もなく、ここまで成長できるとは想像だにしませんでしたが、皆さんのご指導のおかげで、ここまで来られました。今までありがとうございました。

この社員は主に何について話していますか。

1　この会社で培った知識と技術
2　日本の建設技術の素晴らしさと今後の抱負
3　5年前の自分と今の自分の比較
4　日本の建築物の構造と修繕方法

問題5 (p.182)

1 ♫ N1-101　答え　3

女：子どもたちはこの雪の中、外で遊んでいるんですか。
男：1　ええ、雪は昨日から降りっぱなしです。
　　2　ええ、寒くて遊ぶどころではないですね。
　　3　ええ、寒さをものともせず、走り回っていますよ。

2 ♫ N1-102　答え　3

男：誰もいないのに、またトイレの電気ついてる。
女：1　それじゃ、トイレが使えっこないじゃない。
　　2　消すことはあっても、つけることはないよね。
　　3　あ、ごめん。つけっぱなしにしちゃった。気をつけるね。

3 ♫ N1-103　答え　1

女：彼の裏切りを思い出すだに腹が立ちます。
男：1　どんなひどいことをされたんですか。
　　2　思い出せないなら、仕方がないですね。
　　3　どんな風に怒っていたんですか。

4 ♫ N1-104　答え　2

男：この間ケンが、さくらが最近口うるさいって文句を言っていたけど、これが愛じゃなくてなんだろうね。
女：1　そうだね。愛されていないんだろうね。
　　2　そうだね。すごく愛されているよね。
　　3　そうだね。さくらって文句ばかり言うよね。

5 ♫ N1-105　答え　3

女：彼はいつもいいことを言いますよね。
男：1　ええ、いつもどうでもいいことばかりですね。
　　2　ええ、結局いつも理解させずじまいですよね。
　　3　ええ、いつも人々の共感を得ずにはおかないですよね。

6 ♫ N1-106　答え　2

男：この店のラーメンは一度食べたら忘れられない味だよね。
女：1　うん。思い出すべくもない味だよ。
　　2　うん。この店ならではの味だよね。

3 うん。ラーメンは店で食べるに限るね。

7 ♪ N1-107 答え 3

女：このオリンピックを限りに、選手生活を終えることにしました。

男：1 このオリンピックだけ、出られないんですね。
2 オリンピックにおける選手の生活はどうですか。
3 雄姿が見られるのはこれで最後なんですね。

8 ♪ N1-108 答え 1

男：あなたはスレスさんとそんなに親しくないから、今、彼が何しているかわからないですよね。

女：1 ええ、知るべくもありません。
2 ええ、知らないわけがありません。
3 ええ、知らずにはおかないでしょう。

第13課

問題1 (pp.192-193)

1	1	2	4	3	1	4	2

問題2 (p.194)

1	4	2	1	3	2	4	1	5	3
6	2	7	4	8	2				

問題3 (p.195)

1	4	2	2	3	3	4	3	5	2
6	1	7	2	8	4				

問題4 (p.196)

♪ N1-109 答え 2

男の人と女の人が電話で話しています。男の人はどうしてさくらさんにプロポーズしようと考えていますか。

男：もしもし、セイセイ、久しぶり！ 元気？

女：ああ、ケン！ うん、元気なことは元気だけど……。

男：どうしたの？ 大学院、きついの？

女：実は、2日連続で寝坊して、教授との約束に遅刻しちゃって。大人としてあるまじき行為だぞ！ って、今日怒られちゃったんだ。今度、学会で研究発表をすることになったから、毎日遅くまでその準備してて……。

男：そうなんだ。健康あっての学業なんだから、あんまり無理しないでね。ところで、忙しいところ悪いんだけど、今度ルイと一緒にビールでも飲みながら話せない？ 実はさくらにプロポーズしようと思ってて、ちょっとみんなに相談したいんだよね。

女：おお、ついに、ケンが愛してやまないさくらさんにプロポーズか……。

男：結婚するならさくらをおいて誰もいないからね。ただ、僕たち社会人になったばかりで、お金にもそんなに余裕はないし、ちょっと早すぎるかなって迷ってて。

女：いや、早すぎないよ。これから仕事に慣れてきたら慣れてきたで、きっとまた忙しくなるだろうし、思い立ったが吉日だよ。ああ、何も変わらない私をよそに、ケンはどんどん前を行くなあ。まあ、詳しくは今度飲みながら話そうよ！

男：ありがとう。じゃあ、今週末はどう？ ルイにはもうオーケーをもらってて……。

男の人はどうしてさくらさんにプロポーズしようと考えていますか。

問題5 (p.196)

1 ♪ N1-110 答え 1

女：お忙しいところ、ようこそ我が家へおいでくださいました。

男：1 こちらこそ、お招きいただきありがとうございます。
2 もう少し時間があればお邪魔できたのですが……。
3 ぜひ遊びにいらしてくださいね。

2 ♪N1-111　答え　3

男：絵画コンクールで優勝したお気持ちをお聞か
　　せください。
女：1　優勝のお気持ちを伺えるなんて光栄です。
　　2　今度は一番になれるように頑張りたいで
　　　　す。
　　3　自分の作品が認められて、喜びの至りで
　　　　す。

3 ♪N1-112　答え　2

男：彼女に髪が短いほうが似合うよって言われて
　　切ったんだけど、切ったら切ったで前のほう
　　がよかったって言われちゃったよ。
女：1　じゃあ、思い切って切っちゃいなよ。
　　2　じゃあ、また伸ばすしかないね。
　　3　じゃあ、似合うように切ってあげなよ。

4 ♪N1-113　答え　2

女：仕事帰りに飲むなら、ビールをおいて他にな
　　いね。
男：1　そうだね。置いといたのにないね。
　　2　そうだね。ビールが一番だよね。
　　3　そうだね。仕事帰りはどこも飲めないよ
　　　　ね。

5 ♪N1-114　答え　3

男：娘は親の心配をよそに、海外の大学に進学し
　　てしまいました。
女：1　ご両親が心配するから、進学をためらっ
　　　　ているんですね。
　　2　保護者の方と一緒なら安心ですね。
　　3　心配しなくても、娘さんならきっと大丈
　　　　夫ですよ。

6 ♪N1-115　答え　3

女：昨日そこの道でひき逃げ事件が起きたそうだ
　　よ。
男：1　事件ではあるまいし……。
　　2　交通事故ならいざしらず……。

　　3　許すまじき犯罪だね。

7 ♪N1-116　答え　1

男：彼は山を愛してやまないんだよ。
女：1　知ってる。休みのたびに登山をしている
　　　　ね。
　　2　そうだね。山は疲れるから行きたくない
　　　　んだって。
　　3　うん、山がどうしても愛せないみたいだ
　　　　よ。

8 ♪N1-117　答え　2

男：大学合格、おめでとう。
女：1　受かろうが落ちようが、後悔はありませ
　　　　ん。
　　2　先生のご指導あっての合格です。
　　3　勉強するまでもありませんよ。

第14課

問題1 (pp.206-207)

(1) 1 4　(2) 1 3

問題2 (p.208)

1 4　2 3　3 3　4 5　5 1
6 1　7 3　8 3

問題3 (p.209)

1 2　2 2　3 3　4 1　5 4
6 4　7 1　8 3

問題4 (p.210)

♪N1-118　答え　2

男の人と女の人が結婚式の準備について話してい
ます。男の人はまず何をしますか。

女：ケン……ケンてば！
男：あ、さくら、何？
女：何？　じゃないよ。ケン、人の話を聞かない
　　きらいがあるよね？　ケータイ見始めると、

27

何も聞こえなくなっちゃうんだから。結婚式に参加してくれた人へのお返しのこと！ 式の3か月前に至っても、決めてないなんて、間に合わなくなっちゃうよ。

男：大丈夫、大丈夫。カタログギフトにしようかって、この前話したじゃない？ まだまだ間に合うよ。焦りすぎにもほどがあるって。

女：そうかな。じゃあ、その手配は週末に私がするから、それまでにケンのほうの招待客の人数、数えて教えてよ。ケン、仕事が忙しいのにかこつけて、結婚式の準備、全然協力してくれないんだから。

男：そんなことないよ。あ、そうそう、さくらが作ったお礼のカードのデザイン、見たよ。僕はあの、水色のカードがいいと思った。文章はこれから考えるの？ 僕が書こうか？

女：本当？ ケン、文章うまいから、心強い限りだよ。

男：任せて。持ちつ持たれつじゃないか。

女：でもその前に、さっき言ったことお願いね。

男：わかってるって。

男の人はまず何をしますか。

問題5 (p.210)

1 ♪N1-119　答え　3

男：営業の彼、接待にかこつけて、おいしいレストランによく行っているんだって。

女：1　一人でレストランなんて贅沢だね。
　　2　あまりおいしくなさそうだね。
　　3　うらやましいな。

2 ♪N1-120　答え　1

女：見て、あのハムスター。餌の食べ方、かわいいね。

男：1　うん、口に入れられる限り入れて、頬がぱんぱんだね。
　　2　うん、餌を探しているようだね。
　　3　うん、餌を置かれたなり、食べようとしないね。

---

3 ♪N1-121　答え　2

女：いろはさん、また文芸コンクールで1位になったらしいよ。すごいよね。

男：1　結果のいかんによらず参加は可能ですよ。
　　2　うん、生まれながらに才能がある人がうらやましいよ。
　　3　うん、できる限り頑張ったなら、その結果でも悔いはないよね。

4 ♪N1-122　答え　2

男：彼女、また約束を忘れて来なかったんだ。もう5回連続だよ。

女：1　彼女は約束に遅れるきらいがあるよね。
　　2　忘れるにもほどがあるよね。
　　3　うん。彼女に限って、忘れるわけがないよね。

5 ♪N1-123　答え　1

男：子どもたち、公園に行ったなり戻ってこないから心配だな。

女：1　じゃあ、散歩がてら、様子を見てくるよ。
　　2　家にいるなら、心配には当たらないね。
　　3　子どもたちなりに心配してるんだよ。

6 ♪N1-124　答え　3

女：やっと古いパソコンを買い替えたんですね。

男：1　はい、買い替えたら買い替えたで、慣れるまで大変なので、やめました。
　　2　はい、買い替えなくても、驚くには当たらないと思うんです。
　　3　はい、まったく動かなくなるに至って、ついに買い替えました。

7 ♪ N1-125　答え　2

男：彼女、過剰に心配するきらいがあるよね。

女：1　うん、テストなんてどうでもいいと言ってはばからないんだよ。

　　2　うん、今日のテストが心配で寝られなかったって。

　　3　うん、テストをものともしないでカラオケに行ってたよ。

8 ♪ N1-126　答え　3

女：あの二人の選手は抜きつ抜かれつ、お互いの技術を磨いていますね。

男：1　そうですね。やられっぱなしですよね。

　　2　そうですね。比べ物になりませんね。

　　3　そうですね。いいライバルですね。

まとめの練習

解答／聴解スクリプト

29

文法 Buddy JLPT 日本語能力試験Ｎ１［別冊］
© 2025 by Kyoko Igarashi, Mikako Kanazawa and Mai Sugiyama. All rights reserved.